SUNG-YOON LEE

Die Schwester

Die Geschichte der gefährlichsten Frau der Welt

Aus dem Englischen
von Alexander Weber

Hoffmann und Campe

Die Originalausgabe erschien 2023 unter dem Titel *The Sister: The extraordinary story of Kim Yo Jong, the most powerful woman in North Korea* im Verlag MacMillan, einem Imprint von Pan Macmillan. Pan Macmillan ist Teil von MacmillanPublishers International Limited.

1. Auflage 2024

www.hoffmann-und-campe.de
Umschlaggestaltung: © Geviert
Umschlagabbildung: © picture alliance / Valery Sharifulin / TASS / dpa | Valery Sharifulin; picture alliance / YONHAPNEWS AGENCY | Yonhap
Satz: Dörlemann Satz, Lemförde
Gesetzt aus der Minion
Druck und Bindung: GGP Media GmbH, Pößneck
Printed in Germany
ISBN 978-3-455-01732-8

HOFFMANN UND CAMPE

Ein Unternehmen der
GANSKE VERLAGSGRUPPE

Inhalt

Für meinen Mentor Professor John Curtis Perry

HAUPTFIGUREN

Nordkorea

Die Paektu-Blutlinie

Kim Il Sung: Gründervater Nordkoreas und der »Paektu-Blutlinie«. Großvater von Kim Yo Jong. Gestorben 1994.
Kim Jong Il: Kim Il Sungs Sohn und von 1994 bis zu seinem Tod 2011 Oberster Führer Nordkoreas. Vater von Kim Jong Un und Kim Yo Jong.
Kim Jong Un: Sohn von Kim Jong Il und seit 2011 Oberster Führer. Älterer Bruder Kim Yo Jongs.
Kim Yo Jong: Tochter von Kim Jong Il und jüngere Schwester Kim Jong Uns.
Kim Jong Chol: Sohn von Kim Jong Il und älterer Bruder Jong Uns und Yo Jongs.
Kim Ju Un *oder* Ju Ae: Tochter von Kim Jong Un. Geboren *ca.* 2010.

Andere Mitglieder der Kim-Familie

Hong Il Chon: Erste Ehefrau Kim Jong Ils. Heirat 1966, Trennung jedoch kurz nach der Geburt Kim Hye Kyongs.

Jang Song Thaek: Ehemann von Kim Kyong Hui und langjährige Nummer zwei nach Kim Jong Il. 2013 oder 2014 hingerichtet.
Kim Chun Song: Jüngere Tochter von Kim Jong Il und Kim Yong Suk. Halbschwester von Jong Un und Yo Jong.
Kim Hye Kyong: Erstgeborenes Kind von Kim Jong Il. Ihre Mutter ist Hong Il Chon.
Kim Jong Nam: Kim Jong Ils ältester Sohn und Kind von Song Hye Rim. Früher als vom Vater auserwählter Nachfolger gehandelt. 2017 auf Befehl seines jüngeren Halbbruders Jong Un ermordet.
Kim Kyong Hui: Jüngere Schwester Kim Jong Ils.
Kim Sol Song: Ältere Tochter von Kim Jong Il und Kim Yong Suk. Halbschwester von Jong Un und Yo Jong.
Kim Yong Suk: Zweite Frau von Kim Jong Il. Mutter von Sol Song und Chun Song.
Ko Yong Hui: Kim Jong Ils Lebensgefährtin. Mutter von Jong Chul, Jong Un und Yo Jong.
Ri Sol Ju: Ehefrau Kim Jong Uns.
Song Hye Rim: Geliebte von Kim Jong Il und Mutter von Kim Jong Nam.

Hochrangige nordkoreanische Regierungsbeamte

Choe Hwi
Choe Son Hui
Choe Thae Bok
Hyon Song Wol
Jo Yong Won
Kim Chang Son
Kim Hyok Chol
Kim Jong Gak

Kim Ki Nam
Kim Song Hye
Kim Yang Gon
Kim Yong Chun
Kim Yong Nam
Pak Jong Chon
Ri Myong Je
Ri Son Gwon
Ri Yong Ho
U Dong Chuk

Südkorea

Präsidenten

Kim Dae Jung (1998–2003)
Roh Moo Hyun (2003–2008)
Lee Myung Bak (2008–2013)
Park Geun Hye (2013–2017)
Moon Jae In (2017–2022)
Yoon Suk Yeol (2022–heute)

Weitere südkoreanische Regierungsbeamte

Cho Myoung Gyon: Wiedervereinigungsminister von 2017 bis 2019
Chung Sye Kyun: Premierminister während Moon Jae Ins Präsidentschaft

DIE PAEKTU-DYNASTIE

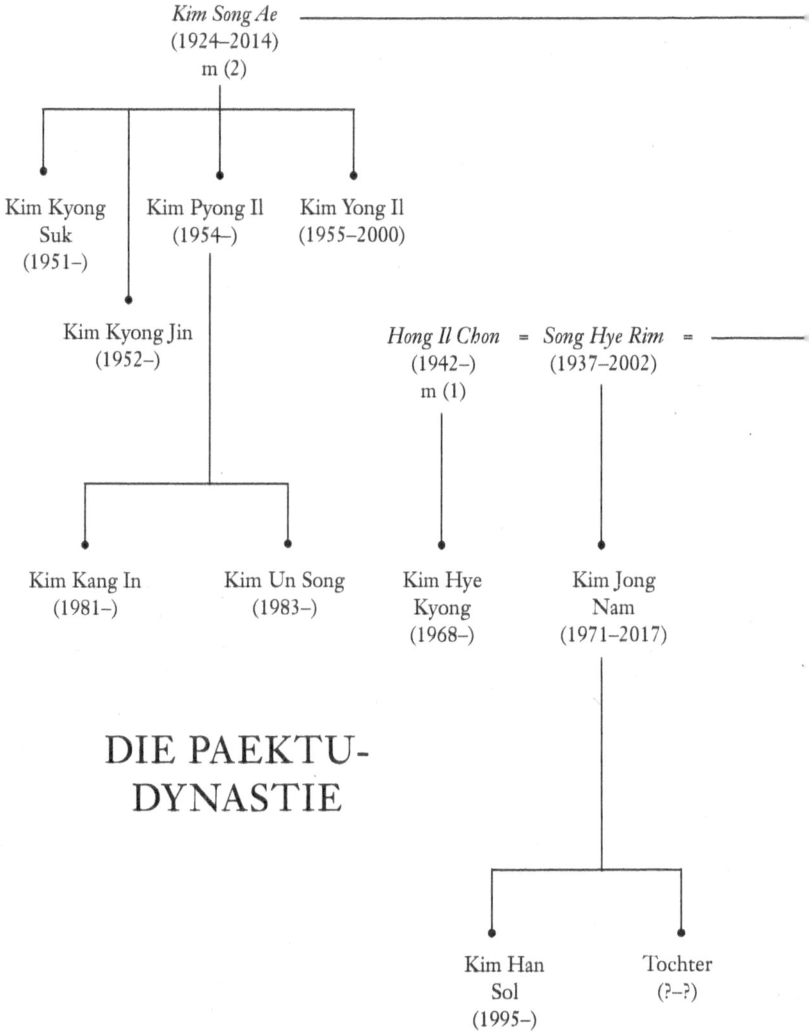

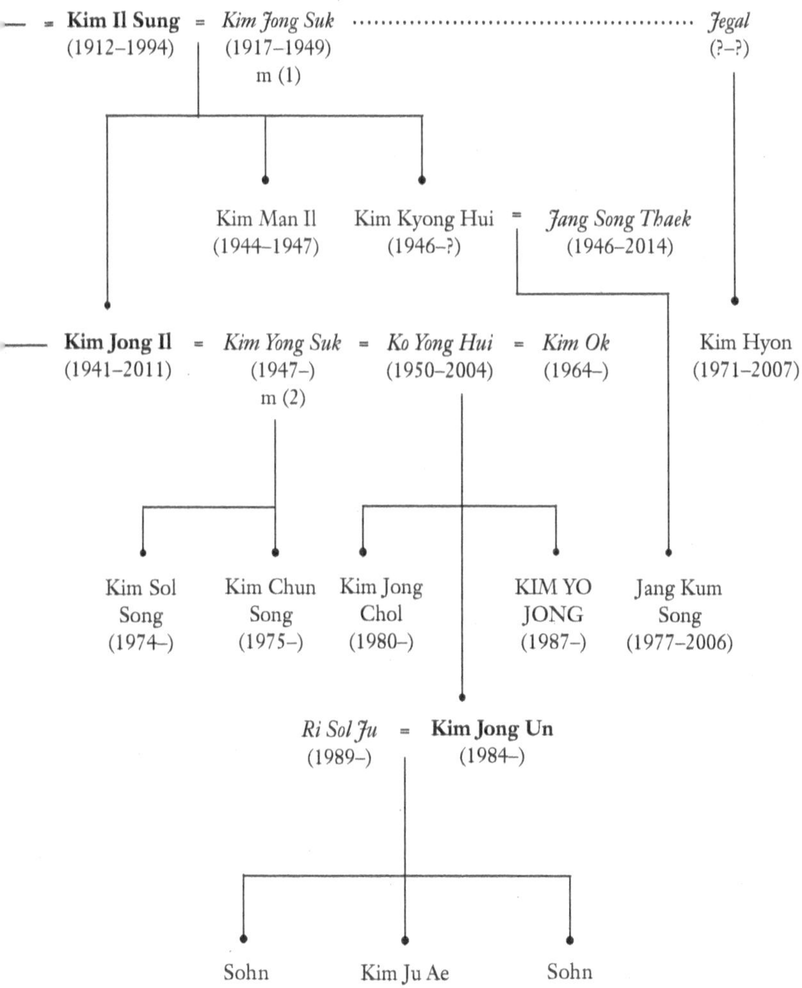
Kim Il Sung
(1912–1994)
Kim Jong Suk
(1917–1949)
m (1)
Jegal
(?–?)
Kim Man Il
(1944–1947)
Kim Kyong Hui
(1946–?)
Jang Song Thaek
(1946–2014)
Kim Jong Il
(1941–2011)
Kim Yong Suk
(1947–)
m (2)
Ko Yong Hui
(1950–2004)
Kim Ok
(1964–)
Kim Hyon
(1971–2007)
Kim Sol Song
(1974–)
Kim Chun Song
(1975–)
Kim Jong Chol
(1980–)
KIM YO JONG
(1987–)
Jang Kum Song
(1977–2006)
Ri Sol Ju
(1989–)
Kim Jong Un
(1984–)
Sohn
Kim Ju Ae
Sohn

KAPITEL 1

Die Prinzessin kommt

Unter einem nebelverhangenen Februarhimmel setzte ein Flugzeug zum Landeanflug auf den internationalen Flughafen Incheon in Südkorea an. In der Maschine saßen dreiundzwanzig Passagiere – fünf Regierungsvertreter, drei Journalisten, der Rest Leibwächter. Doch eine Passagierin war wichtiger als alle anderen.

Am 9. Februar 2018 um 13.46 Uhr koreanischer Zeit setzte die Iljuschin 62 sowjetischer Bauart auf, die *Chammae-2* (»Habicht-2«), der nach dem Nationalvogel Nordkoreas benannte Privatjet des nordkoreanischen Führers. Es war das erste Mal, dass ein Abkömmling der »Paektu-Blutlinie«, wie sich die direkten Nachfahren des nordkoreanischen Staatsgründers Kim Il Sung bezeichnen, einen Fuß auf südkoreanischen Boden setzte, das erste Mal seit dem Staatsgründer Nordkoreas selbst, im Juli 1950, einen Monat, nachdem er mit seinen Truppen in den Süden einmarschiert war. An Bord befand sich jedoch nicht der derzeitige nordkoreanische Führer Kim Jong Un, und dies war eine völlig andere Art von »Invasion« – eine, die vom Großteil aller Südkoreaner freudig begrüßt wurde.

Nach der Landung verbrachte die Maschine noch neun Minuten auf dem Rollfeld, bis sie das Gate erreicht hatte. Zuschauerinnen und Zuschauer, die unbedingt die ersten Fernsehbilder der so bedeutsamen Persönlichkeit erhaschen wollten, mussten sich anschließend weitere fünfunddreißig Minuten einzig mit dem Umriss des geparkten Flugzeugs begnügen: Auf dem Heckflügel prangte ein großer roter Stern, das Nationalwappen des Landes, über den Rumpf zog sich, auf Koreanisch, der lang gestreckte Schriftzug »Demokratische Volksrepublik Korea«.

Als sich eine Fluggastbrücke langsam auf die Maschine zubewegte, stöhnte der Nachrichtensprecher des großen südkoreanischen Senders, der live über die Geschehnisse berichtete, enttäuscht auf. Die Zuschauer würden nun doch nicht miterleben, wie die bedeutende Persönlichkeit glanzvoll der Maschine entstieg.

Das allererste Bild des Gastes flimmerte, je nach TV-Sender, erst vierzig Minuten nach Beginn der Übertragung über die Bildschirme. Der offizielle Leiter der nordkoreanischen Gesandtschaft, Kim Yong Nam, trat aus dem Flughafengebäude und stieg in die erste von zwei schwarzen Limousinen. Dann, im Schutze eines großgewachsenen nordkoreanischen Bodyguards und einer südkoreanischen Leibwächterin, marschierte eine zierliche junge Frau das Dutzend Schritte zum zweiten Wagen. Ihr Blick war gelassen, ihre Haltung kerzengerade, als würde ihr es nicht das Geringste ausmachen, im Mittelpunkt eines historischen Moments wie diesem hier zu stehen.

Es war so schnell gegangen, klagten die TV-Kommentatoren – und zudem war dieser flüchtige Anblick auch noch halb verdeckt gewesen von einem Gebäude. Schon selbst in diesen wenigen Sekunden waren einige Dinge klar geworden. Die Besucherin war bekannt dafür, dass sie sich nur dezent schminkte, wie ein Experte anmerkte – und doch schien sie nun ihr bislang auffälligstes Make-up zu tragen. Was hatte das zu bedeuten? Waren sie sicher, dass sie es war? Dennoch war es aufregend, sinnierte der Experte, da die Dicke ihres Lidschattens etwas Positives bedeuten musste – nämlich, dass sie, im Rahmen ihrer Bemühungen um die innerkoreanische Verständigung, ihre Mission äußerst ernst nahm.

Als sich die Fahrzeugkolonne wenige Minuten später in Bewegung setzte, geriet auf der anderen Seite des Wagens, in dem die junge Frau saß, ein weiterer nordkoreanischer Leibwächter in den Blick und joggte zusammen mit dem ersten ein Stück neben der Limousine her, bevor beide in einen nachfolgenden schwarzen SUV sprangen. Ihr Ziel war die KTX-Bahnstation (Korea Train eXpress) innerhalb des Flughafenkomplexes, von der aus die Delegation mit Südkoreas topmodernem Hochgeschwindigkeitszug ostwärts nach Gangneung reisen würde. Die Fahrt mit diesem Zug würde den Besuchern die zahlreichen gravierenden Gegensätze zwischen den beiden koreanischen Staaten gewiss schmerzlich und hautnah vor Augen führen.

Die Fernsehsender spielten diese kostbaren Sekunden, als sie zum Wagen liefen, in Dauerschleife ab. Manche Kommentatoren identifizierten einige der nordkoreanischen Regierungsbeamten, die später aus dem Flughafen gekommen waren. »Aber Moment mal!«, platzte einer der Nachrichtensprecher heraus. »Wir haben noch ein früheres Video von ihr, im VIP-Raum!«

Der neue Clip, abermals schier endlos wiederholt, enttäuschte nicht. Endlich bot sich den Zuschauern ein guter Blick auf die Debütantin, als diese ihren mit Spannung erwarteten »Bühnenauftritt« im VIP-Empfangsraum des Flughafengebäudes absolvierte. Als Erstes erschien Kim Yong Nam in Begleitung seines südkoreanischen Gastgebers, des Wiedervereinigungsministers Cho Myoung Gyon. Nach wenigen Schritten hielt Kim mitten im Gehen inne und sah sich um, als hätte er ein wenig Angst, vor seiner bedeutenderen Kollegin zu laufen. Der Blick hatte zur Folge, dass alle zurückschauten, und dann, mit einem leisen Lächeln auf dem Gesicht, marschierte die Frau der Stunde herein. Kameras surrten.

Ihre Haltung noch immer kerzengerade, die Augen unverwandt auf zwei oder drei Fixpunkte im Raum gerichtet, um ja nicht den Eindruck zu erwecken, sie wäre aufgeregt oder gar ängstlich.

Es war Kim Yo Jong, die jüngere Schwester Kim Jong Uns – des »Obersten Führers« Nordkoreas. Ihr Bruder regiert wie ein absolutistischer Monarch, doch sie war keines der königlichen Geschwister, die im Grunde keine Macht besaßen, wie Jong Uns älterer Bruder Jong Chol. Spätestens seit 2014 hatte sie bereits das einflussreiche Ministerium für Propaganda und Agitation geleitet. Sie war ehrgeizig. Als jüngstes Kind Kim Jong Ils, Nordkoreas Machthaber der zweiten Generation, war sie von frühester Kindheit an verwöhnt und umschwärmt worden. Ihre Eltern nannten sie »Meine süße Prinzessin Yo Jong« oder »Prinzessin Yo Jong«. Ihr Vater hatte schon früh ihre Begabung und ihren politischen Weitblick erkannt. Und auch die Welt würde sie nun endlich kennenlernen.

Während die wichtigsten nordkoreanischen Abgesandten aus dem Flugzeug geleitet wurden, hatten die Fernsehkommentatoren die historische Bedeutung dieses Augenblicks betont und die Zuschauer über die voraussichtliche Reiseroute Kim Yo Jongs in den nächsten sechsundfünfzig Stunden informiert, auch wenn vieles noch nicht endgültig geklärt war. Eines jedoch war sicher: Das wichtigste Ereignis war Kim Yo Jongs für den nächsten Tag geplanter Besuch beim südkoreanischen Präsidenten Moon Jae In im Blauen Haus, dem Amts- und Wohnsitz des Regierungschefs, mit anschließendem Mittagessen. Vielleicht würde sie einen Brief ihres Bruders überbringen? Vielleicht würde Kim Jong Un darin ja sogar vorschlagen, dass sich die beiden Staatschefs irgendwann einmal persönlich treffen? Ein innerkoreanisches Gipfeltreffen, das erste seit über einem Jahrzehnt – wie aufregend das doch wäre, ja, womöglich eine Aussicht auf Frieden auf der koreanischen Halbinsel? (Tags darauf überbrachte sie tatsächlich einen solchen Brief.)

Auch wurde bestätigt, dass die nordkoreanische Delegation später am Abend an der Eröffnungsfeier der Olympischen Winterspiele in Pyeongchang an der Ostküste teilnehmen würde, rund zweieinhalb Stunden mit dem Hochgeschwindigkeitszug von Incheon entfernt. Die Ironie der Geschichte, dass Kim Yo Jong in Incheon landen sollte, konnte der Abordnung nicht verborgen geblieben sein – ausgerechnet jener Stadt an der Westküste der Halbinsel, wo 1950 eine bedeutende Militäroperation im Koreakrieg das Blatt zuungunsten Pjöngjangs gewendet hatte. An diesem Abend würden die Nordkoreaner zum ersten Mal mit Präsident Moon zusammentreffen, wenn auch nur zu einem Fototermin. Als offizieller Delegationsleiter würde der neunzigjährige Kim Yong Nam am Empfang vor der Eröffnungsfeier samt Abendessen teilnehmen und sich ein wenig unter die anderen Staats- und Regierungschefs mischen; Kim Yo Jong würde erst später zur eigentlichen Eröffnungszeremonie erscheinen. Sie würde in der Ehrenloge auf der Tribüne sitzen, vermutlich ganz in der Nähe von Präsident Moon.

Der südkoreanische Gastgeber hatte viele internationale Würdenträger zu empfangen: US-Vizepräsident Mike Pence, den deutschen Bundespräsidenten Frank-Walter Steinmeier, den außerhalb Europas nur wenige kannten, den japanischen Premierminister Shinzo Abe, den viele Südkoreaner hassten, den Präsidenten des Internationalen Olympischen Komitees Thomas Bach, der sich sehr über die Anwesenheit der Nordkoreaner freute, sowie andere, für die wohl weniger auf dem Spiel stand. Bei der Zeremonie würden die Sportler beider koreanischer Staaten gemeinsam unter einer einzigen blauen Halbinselfahne einlaufen – eine Symbolik, die auch nach einem historischen innerkoreanischen Handschlag zwischen Kim Yo Jong und Moon Jae In verlangte. Vielleicht würden Kim Yo Jong und Kim Yong Nam ja nur ein paar Plätze entfernt von südkoreanischen Präsidenten sitzen? Oder gar in der Nähe des

US-Vizepräsidenten? Vielleicht würde sie, wenn alle ihre Plätze einnahmen, an Mike Pence vorübergehen müssen, oder er an ihr? Würden *diese beiden* sich vielleicht am Ende gar die Hand geben? Was für ein besonderer Moment das doch wäre.

Im VIP-Raum des Flughafens wiesen die südkoreanischen Gastgeber Kim Yong Nam den mittleren Platz gegenüber von Minister Cho zu, dem Leiter des Empfangskomitees. Doch der versierte Neunzigjährige kannte seine Position und bedeutete der dreißigjährigen Prinzessin, an seiner statt den Hauptplatz einzunehmen. Mit einem breiten großmütigen Lächeln wies sie mit ihrer linken Hand auf den Mittelplatz, um dem Älteren den Vortritt zu lassen. Dieser protestierte verhalten; sie aber öffnete nur leicht die Handfläche, sah ihn milde an und schenkte ihm ein beschwichtigendes Lächeln. »Wie liebenswürdig sie doch ist«, überschlugen sich die südkoreanischen TV-Experten förmlich vor Begeisterung, ohne zu bemerken, dass Kim Yo Jongs ausgestreckte Finger weniger eine Geste des Respekts darstellten als die Anweisung der Chefin an ihren Untergebenen, sich gefälligst hinzusetzen. Hätte ihre Geste tatsächlich Hochachtung vor dem Alter ausdrücken sollen, dann hätte Kim Yo Jong sie mit beiden Händen und leicht gekrümmten Fingern ausgeführt.

Herrschsucht, Autorität und Überheblichkeit, von klein auf anerzogen, sind der Bescheidenheit nicht unbedingt zuträglich, außer wenn der Anlass sie erfordert. In diesem Augenblick strahlte sie eher gelassene Arroganz aus als Respekt. Drei Monate später dagegen, als sie mit ihrem Bruder China besuchte, vollführte Kim Yo Jong für den chinesischen Staatspräsidenten Xi Jinping bereitwillig eine tiefe, fast rechtwinklige Verbeugung, die sie bei Xis Besuch in Pjöngjang im Juni 2019 wiederholte. Dem chinesischen Staatschef musste Respekt gezollt werden. Südkoreaner allerdings waren ihre Untergebenen. Die Paektu-Königsfamilie stellte die wahren Führer Koreas, während der Süden kaum mehr als eine Marionette der Vereinigten Staaten war. Schließlich trug die Dynastie ja auch den Namen jenes sagenumwobenen Berges, auf dem laut offizieller nordkoreanischer Geschichtsschreibung Kim Il Sung einst jenes Feldlager aufgeschlagen hatte, von dem aus er 1945 die japanischen Kolonialisten bezwungen und anschließend den nordkoreanischen Staat gegründet hatte. Und selbst ein altgedienter Funktionär wie Kim Yong Nam würde rangmäßig stets unterhalb der Enkelin von Kim Il Sung rangieren.

In diesem Augenblick jedoch hatten viele Südkoreaner, die all das in der Schule gelernt hatten, dies schlagartig vergessen. »Sie ist nicht nur hübsch, sondern auch höflich!«, lobhudelten die Kommentatoren feierlich, wobei sie in diesem seltenen, aufregenden Moment übersahen, dass Kim Yo Jongs »schlichtes und bescheidenes Erscheinungsbild« das Resultat eines hochprivilegierten Lebensstils und einer einstudierten königlichen Etikette war. Wie ihr Bruder wusste auch sie, wie man in der Öffentlichkeit das richtige Maß herrschaftlicher Attitüde an den Tag legte.

Kim Yo Jong nahm zur Rechten Kim Yong Nams Platz. Links von ihm saß Ri Son Gwon, ein grobschlächtiger Armeeoberst, den man zum Vorsitzenden des Komitees zur friedlichen Wiedervereinigung des Vaterlandes gemacht hatte – jener nordkoreanischen Behörde, die vorrangig für die Gespräche mit dem Süden zuständig war –, und der im Januar 2020 zum Außenminister befördert werden sollte. Zur Rechten Kim Yo Jongs saß ihr einstiger Untergebener im Ministerium für Propaganda und Agitation, Choe Hwi, derzeit Vorsitzender der staatlichen Lenkungskommission für Körperkultur und Sport. Wie Kim Yo Jong selbst hatte das US-Finanzministerium im Januar 2017 auch ihn aufgrund »ernsthafter Menschenrechtsverstöße und Zensurmaßnahmen«[1] des nordkoreanischen Regimes mit Sanktionen belegt. Themen wie diese wurden weder vor, während, noch nach dem besonderen Besuch angesprochen.

Die Tischgesellschaft bot ein etwas merkwürdiges Bild, da die Nordkoreaner über ihren Anzügen die Wintermäntel anbehielten. Die südkoreanischen Regierungsvertreter hätten gewiss angeboten, ihnen die Mäntel abzunehmen, doch die Gäste aus dem Norden – die ihre Mäntel auch bei ihrem eigenen Stab hätten lassen können – hätten wohl höflich abgelehnt, nicht etwa, weil ihnen im Flughafen kalt war, sondern um zu zeigen, dass sie lieber rasch weiterreisen wollten und diesen Fototermin lediglich als Geste guten Willens über sich ergehen ließen. Kim Chang Son, Kim Jong Uns oberster Sekretär bei der Kommission für Staatsangelegenheiten, der gelegentlich nordkoreanische Delegationen bei Gesprächen mit dem Süden anführte und auf der Reise vor allem dafür zuständig war, die Prinzessin zu hofieren, blieb an der Tür stehen. Der vertrauenswürdige – und somit mächtige – Butler der Königsfamilie diente ihnen schon seit Jahrzehnten.

Minister Cho machte ein wenig Small Talk und merkte an, dass es plötzlich wärmer geworden sei. »Die sehr wichtigen Gäste aus dem Norden haben Südkorea warmes Wetter gebracht«, verkündete er mit einem Lächeln. Und tatsächlich waren es für den Winter in Korea milde 7 °C. Kim Yo Jong saß, mit geradem Rücken und beachtlich ausdrucksloser Miene, schweigend da. Auf der anderen Seite des Tisches behielten ihre südkoreanischen Gastgeber ihr breites Grinsen bei.

Kim Yo Jong trug einen schwarzen Mantel mit breitem Pelzkragen und Pelzbesatz an den Ärmeln, dessen einzige Verzierung ein großer runder Knopf unter dem offenen Halsausschnitt war. Dazu weder Halskette noch Ohrringe, keine Ohrlöcher, über der linken Schulter eine schwarze Handtasche. Eine leise Spur pfirsichfarbenen Lidschattens war zu erahnen, ebenso wie ein Hauch von

Eyeliner. Helle pfirsichfarbene Leggings und schwarze Pelzstiefel wurden gesichtet. Erst später ließ sich bestätigen, dass sie zwar eine silberne Uhr, doch keine Armreifen trug. Wie aufschlussreich ihr schlichter Modegeschmack doch war, seufzten die Reporter verzückt. Laut der *Washington Post* bestaunten die Zuschauer Kim Yo Jongs »zurückhaltendes Make-up und den Verzicht auf glamourösen Schmuck. Sie kommentierten ihre schlichten schwarzen Outfits und ihre unscheinbare Handtasche. Ihnen fiel die blumenförmige Spange auf, mit der sie ihr Haar in nüchtern-strengem Stil zurücksteckte.«[2]

Eine weitere Nahaufnahme Kim Yo Jongs, die in Endlosschleife auf den südkoreanischen Sendern lief, war ihre Fahrt auf der Rolltreppe im Flughafen von Incheon. Kim Yong Nam war der erste Nordkoreaner, den man auf der Treppe sah, mit seinem typisch steifen, fahlen Lächeln und von zwei Leibwächtern flankiert. Dann kam Kim Yo Jong, von drei nordkoreanischen und einem südkoreanischen Leibwächter umgeben, mit emporgerecktem Kinn, der Aura eines Laufstegmodels und starrem zielstrebigem Blick. Hinter ihr stand Kim Song Hye, eine der wenigen hohen Funktionärinnen im Komitee für die friedliche Wiedervereinigung des Vaterlandes, die schon an mehreren Gesprächsrunden mit Südkorea teilgenommen hatte und auch jener nordkoreanischen Gesandtschaft angehören sollte, die US-Präsident Donald Trump am 1. Juni 2018 im Weißen Haus besuchen sollte – nur elf Tage vor Trumps erstem Gipfeltreffen mit Kim Jong Un in Singapur. Es folgten Kim Chang Son und nach ihm die nominell hochrangigeren Regierungsbeamten Choe Hwi und Ri Son Gwon.

Diese Reihenfolge bot nicht nur eine Momentaufnahme von Kim Yo Jongs Position innerhalb der nordkoreanischen Delegation, sie zeigte auch eine Besonderheit der politischen Kultur in Nordkorea auf, in der offizielle Ränge und Titel oftmals wenig über wahre Hierarchien und Machtstrukturen aussagen, und das Leben von Ministern und Viersternegenerälen nicht selten von den Launen einer mit wahrer Macht versehenen Person von weit niedrigerem Rang abhängt. Kim Yo Jongs Stellung war natürlich einzigartig: Obwohl sie unter den 250 Angehörigen des Zentralkomitees der Partei der Arbeit Koreas lediglich einen der untersten Ränge bekleidete, konnte sie nach Gutdünken die Hinrichtung eines jeden anderen Mitglieds anordnen – mit Ausnahme ihres Bruders. Gleichermaßen hatten Kim Chang Son und der Privatsekretär der Prinzessin, Kim Song Hye, weit mehr zu sagen als hochrangigere Funktionäre in der Abordnung wie Choe Hwi und Ri Son Gwon.

In den kommenden zwei Tagen versetzte die geheimnisvolle junge Prinzessin aus Pjöngjang ganz Südkorea in Verzückung, und das, obwohl sie kaum mehr tat, als zu gehen, zu sitzen, zu essen, gelegentlich etwas zu sagen, ab und an einmal zu lächeln, Hände zu schütteln, Mike Pence auf der olympischen Tribüne geflissentlich zu ignorieren und auf die Südkoreaner, mit denen sie zusammentraf – einschließlich des Präsidenten, nicht selten abschätzig herabzublicken. Sie gab keine einzige öffentliche Erklärung ab und auch keine Interviews.

Und dennoch war sie das Gesprächsthema des ganzen Landes und sorgte auch jenseits der Halbinsel für Aufsehen. Die Berichterstattung über Kim Yo Jong war von Beginn an maßlos übertrieben – von den ersten Augenblicken nach der Landung bis zu ihrem Abflug an Bord des Flugzeugs ihres Bruders am späten Abend des 11. Februar. Wie die Presse nicht müde wurde zu betonen, war dies der erste auf Einladung erfolgte Besuch eines Mitglieds des nordkoreanischen Königshauses in Südkorea. Die Welt, einschließlich Präsident Moon und seiner Beamten, kam aus dem Staunen gar nicht mehr heraus. Wo immer Kim Yo Jong auch hinging, entfachte sie eine an Fetischismus grenzende Faszination, begünstigt von ihrer Weiblichkeit und der Hoffnung vieler Südkoreaner, mit ihrem Bruder ins Gespräch zu kommen. Allein, dass sie im Süden überhaupt erschienen war, machte sie bereits zu einem internationalen Star. Selbsternannte Prinzessinnenexperten von Tokio bis Washington ließen sich über sie aus – ihren schnörkellosen Modestil, ihr royales Benehmen, ihre Bescheidenheit, ihre Zurückhaltung, ihre herrschaftliche Art, ihr Selbstbewusstsein und ihr süffisantes Mona-Lisa-Lächeln.

Sie selbst richtete keine direkte Botschaft an das südkoreanische Volk oder an die Welt. Doch sie überbrachte den persönlichen Brief ihres Bruders, in dem dieser Präsident Moon nach Pjöngjang einlud, was ihre Anwesenheit umso faszinierender machte. Die Frage, ob sich die Kim-Geschwister zunächst das weichste Ziel in ihrer geopolitischen Nachbarschaft auserkoren hatten – sprich denjenigen, der als gewählter Staatschef Südkoreas das Blaue Haus bewohnte –, um sich darüber dem etwas härteren Ziel zu nähern, nämlich US-Präsident Donald Trump, war dermaßen komplex, dass sie sich eigentlich erübrigte. Die Prinzessin vom Berg *Paektu* war da, hier in Südkorea! Ihre leibhaftige Anwesenheit, auf Schritt und Tritt bewacht und umgeben von der königlichen Leibgarde des Bruders, konnte nur bedeuten, dass die beiden koreanischen Staaten an der Schwelle eines epochemachenden Ereignisses standen. Ihr Besuch verhieß geringstenfalls Versöhnung und Frieden – womöglich gar eine letztendliche Wiedervereinigung.

Die sensationelle Optik überstrahlte für eine Weile die harte Realität. Denn die Mehrheit der Südkoreaner war nicht bereit, auch nur geringe finanzielle Opfer zu bringen, um die langfristigen wirtschaftlichen Kosten einer Wiedervereinigung zu tragen. Und die Wiedervereinigung, von der Kim Yo Jong und ihr Bruder träumten, würde nur unter *ihren* Bedingungen stattfinden: unter Führung der Kim-Dynastie, was im scharfen Kontrast zu den Wünschen der südkoreanischen Bevölkerung stand, die grundlegende Freiheitsrechte und relativen Wohlstand gewohnt waren. Doch in der Euphorie des Augenblicks solch nüchterne Einwände nur anzusprechen, wirkte schlichtweg ketzerisch.

Dass Kim Yong Nam mit seiner sechzigjährigen Erfahrung in hohen Regierungsämtern seit zwanzig Jahren zudem Vorsitzender des Präsidiums der Obersten Volksversammlung, Nordkoreas Scheinparlament, war, interessierte nur wenige Experten. Die meisten südkoreanischen Beobachter wussten, dass die wahre Macht bei der »First Sister« Nordkoreas lag. Und dass Kim Jong Un tatsächlich *seine eigene Schwester* schickte, so die Argumentation, konnte nur bedeuten, dass sie Frieden brachte.

Auch war der südkoreanischen Öffentlichkeit ganz instinktiv bewusst, dass das Wort des Obersten Führers in Nordkorea viel größeres Gewicht besaß als jedes geschriebene Gesetz und jeglicher Regierungsrang. Kim Jong Un war der Staat und sein Wort das heilige Gesetz. Doch was die Öffentlichkeit gemeinhin übersah, war, dass seine Schwester weit mehr war als nur hübsches Beiwerk bei den Parteiveranstaltungen des Bruders oder spontanen Besuchsterminen. Ihr Bruder war das offizielle Gesicht des Staates, doch sie war die oberste Zensorin, die Vollstreckerin. Kim Yo Jong besuchte die Olympischen Spiele weder als Touristin noch als Botschafterin. Die Schwester hatte einen Plan.

Dieses Buch wird Kim Yo Jongs Aufstieg nachzeichnen, angefangen mit ihrem Besuch in Südkorea. Ihre Stellung innerhalb der Regierung ist seither drastisch angewachsen – eine Entwicklung, die bereits seit 2009 abzusehen war. Ich werde zeigen, welch maßgebliche Rolle sie seither in der Staatsführung gespielt und wie sie unter Anwendung von Lehren ihres Vaters, Kim Jong Il, die

Machtfülle ihrer Dynastie erweitert hat. Zur Zeit der Niederschrift dieses Buches ist in Nordkorea nur noch ihr Bruder mächtiger als sie, und das Schicksal der »Paektu-Blutlinie« könnte in ihren Händen liegen.

KAPITEL 2

Die Paektu-Blutlinie

Seit ihrer Gründung im Jahr 1948 ist die Demokratische Volksrepublik Korea (DVRK) weder eine Demokratie noch eine Republik gewesen. Vielmehr war sie schon immer ein totalitäres Erbkönigreich im Gewand einer Demokratie, mit einer Verfassung, die angeblich alle Grundrechte gewährt und einer Regierung, die seit Mitte der fünfziger Jahre resolut jeden noch so geringfügigen Dissens mit Verbannung oder Tod bestraft. Die Macht vom Vater auf den Sohn zu übergeben, gilt im Kommunismus zwar als Ketzerei, doch die sogenannte kommunistische DVRK hat es schon zweimal getan: zum ersten Mal nach dem Tod von Kim Il Sung im Jahr 1994, und dann erneut nach Kim Jong Ils Tod im Jahr 2011. Legitimiert wird diese Erbherrschaft mit der angeblichen Großartigkeit der Paektu-Blutlinie.

Der Erste in der Paektu-Blutlinie war selbstverständlich Kim Il Sung, der Gründer der DVRK. Kim Il Sung, der seit den frühen dreißiger-Jahren als unbedeutender Partisan gegen die Japaner kämpfte, soll aus Stützpunkten am Fuße des Berges *Paektu* heraus operiert haben. Kim Il Sungs Aktionen gegen die japanischen Kolonialherren wurden von seinen Propagandisten später derart aufgebauscht, dass sie ihn zum größten Patrioten und Kriegshelden aller Zeiten stilisieren konnten. Dieses fiktive Narrativ bildete lange

Zeit die ideologische Grundlage für seinen Herrschaftsanspruch und den seiner Nachkommen. Wie beim Erbrecht mittelalterlicher Könige leitet sich dieser von der Gnade Gottes ab. In Nordkorea, wo weder Religionsausübung noch die Verehrung einer Gottheit erlaubt sind, ist Kim Il Sung Gott. Zu seinen Lebzeiten war Kim Il Sung unfehlbar. Im Tode ist sein Vermächtnis so heilig, dass es von niemandem angefochten und in keinem Individuum außer seinen unmittelbaren Nachkommen verkörpert werden kann.

Der *Paektu* ist ein realer Ort, ein Stratovulkan mit einem atemberaubend schönen Kratersee, dem »Himmelssee« (koreanisch *Cheonji*; chinesisch *Tianchi*), der auf der Grenze zwischen dem nordkoreanischen Distrikt Ryanggang und der chinesischen Provinz Jilin liegt. *Paektu* ist die nordkoreanische Schreibweise desselben Berges, der in Südkorea als *Baekdusan* (»Weißkopf-Berg«), und in China als *Changbaisan* bezeichnet wird (»Immerweißer Berg« – da auf seinen Gipfeln die meiste Zeit des Jahres über Schnee zu sehen ist). Ursprünglich war die heutige, über 1300 Kilometer lange Grenze zwischen Korea und China unmarkiert. Im September 1909 jedoch, als Korea japanisches Protektorat war und keine staatliche Autonomie besaß, schlossen Japan und China den sogenannten *Gando*-Vertrag (chinesisch *Jiandao*), auf dessen Grundlage der Himmelssee und die umliegenden Gipfel chinesisches Gebiet wurden.

In den frühen sechziger-Jahren, als in China die vom »Großen Sprung nach vorn« bewirkte Hungersnot herrschte und sich das Land in einer bedrohlichen Pattsituation mit der Sowjetunion und Indien befand, nutzte Nordkorea die Gelegenheit, um einen neuen Grenzvertrag auszuhandeln. Am 12. Oktober 1962 einigten sich die beiden kommunistischen Nachbarn auf einen neuen und für Nordkorea günstigeren Grenzverlauf. Sie teilten den Berg in etwa gleich große Teile auf, wobei Nordkorea mehr von der Caldera des Himmelssees erhielt (55,5 Prozent zu 45,5 Prozent). Zudem trat China rund 500 Quadratkilometer Land ab.[1] Es war ein großer Sieg für die nordkoreanische Diplomatie und beförderte den *Paektu*-Mythos weiter. In der koreanischen Schöpfungsmythologie wurde Dangun, der Stammvater des koreanischen Volkes, im Jahr 2333 v. Chr. auf dem Gipfel dieses Berges geboren. In der spezifisch nordkoreanischen Mythologie wiederum kam im Februar 1942, zur Zeit des heldenhaften Kampfes seines Vaters gegen die Japaner, an ebendiesem Ort – in einer Blockhütte an einem Bergausläufer nahe dem Himmelssee-Krater – auch Kim Jong Il zur Welt, der Kim-Herrscher der zweiten Generation.*[2] Im Jahr 1988 ließ Kim Jong Il einen der Berggipfel, den Jangsu-Gipfel, in »Jong-Il-Gipfel« umtaufen und den Namen in roter Schrift in den Felsen meißeln. Im Winter wirken der schneegekrönte Berg und sein eisbedeckter Kratergipfel geheimnisvoll und majestätisch, doch wehen dort die meiste Zeit des Jahres über beißend kalte »Messerwinde«, wie die Nordkoreaner sie nennen, die auf ewig den unbeugsamen Willen der Freiheitskämpfer unter Kim Il Sung verkörpern. Der Februar ist einer der kältesten Monate dort, und die Temperatur fällt in Gipfelnähe nicht selten unter –29 °C, manchmal sogar auf –50 °C. Folglich ist es äußerst unwahrscheinlich, dass Kim Jong Ils Mutter einen derart unwirtlichen Ort für die Geburt ihres ersten Kindes auserkoren hätte.

Und natürlich hat sie das auch nicht: Denn Kim Jong Il wurde nicht dort geboren, sondern auf einem sowjetischen Militärstützpunkt im Fernen Osten Russlands, und auch nicht 1942, sondern am 16. Februar 1941, ja, nicht einmal als Kim Jong Il, sondern als

* Im gesamten Buch verwende ich die offizielle nordkoreanische Übersetzung ins Englische [hier ins Deutsche übertragen, Anm. d. Übers.], außer dort, wo diese Übersetzung fehlerhaft, unpassend oder unidiomatisch ist.

Juri Irsenowitsch Kim.[3] Zu diesem Zeitpunkt war Kim Il Sung bereits der 25. sowjetischen Armee beigetreten.

Der *Paektu* wird in den Nationalhymnen beider koreanischer Staaten besungen. Er ist der berühmteste und symbolisch bedeutendste Berg in der koreanischen Geschichte. Beiderseits der Grenze betrachten die Koreaner ihn als Geburtsort der koreanischen Nation – der einzigartigen koreanischen ethnischen Identität mit ihrer eigenen Geschichte und Kultur, die sich dezidiert von ihrem gigantischen und nicht selten auch bedrohlichen Nachbarn China unterscheidet.

Aus diesem Grund haben nordkoreanische Machthaber stets die imaginären mythischen Qualitäten dieses Berges für ihre Zwecke genutzt und beschworen. Im nordkoreanischen Nationalwappen findet sich sein Abbild direkt unterhalb des fünfzackigen roten Sterns. Der *Paektu* wird oft als »Heiliger Berg der Revolution« bezeichnet. Kims »historischer Widerstandskampf«, den er von seinem Stützpunkt auf dem »Heiligen Berg der Revolution« führte, so übertrieben er auch dargestellt sein mag, liefert der despotischen Dynastie ihre wichtigste Legitimationsquelle. Noch einmal: Kim Il Sung war, so die nordkoreanische Erzählung, der größte Patriot und Kriegsheld, den es jemals gab. Es ist nur eine Frage der Zeit, bis jeder Spross der Dynastie einer symbolischen »Taufe« als Kind des *Paektu* unterzogen wird.

Das früheste Bild des heutigen Machthabers Kim Jong Un auf dem Berg *Paektu* – auf einem weißen Pferd mit einem silbernen Stern im Kopfhalfter – erschien im Jahr 2014. Es zeigt den jungen, kaum zehnjährigen Jong Un, wie er neben seinem Vater reitet. Das Foto stammt womöglich aus der Zeit um 1994, kurz nachdem Kim Jong Il infolge des Todes seines Vaters die Macht als Oberster Führer übernommen hatte.

Es war im November 2012, nicht ganz ein Jahr nach Kim Jong

Uns Amtsantritt, als das Staatsfernsehen die damals fünfundzwanzigjährige Kim Yo Jong zeigte, wie sie neben Kim Kyong Hui, ihrer Tante väterlicherseits, auf einem weißen Pferd ritt. Beide Pferde trugen ein Kopfhalfter mit einem fünfzackigen Stern: dem Wahrzeichen der Kim-Dynastie sowie des Landes, über das sie herrscht. Beide Frauen gehörten der Paektu-Blutlinie an: Die eine war die Tochter Kim Il Sungs, der »Sonne des koreanischen Volkes«, die andere seine Enkelin. Doch während man Kim Kyong Hui als Funktionärin kannte, die über zwanzig Jahre lang die Leichtindustrieabteilung der Partei geleitet hatte, kannte Kim Yo Jong so gut wie niemand. Dass die Staatsmedien jedoch die jüngere Schwester des amtierenden Obersten Führers beim freudigen Ausritt mit ihrer Tante zeigten, war ein eindeutiger Hinweis, dass Kim Yo Jong künftig eine größere offizielle Rolle innerhalb der Dynastie spielen sollte. Es implizierte außerdem eine Verbindung zwischen beiden Frauen: Beide waren Prinzessinnen und Schwestern eines Obersten Führers. Zugleich waren die Unterschiede zwischen beiden so markant wie die zwischen Sonnenuntergang und Sonnenaufgang. Jeder Spross der »Sonne« wird eines Tages seinen Zenit erklommen haben, und die Tante hatte ihren bereits überschritten. Die junge Nichte allerdings wird ihren noch erreichen, und wie hoch sie einmal aufsteigt, kann noch niemand wissen.

Ein weiteres Anzeichen ihrer wachsenden Bedeutung kam im Oktober 2019, als Kim Jong Un und Kim Yo Jong dabei abgelichtet wurden, wie sie zusammen den *Paektu* emporritten. Die Tragweite dieser Bilder blieb damals nahezu unbemerkt, doch waren sie, wie ich in Kapitel 14 noch erläutern werde, ein deutlicher Hinweis darauf, dass die Pläne, Kim Yo Jongs Rolle in der Regierung massiv auszuweiten, damals bereits beschlossen waren. Die Pandemie hat sie nur noch beschleunigt.

Im Gegensatz zu einer Hungersnot oder dem Einmarsch frem-

Kim Yo Jong bei einer Kranzniederlegung im Ho-Chi-Minh-Mausoleum in Hanoi, Vietnam, am 2. März 2019.

der Truppen tötet eine Pandemie Herrscher wie Beherrschte gleichermaßen. Selbst die sonst so unverwundbaren Erben des Paektu-Clans sind nicht vor ihr gefeit. Seit dem Ende des Koreakriegs im Jahr 1953 hat sich die nordkoreanische Herrscherfamilie noch nie einer ernsten existenziellen Bedrohung gegenübergesehen: keinem Volksaufstand, nicht einmal geplanten öffentlichen Protesten, die diesen Namen verdient hätten. Trotz unzähliger Scharmützel und permanenter Kriegsrhetorik wurde Nordkorea weder von den Vereinigten Staaten noch von Südkorea bisher angegriffen, von Fällen der Selbstverteidigung Südkoreas gegen bewaffnete Angriffe des Nordens einmal abgesehen. Zwischen 1965 und 1971 kam es südlich der militärischen Demarkationslinie, einschließlich der entmilitarisierten Zone (DMZ) sowie innerhalb der Republik Korea (die offizielle Bezeichnung für Südkorea), zu mehr als zweitausend Zwischenfällen, bei denen 395 Angehörige des UN-Kommandos ihr Leben verloren.[4] Und zwischen 1954 und 1992 schleuste der Norden etwa 3700 bewaffnete Agenten in den Süden ein, 20 Prozent davon allein in den Jahren 1967 und 1968, als die Kräfte der US-Armee im aussichtslosen Krieg in Vietnam anderweitig gebunden waren.[5]

Doch einen derart lautlosen, unsichtbaren und tödlichen Feind wie Covid hatte der nordkoreanische Führer noch nie erlebt, und um seine Gesundheit ist es ohnehin nicht gut bestellt. Wie sein Vater und Großvater leidet Kim Jong Un an Herzerkrankungen, Diabetes und Fettleibigkeit, und das sind nur die Gesundheitsprobleme, die man kennt. Falls er darüber hinaus nicht auch an Wahnvorstellungen leidet, sollte er eine Nachfolgeregelung, die im Falle seiner Handlungsunfähigkeit seine zuverlässigste Beraterin – sprich seine Schwester – an die Macht bringt, für die Sicherheit seines Landes, seiner Frau und seiner kleinen Kinder als unerlässlich ansehen.

Selbst in der streng patriarchalischen, von Männern dominierten Gesellschaft der Demokratischen Volksrepublik Korea stellt Yo Jongs Geschlecht kein Hindernis für eine potenzielle Herrschaft dar – es ist ihr Blut, das zählt, und alles andere in den Schatten treten lässt. Ihre Mutter war Ko Yong Hui, die Lieblingsgefährtin Kim Jong Ils, die ihm drei Kinder gebar. Das Älteste, der Sohn Jong Chol, erscheint zunächst zwar schon aufgrund seines Geschlechts als der wahrscheinlichere Nachfolger, doch ist er schon einmal als Erbe einfach übergangen worden und hat sich seit dem Tod des Vaters im Dezember 2011 nicht mehr mit Kim Jong Un in der Öffentlichkeit gezeigt. Ihr Halbbruder Jong Nam, der älteste Sohn unter den sieben Kindern, die Kim Jong Il mit vier verschiedenen Frauen gezeugt hat, fiel im Februar 2017 einem heimtückischen Attentat zum Opfer: Kim Jong Nam wurde auf dem internationalen

Flughafen von Kuala Lumpur am helllichten Tag bei einem Anschlag mit chemischen Kampfstoffen ermordet. Auch keine ihrer drei älteren Halbschwestern haben je ein maßgebliches Amt in der Regierung bekleidet oder wurde öffentlich in einem solchen anerkannt.

Es heißt, Kim Jong Un habe drei kleine Kinder, einen Sohn und zwei Töchter. Im November 2022 präsentierte er ein etwa zehnjähriges Mädchen zum ersten Mal der Öffentlichkeit, und zwar bei einem alles andere als familienfreundlichen Ereignis: dem Start einer leistungsstarken ballistischen Interkontinentalrakete, die imstande wäre, jedes Ziel auf dem amerikanischen Kontinent zu treffen. Das Mädchen, das Berichten zufolge Ju Ae heißt, weist in ihren Gesichtszügen eine bemerkenswerte Ähnlichkeit mit ihrer Mutter Ri Sol Ju und ihrem Vater auf.* Die nordkoreanischen Staatsmedien veröffentlichten mehrere Fotos, auf denen die Kim-Familie – Vater, Mutter, Tochter und Tante Yo Jong – vergnügt den Raketenstart beklatschen. Acht Tage später veröffentlichte Nordkorea noch mehr Bilder des Mädchens, die sie bei einem Pressetermin mit ihrem Vater zeigen, diesmal gekleidet und zurechtgemacht wie ihre Mutter. Der Anlass war ein Test der, so die Staatsmedien, »stärksten strategischen Waffe der Welt«.[6]

Kim Jong Uns offizielle Vorstellung der kleinen Tochter verleitete manche Beobachter zur Annahme, sie sei bereits zu seiner Nach-

* Im Jahr 2013 verriet der ehemalige US-Basketballstar Dennis Rodman, Kim Jong Un habe ein neugeborenes Töchterchen namens Ju Ae, und dass Kim ihm gestattet habe, sie im Arm zu halten. Allerdings ist der chinesische Buchstabe »Ae« (Schönheit) bei um die Jahrtausendwende geborenen nordkoreanischen Kindern als Mädchenname äußerst selten. Laut Hyunseung Lee, einem ehemaligen nordkoreanischen Parteimitglied aus der politischen Oberschicht, könnte der Name des Mädchens tatsächlich »Ju Un« lauten, eine Kombination aus dem zweiten Buchstaben der Vornamen beider Eltern (Ri Sol Ju und Kim Jong Un). »Ju Ae« könnte somit lediglich ein Kosename sein.

folgerin erwählt worden. Womöglich hat Kim sein Kind jedoch nur zu dem Spektakel mitgebracht, um sich über die demokratisch gewählten Machthaber in Washington und Seoul lustig zu machen, deren Amtszeiten begrenzt sind. Die Tochter ist ein Symbol dafür, dass er, im Gegensatz zu ihnen, seine Macht ein Leben lang behalten und zu gegebener Zeit an eines seiner Kinder weitergeben wird. Zudem muss Kim gedacht haben, dass das Nebeneinander einer mächtigen Rakete, die die USA mit Nuklearsprengköpfen treffen könnte, und einer trauten Vater-Tochter-Zweisamkeit bei seinen Gegnern unbewusst womöglich eine resignierte Akzeptanz seiner atomaren Waffen hervorrufen könnte: »Offensichtlich sorgt er sich um seine Tochter. Also wird er unmöglich einen Atomkrieg anzetteln. Vielleicht wird er mit der Zeit ja lernen, verantwortungsvoll mit seinen Atomwaffen umzugehen.«

Bei einem Bankett im Februar 2023 gewährte Kim Jong Un seiner Tochter den Mittelplatz zwischen ihm und ihrer Mutter, während mit Orden behangene Generäle in Paradeuniform die Kulisse für ein Familienfoto bildeten. Kurz zuvor war Kim mit seiner Tochter an der Hand auf den roten Teppich getreten, während seine Frau einen halben Schritt hinter ihnen ging. Die anwesenden Gäste jubelten und applaudierten so frenetisch, wie es das Ritual verlangte – alle bis auf eine, die mit den Händen an den Seiten dastand und milde lächelnd zusah: Kim Yo Jong. Sie war die einzige Person im ganzen Saal, die nicht unbändig zu klatschen brauchte. Wenige Tage später ließ Kim Jong Un seine kleine Tochter bei einer abendlichen Militärparade neben sich auf der Tribüne sitzen. Einmal sogar legte sie ihre kleinen schwarz behandschuhten Finger an das grinsende Gesicht des Vaters, was das Bild einer liebevollen Vater-Tochter-Beziehung weiter unterstrich.

Doch selbst, wenn Kim Jong Un die Tochter längst als geeignete Nachfolgerin auserkoren hat, wird es noch eine ganze Weile dauern, bis sie erwachsen ist und imstande sein wird, in ihrem eigenen Namen offizielle Erklärungen abzugeben oder eine Delegation nach Seoul oder ins Ausland anzuführen wie ihre Tante Yo Jong. Von den sieben Enkelkindern Kim Il Sungs in direkter Erbfolge bleibt somit allein die jüngste, Yo Jong, als Thronfolgerin übrig – zumindest bis weit in die dreißiger Jahre des 21. Jahrhunderts hinein. Ob sich Nordkoreas erste »Oberste Führerin« im Falle eines so abrupten Machtwechsels jedoch bis zur Volljährigkeit ihres Neffen oder ihrer Nichte mit der Rolle der Regentin begnügen wird, oder ob sie beschließt, selbst zu regieren – für den Rest ihres Lebens wie auch um zu *über*leben –, ist nicht eindeutig zu beantworten. Die Geschehnisse des beißend kalten Winters 2013 sollten ihr aber womöglich eine Lehre sein und ihr zu denken geben: Auch Kim Jong Uns Onkel Jang Song Thaek hatte für den neuen jungen Führer zunächst zwei Jahre als Regent fungiert, doch als er in jenem Winter in dieser Rolle ausgedient hatte, bezahlte er dies mit seinem Leben. Unter dem jähen Vorwurf, ein verräterischer Konterrevolutionär zu sein und bei den offiziellen Veranstaltungen des Neffen »halbherzig geklatscht« zu haben, wurde Jang sämtlicher Ämter enthoben und hingerichtet – just zur gleichen Zeit, oder nur kurz danach, als die digitale Entfernung seiner Person aus Bildern und Artikeln abgeschlossen war.

Angesichts dieser Onkel- und Brudermorde wird sich Kim Yo Jong jede ihrer Handlungen wohl genauestens überlegen.

Zumindest ist Kim Yo Jong weitaus besser auf die Rolle der Thronfolgerin vorbereitet als es Kim Jong Un am 17. Dezember 2011 war, als er drei Wochen vor seinem achtundzwanzigsten Geburtstag nach dem plötzlichen Herztod seines Vaters unverhofft zum Herrscher wurde. Bis 2020 diente Yo Jong ihrem Land hauptberuflich als »Oberste Zensorin«[7], indem sie die Abteilung für Propaganda und Agitation leitete – auch bekannt als Abteilung für Information und Öffentlichkeitsarbeit des Zentralkomitees der Partei der Arbeit Koreas. Der Begriff »Abteilung« täuscht jedoch über deren wahre Macht und Reichweite hinweg – handelt es sich doch eher um ein Ministerium, dessen Aufgabe es ist, dafür zu sorgen, dass das nordkoreanische Volk umfassend mit der Staatsideologie indoktriniert wird und so weit wie möglich von der Außenwelt abgeschottet bleibt. Auch ihr Vater hatte das Ministerium von 1967 bis 1972 geleitet, als er auf seine Herrscherrolle vorbereitet wurde.

Im Jahr 2020 übernahm Kim Yo Jong noch einflussreichere Positionen und wurde praktisch zur »Stellvertreterin des lieben Führers«. Abermals trat sie in die Fußstapfen ihres Vaters und wurde de facto zur Leiterin der Abteilung für Organisation und Führung, dem politischen Machtzentrum des Landes, das alle täglichen Entscheidungen in wichtigen Personalfragen trifft, auch in der Armee.[8] In dieser mächtigsten aller Abteilungen war sie für politische Überwachung, Bestrafung und Belobigung zuständig. Theoretisch konnte sie entscheiden, wer bespitzelt, degradiert, befördert, bestraft, belohnt, verbannt oder sogar gefesselt und öffentlich auf dem Dorfplatz oder hinter den verschlossenen Türen eines Sportstadions exekutiert werden soll. Gewiss, die finale Entscheidung darüber, welcher Beamte oder welches Mitglied der königlichen Familie als Nächstes entfernt, wieder eingesetzt, zum Selbstmord gezwungen, nachweislich hingerichtet oder per Attentat ermordet werden soll, fällt zwar immer noch ihr Bruder, aber schon seit vielen Jahren hat er für ihre Anliegen stets ein offenes Ohr, und auch die Außenpolitik hat er an sie delegiert. Wie sie im Juni 2020 erklärte, ist sie vom »Obersten Führer, [der] Partei und dem Staat« dazu ermächtigt worden, politische Maßnahmen gegen den »Feind« anzuordnen – womit Südkorea, Japan, der Großteil Europas und vor allem die Vereinigten Staaten gemeint sind.[9]

Mit anderen Worten: Kim Yo Jong ist heute, direkt hinter ihrem Bruder, die »Oberste Stellvertreterin« ihres Landes sowie eine einflussreiche innenpolitische Funktionärin und außenpolitische Entscheidungsträgerin.

In Sachen Macht, Reichweite und vor allem Sichtbarkeit hat sich ihr Einflussbereich maßgeblich vergrößert. Anfang 2021 kehrte sie an ihre einstige Arbeitsstelle in der Abteilung für Propaganda und Agitation zurück und gab als dessen »Vizedirektorin« am 30. März eine schriftliche Erklärung heraus, in der sie den südkoreanischen Präsidenten Moon Jae In aufs Heftigste beschimpfte. Was hatte Moon verbrochen? Er hatte es vier Tage zuvor gewagt, vorsichtige Einwände gegen den jüngsten Testflug einer »neuartigen taktisch ballistischen Rakete« zu erheben. Moon sei »ein von Amerika aufgezogener Papagei«, der »über keinerlei Logik und Ansehen« verfüge.[10]

Die Rückkehr an ihre alte Wirkungsstätte ist weder als Beförderung noch als Degradierung zu betrachten, sondern deutet eher darauf hin, dass die Kim-Geschwister, zufrieden mit ihrer Arbeit in der Abteilung für Organisation und Führung – der schärferen Überwachung wichtiger Beamter und der Bestrafung unerwünschter Personen –, sich nun wieder der Aufgabe widmen wollten, ihre Dynastie gegenüber *äußeren* Feinden abzusichern. Und das vornehmlich mithilfe von Verlautbarungen, Schmähungen und Drohungen – und ab Anfang 2022 auch durch atomare Drohgebärden. (Bis März 2023 hat Kim Yo Jong fast dreißig Erklärungen abgegeben, allesamt versehen mit ihrem typischen bissigen Sarkasmus.)

Später im Jahr 2021 beförderte Kim Jong Un sie sogar noch weiter. Im September berief er seine Schwester in die Kommission für Staatsangelegenheiten, das oberste Führungsgremium in Nachfolge der Nationalen Verteidigungskommission, die einst von Kim Jong Il ins Leben gerufen worden war.[11] Indem sie neben ihrem

Bruder Mitglied in der dreizehnköpfigen Kommission wurde, erhielt Kim Yo Jong einen weiteren offiziellen Titel, den sie im Austausch mit ausländischen Staatsoberhäuptern führen darf, wenngleich, wie bereits erwähnt, Titel und Ränge oft nur wenig über das wahre Machtgefüge Nordkoreas aussagen. Schließlich war sie längst die Nummer zwei im Staat, und das wird sie auch nach ihrem Ausscheiden aus der Kommission bleiben, ganz gleich, ob sie einmal vollwertiges Mitglied des Politbüros des Zentralkomitees wird oder nur stellvertretendes Mitglied bleibt – zu dem ihr Bruder sie 2017 ernannt hat –, oder ob sie von ihrem Bruder dieses Amtes sogar ganz »enthoben« wird, was Kim Jong Un im Januar 2021 Gerüchten zufolge getan haben soll.[12]

Kurz gesagt: Als göttliche Prinzessin aus der Paektu-Blutlinie ist Kim Yo Jong vor den launenhaften politischen Ernennungen und Entlassungen gefeit, die der Rest der nordkoreanischen Beamtenschaft stets fürchten muss.

Alles, was wir bislang von Kim Yo Jong wissen, lässt außerdem vermuten, dass sie, sollte sie je Oberste Führerin werden, sich als noch feindseliger und skrupelloser erweisen könnte als ihr Bruder, ihr Vater oder gar ihr Großvater. In ihren schriftlichen Verlautbarungen hat sie den südkoreanischen Präsidenten wiederholt beleidigt, ihn als »unverfroren«, »schamlos«, »geisteskrank«, »ängstlichen Hund«, »Schwachkopf« und »törichten« Mann bezeichnet, der »den Hals in die Schlinge des pro-amerikanischen Lakaientums« gelegt habe. Im Juni 2020 drohte sie damit, Truppen in vormals entmilitarisierte Grenzregionen zu verlegen. Obwohl diese Ankündigung noch im selben Monat von Kim Jong Un »ausgesetzt« wurde, so als übte er einen mäßigenden Einfluss auf die hitzigen Ausbrüche der Schwester aus, wirkte die Erklärung als psychologische Drohgebärde dennoch unterschwellig nach, die den Süden weiter auf Fügsamkeit konditionierte.

In seiner Neujahrsansprache 2018 hatte ihr Bruder von dem »Atomknopf« auf seinem Schreibtisch gesprochen. Unter den Regierungschefs der neun Atommächte ist der nordkoreanische Diktator der Einzige, der sich keinerlei institutioneller Kontrolle unterwirft. Kim Yo Jong hat sich bereits ausgemalt, wie es wohl wäre, selbst den Finger auf diesem Knopf zu haben. Im April 2022 hat die »First Sister« schon damit gedroht, Südkorea im Falle eines Angriffs mit Atomwaffen auszulöschen. Sollte das südkoreanische Militär »auch nur einen Zentimeter unseres Territoriums verletzen«, warnte sie, »wird unsere atomare Kampftruppe unweigerlich ihre Pflicht erfüllen müssen«. Und »[f]alls die Situation in eine solche Phase gerät«, fuhr sie so unmissverständlich und bombastisch wie nur möglich fort, »werden wir einen furchtbaren Angriff starten, und die südkoreanische Armee wird ein elendes Schicksal erleiden, das nahezu totale Vernichtung und Untergang bedeuten wird. Das ist nicht nur eine Drohung«.[13]

So sehr südkoreanische und westliche Medien sich auch in Lobgesängen über Kim Yo Jongs charmantes Lächeln und vorzügliche Manieren während ihres Olympiabesuchs ergehen mögen: Ihr Geschlecht weist weder auf einen nachgiebigen Charakter noch auf Anstrengungen zur Denuklearisierung hin. Vielmehr wäre es bestenfalls herablassend, der ersten weiblichen Ko-Diktatorin mit Zugang zum Atomknopf – der weltweit ersten »atomaren Despotin« sozusagen – zu unterstellen, sie würde allein aufgrund ihres Geschlechts eher dazu neigen, sich von Atomwaffen zu trennen. Ihre Jugend – das andere Merkmal, das ihre Gesprächspartner nicht selten in den Bann schlägt – verheißt in Wahrheit eher eine umso länger währende Herrschaftszeit der Unterdrückung, so wie im Falle ihres Bruders, der mit nur siebenundzwanzig Jahren das Zepter übernahm.[14]

Als Kim Yo Jong siebenundzwanzig war, hat sie als faktische

Direktorin der mächtigen Propaganda- und Agitationsabteilung US-Präsident Barack Obama sowie Südkoreas erste Präsidentin, Park Geun Hye, mit rassistischen beziehungsweise sexistischen Anfeindungen überzogen. Mit fünfunddreißig, im Januar 2023, hat sie die noch bedeutendere Rolle des Sprachrohrs ihres Landes zu Russlands Krieg gegen die Ukraine und zum Wiederaufflammen des Kalten Krieges übernommen. So hat sie die USA etwa gewarnt, dass alle Panzer, die man der Ukraine zur Verteidigung gegen Russland liefern würde, »angesichts des unbeugsamen Kampfgeistes und der Macht der heldenhaften russischen Armee und des russischen Volkes zu Asche verbrannt würden«. Und sie fügte hinzu, ihr Volk würde »stets im selben Schützengraben mit den Streitkräften und dem Volke Russlands stehen«.[15]

Die enge Bindung ihrer Dynastie an Russland, die entstand als Josef Stalin Kim Il Sung zum Führer des späteren nordkoreanischen Staates machte, wurde durch das bis dato kühnste Unterfangen zur Wiedervereinigung Koreas weiter gefestigt: den verheerenden Krieg, den ihr ehrgeiziger Großvater begonnen hatte.

KAPITEL 3

Vorherrschaft auf der Halbinsel: Pjöngjangs Endziel

Die dauerhafte Teilung Koreas in einen Nord- und einen Südteil gilt Kim Jong Un und allen, die ihm einmal folgen werden, als anschauliche Mahnung dafür, dass seine Familie noch etwas zu erledigen hat. Nordkoreas »oberste nationale Aufgabe«, die explizit in der Verfassung[1] formuliert ist und auf die auch in der Satzung der Kommunistischen Partei der Arbeit Koreas Bezug genommen wird, besteht in der »Vollendung der Wiedervereinigung durch die vereinten Anstrengungen des gesamten Volkes«. Im Klartext bedeutet dies die Auslöschung des demokratischen Südens und die Unterwerfung der gesamten Halbinsel unter die Herrschaft der Kim-Dynastie.

Hätten die Vereinigten Staaten nicht die Sowjetunion davon abgehalten, sich die gesamte Halbinsel einzuverleiben, wäre Kim Il Sung womöglich Oberster Führer eines vereinten koreanischen Staates – wenn auch eines Satellitenstaates der UdSSR –, geworden, bevor er die Macht an seine Nachkommen weitergegeben hätte. Die im August 1945 beschlossene Aufteilung der koreanischen Halbinsel zwischen den USA und der Sowjetunion, den beiden aus dem Zweiten Weltkrieg hervorgegangenen Großmächten, war allerdings nie als dauerhafte Regelung gedacht, sondern sollte lediglich dazu dienen, die Kapitulation der in der Region verstreuten japanischen Truppen zu erleichtern.

Die USA verfolgte damit das übergeordnete strategische Ziel, die sowjetischen Streitkräfte an der Einnahme ganz Koreas zu hindern. Die Sowjetunion hatte Japan am 8. August 1945 den Krieg erklärt, und schon am nächsten Tag attackierten sowjetische Truppen an drei Fronten die japanische Kwantung-Armee in der Mandschurei. Der Sowjetisch-Japanische Krieg dauerte nur eine Woche, doch die Gefechte waren heftig und forderten hohe Verluste auf beiden Seiten. Während die Rote Armee rasch nach Süden auf die koreanische Halbinsel vorrückte, versuchten die USA verspätet, auf dem asiatischen Festland Fuß zu fassen. In Korea bot sich nun plötzlich die Gelegenheit, eine weitere einseitige sowjetische Landnahme zu verhindern.

Am 10. August gab der sowjetische Außenminister Wjatscheslaw Molotow dem US-Botschafter in Moskau, William Averell Harriman, deutlich zu verstehen, dass die Sowjets fest entschlossen seien, die gesamte koreanische Halbinsel zu besetzen.[2] Hochrangige US-Beamte bemühten sich daraufhin fieberhaft, einen Plan zur Teilung Koreas auszuarbeiten, der für Stalin akzeptabel war. Zu diesem Zeitpunkt befanden sich die der koreanischen Halbinsel nächstgelegenen US-Truppen in Okinawa – stolze 966 km entfernt.[3] Die Zeit arbeitete gegen sie.

Die wenigen Tage zwischen den Atombombenabwürfen auf Japan am 6. und 9. August und der Kapitulationserklärung des japanischen Kaisers Hirohito am 15. August waren eine hektische Zeit für hochrangige US-Beamte in Washington, die sich mit den Bedingungen der Kapitulation und der anschließenden Besetzung Japans durch die USA befassen mussten. Korea, ab 1910 japanische Kolonie und seither von den Amerikanern weitgehend vernachlässigt, gewann plötzlich eine nie da gewesene Bedeutung.

Am 11. August 1945 um etwa zwei Uhr nachts wurde Brigadegeneral George Lincoln zusammen mit den beiden Colonels Dean Rusk und Charles Bonesteel in einer Sitzung des *State-War-Navy Coordinating Committee* im Pentagon damit betraut, eine Strategie zu entwickeln, um den weiteren Vormarsch der Rotarmisten Richtung Süden zu verhindern. Beim Grübeln über einer kleinen Ostasienkarte gelangten die drei Männer wenig systematisch zu dem Schluss, dass der 38. Breitengrad, der in Ost-West-Richtung über die Halbinsel verläuft, womöglich die nördlichste für Stalin akzeptable Linie sei. In seiner Autobiographie *As I Saw It* erinnert sich Rusk, der in den sechziger Jahren Außenminister wurde: »[Wir] suchten nördlich von Seoul nach einer geeigneten Trennlinie, konnten aber keine natürliche geographische Grenze finden. Stattdessen sahen wir den achtunddreißigsten Breitengrad und beschlossen, diesen zu empfehlen«.[4] Den sowjetischen Machthaber dazu zu bringen, fast die Hälfte der Halbinsel unter US-Verwaltung zu stellen, während die sowjetischen Streitkräfte bereits kurz davorstanden, in Nordkorea einzumarschieren, erschien mehr als gewagt.[5] Es war eine überhastete, tollkühne Verzweiflungstat.

Zur Überraschung der Amerikaner nahm Stalin, der auf amerikanische Zugeständnisse bei der Aufteilung Nachkriegseuropas hoffte, den amerikanischen Vorschlag in weniger als achtundvierzig Stunden an. In Wahrheit waren weder die USA noch die Sowjetunion bereit und willens, in den letzten Tagen der größten kriegerischen Auseinandersetzung der Weltgeschichte wegen eines so zweitrangigen Preises wie Korea gegeneinander in den Krieg zu ziehen. Und so wurde ein Land, das über tausend Jahre lang vereint war, in zwei Hälften geteilt, und Brigadegeneral George Lincoln hieß bei seinen einstigen Kommilitonen an der Militärakademie West Point fortan »der Mann, der den achtunddreißigsten Breitengrad gezogen hatte«.[6]

Die Leichtfertigkeit, mit der die Teilung Koreas damals erdacht und vollzogen wurde, sorgt bei vielen Koreanern auch heute noch für Unmut.[7] Zugleich verhinderte sie, dass das ganze Land unter kommunistische Herrschaft fiel, und ermöglichte zumindest Südkorea die Entwicklung hin zu einer florierenden Demokratie. Im Norden hat der totalitäre Paektu-Clan dies verhindert, und doch sind die Kims seit drei Generationen weiterhin entschlossen, ihre Herrschaft auf den Süden auszudehnen.

Noch bevor Kim Il Sung 1945 von den Sowjets zu ihrem Statthalter in Nordkorea gemacht wurde, hatten ihm die Vereinigten Staaten folglich den direkten Weg verbaut, Oberster Führer einer *vereinten* Demokratischen Volksrepublik Korea zu werden. Noch immer aber war die Teilung nur ein Strich auf einer Landkarte – kein unüberwindbares Hindernis für die Vereinigungsbestrebungen der DVRK. Doch zu Kim Il Sungs Überraschung und Entsetzen riefen die USA, die 1949 Südkorea beinahe aufgegeben hatten, die Vereinten Nationen auf den Plan, um den Süden im Koreakrieg zu verteidigen, den Kim Il Sung am 25. Juni 1950 entfesselte.

Der Staat Nordkorea ist auf dreisten und eklatanten Unwahrheiten aufgebaut. Die unverhohlene Lüge, Kim Il Sung habe Korea 1945 von der japanischen Kolonialherrschaft befreit und die Vereinigten Staaten im Koreakrieg besiegt, bildet das Fundament des Staates und wird auch im Ausland beharrlich propagiert. Im Jahr 1973 wurde in Nordkorea die englische Übersetzung einer erstmals 1968 auf Koreanisch erschienenen Kim-Il-Sung-Biographie veröffentlicht. Der Autor hieß Baik Bong – ein von der Regierung beauftragter Schriftsteller.

»Am 8. August 1945 erklärte die Sowjetunion Japan schließlich den Krieg«, schreibt Baik. Zu den Geschehnissen, die zur Befreiung Koreas geführt haben, äußert er sich wie folgt:

> General Kim Il Sung, der seinen Operationsplan für die letzten entscheidenden Offensiven gegen den japanischen Imperialismus bereits fertiggestellt hatte, befahl die Mobilisierung sämtlicher Einheiten der Koreanischen Revolutionären Volksarmee. Unter der Führung des Generals begannen die Einheiten daraufhin, gemeinsam mit der Sowjetarmee in vielen Gegenden der Nord-, Ost- und Südmandschurei sowie im Heimatland mutige Militäraktionen durchzuführen.[8]

Dieses Eingeständnis der Unterstützung durch die Sowjetunion im Buch ist nicht nur deshalb so bemerkenswert, weil es womöglich die einzige Gegebenheit darstellt, die tatsächlich wahr ist, sondern auch, weil sich die Beziehungen Nordkoreas zur Sowjetunion in der ersten Hälfte der sechziger Jahre massiv verschlechtert hatten. Kim Il Sung hatte sich beim Zerwürfnis zwischen Peking und Moskau wie auch im Indisch-Chinesischen Grenzkrieg von 1962 auf die Seite der Chinesen geschlagen. Und während der Kubakrise Ende 1962, die zeitgleich mit dem indisch-chinesischen Konflikt stattfand, hatte Nordkorea der Sowjetunion »Revisionismus« vorgeworfen und sie bezichtigt, vor den US-Imperialisten einzuknicken, anstatt noch kämpferischer zu agieren.

In der zweiten Hälfte der sechziger Jahre wiederum rückte Nordkorea zunehmend von Peking ab und schmeichelte sich erneut bei Moskau ein. Im Jahr 1965 war Nikita Chruschtschow, zu dem Kim Il Sung ein unterkühltes Verhältnis hatte, nicht mehr an der Macht, und die sowjetische Waffenhilfe für Nordkorea wurde wieder aufgenommen. Moskau belieferte Pjöngjang großzügig mit Panzern, U-Booten, Raketen und Kampfjets. Nordkorea machte sich das angespannte chinesisch-sowjetische Verhältnis in den sechziger Jahren zunutze, um die Sowjetunion zu hofieren und offene Kritik an China zu üben, vor allem, als China 1966 im Chaos der Kulturrevolution versank. Während der radikalsten Anfangsphase dieser gewaltsamen soziopolitischen Umwälzungen, die weite Teile Chinas drei Jahre lang erfassten, vom äußersten Norden bis hinab nach Yunnan und Guangdong,[9] ergingen Pjöngjang und Peking sich in gegenseitigen Beschimpfungen.

Obwohl Kim Il Sung selbst häufig brutale politische Säuberungen anordnete und zwischen 1956 und 1962 Tausende von pro-sowjetischen und pro-chinesischen Funktionären (sprich möglichen Rivalen) hatte umbringen lassen, war womöglich sogar er vom schieren Ausmaß der Gewalt und der Ermordungen in Chinas Kulturrevolution, die von Mao Zedong und seiner vierten Frau, Jiang Qing, initiiert wurde, bestürzt.[10] Die Zahl der Menschen, die getötet wurden oder einfach verschwanden, erreichte zuvor unvorstellbare Dimensionen.[11] Hochrangige nordkoreanische Funktionäre erklärten dem sowjetischen Botschafter in Pjöngjang, Mao sei »ein alter Narr, der den Verstand verloren hat«, und die Kulturrevolution »ein großer Irrsinn, der weder etwas mit Kultur noch mit Revolution zu tun hat«.[12] Im Gegenzug bezeichneten die chinesischen Rotgardisten, die Vorhut der Revolution, Kim Il Sung als »fetten Revisionisten« und »Chruschtschows Jünger«,[13] und sie stellten ihn auf Plakaten als »Millionär, Aristokraten und führendes bourgeoises Element« dar.[14]

Folglich wird in Kim Il Sungs Biographie, größtenteils verfasst während des absoluten Tiefpunkts der nordkoreanisch-chinesischen Beziehungen, die entscheidende Rolle Chinas bei der Rettung der DVRK in der Anfangsphase des Koreakriegs, in der die US-geführte UN-Koalition Pjöngjang und weite Teile Nordkoreas eingenommen hatte, völlig verschwiegen. Erst mit dem Eintritt Chinas in den Krieg wendete sich das Blatt: Die Demokratische Volksrepublik Korea, die zuvor am Rande des Zusammenbruchs gestanden hatte, konnte ihre Gegner wieder südwärts bis über die vormalige Grenze zurückdrängen. China fügte seinen Gegnern einen hohen Blutzoll zu und bezahlte selbst teuer dafür mit chinesischen Leben. Zweifellos hatte Mao Zedong Kim Il Sung und sein Reich mit seinem Eingreifen gerettet, so wie die Vereinigten Staaten Monate zuvor, nach der nordkoreanischen Invasion, Südkorea gerettet hatten. Mao war Kims Deus ex Machina. Und dennoch: In seiner autorisierten Biographie von 1968 weigerte sich der nordkoreanische Führer, die Rolle Chinas im sogenannten »Vaterländischen Befreiungskrieg« auch nur zu erwähnen:

> Im Vaterländischen Befreiungskrieg führte Ministerpräsident Kim Il Sung als Vorsitzender des Militärkomitees der Demokratischen Volksrepublik Korea und Oberbefehlshaber der Koreanischen Volksarmee die noch junge Volksarmee und das ganze Volk mit seiner überlegenen Befehlskunst und Einsatztaktik, die er sich im bewaffneten Kampf gegen die Japaner angeeignet hatte, und fügte den von den US-Imperialisten angeführten reaktionären Streitkräften aus 16 Ländern eine vernichtende Niederlage zu. … Während das ganze Land in Flammen stand, die Felsen brannten und sogar die Flüsse kochten, verwandelte das koreanische Volk auf Anweisung des Führers das ganze Land in eine uneinnehmbare Festung aus dem Feind trotzenden Gipfeln und brachte den großen Streitkräften des Feindes, die aus der Luft wie auch vom Boden angriffen, furchtbare Verluste bei und begrub sie alle in den Bergen und Flüssen des Vaterlandes.
> Der US-Imperialismus war besiegt … Infolgedessen wurde der Name des Ministerpräsidenten Kim Il Sung, dem ewig siegreichen, willensstarken und brillanten Kommandanten, der nun in einem Atemzuge mit dem heldenhaften Korea genannt wurde, in der ganzen Welt zum Inbegriff von Mut, Gerechtigkeit und Macht.[15]

Auch wird in der Biographie mit keinem Wort erwähnt, dass Kim Il Sung Stalin wie auch Mao zuvor inständig gebeten hatte, ihm grünes Licht für den Einmarsch in den Süden zu geben. Im April 1950, zwei Monate vor der Invasion, hatte Kim Il Sung Stalin in Moskau versichert, der Große Vorsitzende Mao würde, im unwahrscheinlichen Fall, dass sich die US-Imperialisten einmischen würden, chinesische Truppen entsenden. Doch selbst dann willigte Stalin eher widerstrebend ein. Wenig später, im Mai, besuchte Kim Il Sung Mao in Peking und tischte dem chinesischen Führer dasselbe Märchen auf, nämlich dass sich Genosse Stalin bereit erklärt habe, sowjetische Truppen nach Korea zu schicken, sollten die Amerikaner intervenieren (was sie, da war er sich ganz sicher, gewiss nicht tun würden). Erst dann sagte Mao – der im Grunde Dringenderes zu erledigen hatte, wie den Wiederaufbau seines riesigen Landes nach dem chinesischen Bürgerkrieg, schließlich war die Volksrepublik China noch keine acht Monate alt – zu Kim, er solle losschlagen.

Wie von Kim vorhergesagt, war die südkoreanische Armee vollkommen hilflos. Im Sommer 1949 hatten die USA das Land nach dreijähriger Verwaltung praktisch schon verlassen und ihre Truppen bis auf ein paar Hundert Militärberater abgezogen. Seoul fiel binnen drei Tagen nach dem Einmarsch, genau wie Kim es prophezeit hatte. Die Einnahme Seouls im Jahr 1950 war somit ein Vorläufer der Ereignisse von Saigon 1975 und Kabul 2021 – allesamt von Amerika gestützte Regime, die trotz jahrelanger militärischer und finanzieller Unterstützung ihren Feinden wehrlos in die Hände fielen. Ende Juni und im Juli 1950, als die nordkoreanischen Truppen weite Teile des südkoreanischen Staatsgebietes überrannten, stand Kim Il Sung, nicht ganz vierzigjährig, schon kurz davor, sein Vaterland zu einen, indem er sich den amerikanischen »Marionettenstaat« im Süden im heldenhaften Krieg zur »Befreiung des Vaterlandes« einverleibte.

Doch wie es das launenhafte Schicksal wollte, vereitelten die Amerikaner Kims zentrales Vorhaben einer Bolschewisierung der gesamten koreanischen Halbinsel, da sie tatsächlich zurückkamen, um Südkorea zu verteidigen. Allerdings deutete die Truman-Regierung den Grund für Kim Il Sungs Einmarsch in Südkorea völlig falsch. Die USA sahen die Überschreitung des 38. Breitengrades als eine Art Prüfung an, mit der die Sowjetunion sie testen wollte: als Vorspiel für eine allgemeine militärische Expansion in Europa und anderen strategischen Vorposten weltweit. Würden die USA jetzt untätig zuschauen, so dachten die Amerikaner, würde dies Moskau nur weiter ermutigen. In ihrer ebenso fehlgeleiteten wie herablassenden Einschätzung des nordkoreanischen Führers und seiner ehrgeizigen Pläne betrachteten sie Kim Il Sung lediglich als Marionette Stalins und Maos, die tat, was ihre kommunistischen Gönner ihr befahlen.

So erklärte Edward Barrett, damals Leiter der Informationsabteilung des US-Außenministeriums, Journalisten im Anschluss einer Sitzung des Nationalen Sicherheitsrates kurz nach Bekanntwerden des Kriegsausbruchs in Korea etwa, die Beziehung zwischen Stalin und Kim Il Sung gleiche der zwischen Walt Disney und Donald Duck. Eine derartige Fehleinschätzung des drollig aussehenden nordkoreanischen Herrschers, eine so herablassende Haltung, dass sie an Rassismus grenzt, hat seit mehr als dreißig Jahren auch die nachfolgenden US-Regierungen daran gehindert, adäquat auf das Problem der atomaren Bedrohung seitens Nordkoreas zu reagieren.

Die US-Truppen kamen zwar, um Südkorea zu verteidigen, doch taten sie dies nicht in erster Linie, um Südkorea selbst zu retten, sondern um Moskau und Peking von einer weiteren militärischen Aggression abzuhalten und so die Charta der Vereinten Nationen und das Konzept der kollektiven Sicherheit aufrechtzuerhalten. Zudem war es im nationalen Interesse der USA, Japan zu beschützen, das zwar noch immer unter amerikanischer Besatzung stand, zu diesem Zeitpunkt jedoch bereits als wichtiger künftiger Verbündeter betrachtet wurde. Aus welchen Beweggründen auch immer, jedenfalls führten die USA eine sechzehn Nationen umfassende Koalition unter dem Banner der neu gegründeten Vereinten Nationen an, um Südkorea gegen den Norden zu verteidigen. Nach drei Jahren erbitterter Gefechte gegen die vereinten chinesisch-nordkoreanischen Streitkräfte (mit nie offiziell erklärter Beteiligung sowjetischer Piloten) und einer enormen Zahl von Toten und Verletzten endete der Krieg mit einem Waffenstillstand: einem Abkommen, das die beiden koreanischen Staaten praktisch entlang derselben Linie teilte, die schon vor Kim Il Sungs Einmarsch gegolten hatte. Südkorea war gerettet, und Nordkoreas Befreiungskrieg wurde vereitelt.

Am 27. Juli 1953 wurde das Waffenstillstandsabkommen zwischen Nordkorea, den Vereinigten Staaten, dem Oberkommando der Vereinten Nationen und China unterzeichnet. Im Grenzdorf Panmunjom, um 10 Uhr morgens, kamen der nordkoreanische General Nam Il und der Generalleutnant der US-Armee William K. Harrison Jr. zusammen, um das Dokument zu unterzeichnen. Später setzten auch noch Kim Il Sung, der chinesische Befehlshaber Peng Dehuai sowie der US-Armeegeneral Mark W. Clark, Befehlshaber des Kommandos der Vereinten Nationen, separat ihre Unterschriften unter das Papier.[16] Allein der südkoreanische Präsident Syngman Rhee verweigerte die Unterschrift – aus Sorge, das Abkommen könnte die Teilung der koreanischen Halbinsel entweder auf lange Sicht zementieren oder, schlimmer noch, dem Norden Zeit geben, seine Armee für eine erneute Invasion aufzurüsten; auch hatte er eigene Pläne für eine Wiedervereinigung.

Das Waffenstillstandsabkommen ist kein Friedensvertrag. Es

ist auch keine Kapitulationsurkunde, wie sie von Nazideutschland und dem japanischen Kaiserreich im Mai beziehungsweise September 1945 unterzeichnet wurde. Gleichzeitig behauptet Nordkorea, die USA besiegt zu haben und feiert alljährlich am 27. Juli den Sieg im »Großen Vaterländischen Befreiungskrieg«. Seltsamerweise hat Nordkorea ungeachtet dieses »Sieges« die USA seit den frühen siebziger Jahren wiederholt zum Abschluss eines Friedensvertrags aufgefordert. Wieso eine »Siegermacht« einen »besiegten Feind« drängen sollte, einen Friedensvertrag zu unterzeichnen, hat Pjöngjang bislang nicht hinreichend erklären können. Der Grund liegt jedoch auf der Hand: Ein formeller Friedensvertrag würde das Kommando der Vereinten Nationen, eine mit UN-Mandat versehene multinationale Truppe in Südkorea, die seit 1953 den De-facto-Frieden auf der koreanischen Halbinsel durchsetzt, überflüssig, wenn nicht gar illegitim machen. Vor allem aber würden damit die in Südkorea stationierten US-Streitkräfte ihrer Existenzberechtigung beraubt. Einhergehend mit dem verzückten Ruf nach »Frieden« würde dann sowohl in Südkorea wie auch in manchen Kreisen in den USA der Druck wachsen, die amerikanischen Truppen abzuziehen und die militärische Unterstützung für Südkorea zu verringern.

Da sich die USA bis heute für die Verteidigung Südkoreas gegen nordkoreanische Begehrlichkeiten einsetzen, sind sie für Nordkorea »das wesentliche Hindernis für die Entwicklung unserer Revolution und unser Hauptfeind«, wie Kim Jong Un in seiner Rede auf dem Achten Parteitag im Januar 2021 erklärte. Die Vereinigten Staaten, so werden die Nordkoreaner nicht müde zu betonen, sind ein gieriger Schakal, der ständig danach trachtet, sich ihren rechtschaffenen Staat unter den Nagel zu reißen. Dies muss um jeden Preis vermieden werden.

Was gewöhnliche Nordkoreaner – und auch viele Südkoreaner – nicht wissen, ist, dass es der Kim-Dynastie nicht nur darum geht, die »oberste nationale Aufgabe« der Wiedervereinigung zu erfüllen. Dies nur zu versuchen, genügt nicht, bedeutet es doch, auf Dauer der minderwertige koreanische Staat zu bleiben. Allein die Existenz eines koreanischen Staates, der weitaus legitimer, freier und reicher ist, stellt für den Paektu-Clan langfristig eine existenzielle Bedrohung dar. Nach vorsichtigen Schätzungen ist Südkorea fünfzigmal reicher als der Norden. Südkorea birgt zudem eine enorme Anziehungskraft für die Menschen aus dem Norden: Seit dem Waffenstillstand von 1953 haben mehr als 34 000 Nordkoreaner die lebensgefährliche Flucht aus ihrem brutalen Heimatland gewagt und sich dort niedergelassen. Um zu überleben, muss die Kim-Dynastie den anderen koreanischen Staat entweder mit Gewalt oder durch einen friedlichen Zusammenschluss beseitigen, denn die Südkoreaner werden sich kaum freiwillig für ein Leben unter den Kims und der Arbeiterpartei Koreas entscheiden.

Dagegen erscheint eine Wiedervereinigung durch eine Mischung aus Gewalt und Erpressung durchaus machbar, nicht zuletzt, da der Norden Atomwaffen besitzt – nur stehen die USA diesem Vorhaben im Weg. In diesem Spiel auf Leben und Tod hat Kim Yo Jong die maßgebliche Aufgabe übernommen, den reicheren koreanischen Staat und dessen einzigen Bündnispartner, den »Hauptfeind« ihrer Dynastie, zu bedrohen, zu zensieren und zu manipulieren.

KAPITEL 4

Alles bleibt in der Familie

Als Kim Jong Il im Juli 1994 zum Obersten Führer aufstieg, während das geheimnisumwitterte Königreich nach dem Tod seines Vaters in theatralischer Trauer versank, wusste die Außenwelt – ausländische Geheimdienste eingeschlossen – nur wenig über den neuen Mann. Auch über seine Kinder war so gut wie nichts bekannt; man kannte nur Jong Nam, den ältesten Sohn, der damals Anfang zwanzig war. Von den beiden jüngsten Kindern Kim Jong Ils, Jong Un und Yo Jong, wusste man überhaupt nichts.

Kim Jong Ils erstes leibliches Kind heißt Hye Kyong. Sie ist die Tochter aus Kims erster Ehe mit Hong Il Chon. Kim Jong Il hatte Il Chon 1966 auf Drängen seines Vaters geheiratet, und Hye Kyong war im Jahr darauf zur Welt gekommen. Doch bald schon trennte sich das Paar, möglicherweise aufgrund seiner chronischen Untreue.*

* Berichten zufolge soll Hye Kyong seit mehreren Jahren eine wichtige Rolle in Kim Jong Uns Parteisekretariat spielen, dem zentralen Büro des Obersten Führers (siehe Song Hong-geun, »Das hohe Tier im nordkoreanischen Parteisekretariat ist die Tochter von Kim Jong Il und Hong Il Chon« [im Original Koreanisch, übersetzt aus dem Englischen], *Shin Donga*, 29. April 2020). Sie – oder eine ihrer beiden jüngeren Halbschwestern (mit Ausnahme Yo Jongs) – könnte auch die Frau sein, die Kim Jong Un im Jahr 2022 bei offiziellen Anlässen als Assistentin gedient hat. Aber wie alle ihre Geschwister außer Jong

Eine Folge von Kim Jong Ils Affären war die Geburt seines ältesten Sohnes, Kim Jong Nam, am 10. Mai 1971 im Ponghwa-Krankenhaus in Pjöngjang, einer exklusiven Klinik für die Parteielite. Kim Jong Il war überglücklich, einen Sohn zu haben, konnte es seinem Vater jedoch nicht sagen, da er ansonsten sein außereheliches Verhältnis mit der berühmten Schauspielerin Song Hye Rim, Jong Nams Mutter, hätte preisgeben müssen. Als der Sohn des Obersten Führers Song Hye Rim Ende der sechziger Jahre einen Heiratsantrag machte, war sie bereits mit einem anderen verheiratet. Kim Il Sung, selbst kein Kind von Traurigkeit, hätte das Verhalten seines Sprösslings missbilligen können. Und Kim Jong Il wird den Groll seines Vaters umso mehr gefürchtet haben, da er zu diesem Zeitpunkt noch nicht offiziell zum Thronerben ernannt worden war.

Anfang der siebziger Jahre lernte Kim Jong Il auf einer seiner luxuriösen Abendgesellschaften Ko Yong Hui kennen, eine an der Mansudae-Kunstschule ausgebildete Tänzerin. Daraufhin bat er Ko oft, bei Abendessen und nächtlichen Festivitäten neben ihm zu sitzen. 1974 wurde Kim Jong Il intern zum Thronfolger ernannt. Im selben Jahr, während er mit Song zusammenlebte und eine Affäre mit Ko unterhielt, heiratete er seine Sekretärin Kim Yong Suk. Zum Jahresende brachte Yong Suk eine Tochter zur Welt: Sol Song. Lange hielt man Sol Song in Südkorea und anderen Ländern fälschlicherweise für Kim Jong Ils älteste Tochter. 1975 wurde ihre jüngere Schwester Chun Song geboren.

Am Ende jedoch setzte sich Ko Yong Hui gegen ihre Rivalinnen durch und zog 1979 zu Kim Jong Il in die sogenannte Residenz Nr. 15 in Pjöngjang, eine extravagante Villa mit Privatzoo, die Kim zuvor mit Song Hye Rim bewohnt hatte.[1] Kim Jong Il hatte Song

Un und Yo Jong wurde sie der Öffentlichkeit nie offiziell als Mitglied der Königsfamilie präsentiert.

zwar nie geheiratet, sie aber immer als Lebensgefährtin behandelt, so wie nun auch Ko Yong Hui, die Song unter vier Augen wenig schmeichelhaft gern als »Hammernase« titulierte.

Wie bereits erwähnt, hatte Ko Yong Hui drei Kinder mit Kim Jong Il. Alle drei sollen in Nordkorea zur Welt gekommen sein, ihre Geburtsorte sind jedoch nie offiziell bekannt gegeben worden. Tag und Monat von Kim Jong Uns Geburt, der 8. Januar, gilt als gesichert. Sein Geburtsjahr allerdings wurde von staatlicher Seite bislang nicht offiziell bestätigt. Das ist nicht ungewöhnlich. Die einzigen explizit verlautbarten Geburtstage der Herrscherfamilie – inklusive Tag, Monat und Jahr – sind die von Kim Il Sung, seiner ersten – sprich offiziellen – Ehefrau Kim Jong Suk sowie der Kim Jong Ils. Der Geburtstag Kim Il Sungs, der »Tag der Sonne«, ist heute der wichtigste nationale Feiertag. Als zweitwichtigster gilt der Geburtstag Kim Jong Ils. Beide werden jedes Jahr als »große Feste der koreanischen Nation« begangen, wenngleich Kim Jong Ils wahres Geburtsjahr 1941 niemals anerkannt wurde. Im selben Jahr, 1974, als Kim Jong Il intern zum Nachfolger erkoren wurde, gaben die Staatsmedien erstmals sein Geburtsjahr bekannt – 1942. Indem man das Geburtsjahr des Sohnes genau dreißig Jahre nach dem des Vaters (der 1912 geboren wurde) festlegte, konnten beide bedeutenden Jubiläen praktischerweise gemeinsam gefeiert werden: Als Kim Jong Il vierzig wurde, wurde sein Vater siebzig. Wurde der Sohn fünfzig, wurde Papa achtzig. Zu beiden Anlässen gab es große Festivitäten, um die vom Vater auf den Sohn übergegangene Größe zu betonen. Der Geburtstag von Kim Jong Ils Mutter Kim Jong Suk, der 24. Dezember 1917, wird zwar nicht als Feiertag begangen, doch wird er in den Staatsmedien an jedem Heiligabend ehrfürchtig erwähnt.

Irgendwann wird der nordkoreanische Staat auch Jong Uns Geburtstag zu einem Nationalfeiertag erheben, der den Geburtstagen seiner beiden Vorgänger ebenbürtig ist. Dass der Herrscher der dritten Generation, der sein Reich bereits mit Ende zwanzig übernommen hat, noch derart jung ist, hat ihn bislang davon abgehalten, solch solipsistischen Versuchungen nachzugeben.

Das südkoreanische Ministerium für Wiedervereinigung gibt das Geburtsjahr Kim Jong Uns mit 1984 an, räumt aber ein, dass es umstritten ist und das korrekte Jahr ebenso gut »1982 oder 1983 sein könnte«. Auch der *National Intelligence Service*, Südkoreas oberste Spionagebehörde, hat erklärt, dass er das Geburtsjahr Kim Jong Uns noch immer nicht bestätigen könne. Kim Jong Uns Tante und langjähriges Kindermädchen Ko Yong Suk jedoch, die 1998 mit ihrer Familie in die USA übergelaufen ist, hat zu Protokoll gegeben, sie könne mit Sicherheit sagen, dass Kim Jong Un 1984 geboren sei – im selben Jahr, in dem auch ihr erster Sohn zur Welt kam. Daran könne es keinen Zweifel geben, denn, wie Ko Yong Suk einem Reporter der *Washington Post* im April 2016 erzählte: »[Kim Jong Un] und mein Sohn waren von Geburt an Spielkameraden. Ich habe beiden die Windeln gewechselt«.[2]

Ein weiterer Überläufer der Familie, Jong Nams Vetter Lee Han Young, hat einige vielsagende Details darüber preisgegeben, wie sehr Herrschsucht und Anspruchsdenken den Sprösslingen des Paektu-Clans von früh auf anerzogen wurden. Lee Han Young floh 1982 nach Südkorea und veröffentlichte dort 1996 einen Enthüllungsbericht über die nordkoreanische Königsfamilie. Während es in der koreanischen Kultur für ein Kind einer Ketzerei gleichkommt, einen Erwachsenen mit Vornamen anzusprechen, galt dies für die Kinder von Kim Jong Il natürlich nicht. Lee Han Young verriet, dass Kim Jong Nam, der älteste Sohn, Erwachsene stets beim Vornamen nannte. Erwachsene wiederum sprachen den Jungen respektvoll mit seinem militärischen Rang an, der mit jedem Geburtstag anstieg. An seinem dritten Geburtstag ernannte man Jong Nam zum Ein-Sterne-Brigadegeneral. Im Jahr darauf wurde er zum Generalmajor befördert. Mit fünf Jahren verlieh man ihm den Dienstgrad eines Generalleutnants. Mit sechs wurde er Viersternegeneral und mit sieben Marschall. Und an seinem achten Geburtstag wurde er Generalissimus. Ab seinem neunten Lebensjahr sprachen die Erwachsenen aus Jong Nams Umfeld ihn nur noch mit »Genosse Generalissimus« an, während der kleine verwöhnte Prinz den Älteren gegenüber weiterhin die informelle Anrede verwendete.[3]

Lee Han Young, dessen ursprünglicher Name Yi Il Nam lautete, war der Sohn von Jong Nams Tante mütterlicherseits, Song Hye Rang. In seinen Erinnerungen schildert Lee, dass auch er als Mitglied der königlichen Familie Erwachsene beim Vornamen nannte, obwohl er noch ein Jugendlicher war. Lee wurde von nahezu allen Erwachsenen, denen er begegnete, gefürchtet, da sie wussten, wer sein Onkel war. Als Teenager konnte er einem General ungestraft ans Schienbein treten oder dem nordkoreanischen Botschafter in Moskau eine Ohrfeige verpassen.

Weitere glaubhafte Einzelheiten über die Kindheit Kim Jong Uns und Kim Yo Jongs sind von Kim Jong Ils einstigem japanischen Sushi-Koch überliefert. Kenji Fujimoto (ein Pseudonym) arbeitete von 1988 bis 2001 für Kim Jong Il, wurde vom »Lieben Führer« gut entlohnt und mit einer ganzen Reihe von Privilegien ausgestattet. Jahrelang hatte er direkten Zugang zu Kim Jong Il und dessen drei jüngsten Kindern Jong Chol, Jong Un und Yo Jong. Die anderen Kinder des Obersten Führers indes bekam er nie zu sehen – weder zu Hause noch bei offiziellen Parteiversammlungen oder Familienausflügen –, da Kim Jong Il in den Jahren, als Fujimoto bei ihm arbeitete, seinen Sprösslingen von unterschiedlichen Müttern untersagte, sich zu treffen. Fujimoto wurde zu Kim Jong Ils üppigen Festessen und nächtlichen Trinkgelagen eingeladen. Er spielte

Spiele mit der königlichen Familie. Er durfte auf Kim Jong Ils Luxusjacht mitfahren, die im Hafen von Wonsan lag. Und obwohl der Koch damals schon Mitte vierzig war, diente er den Jungen in den späten achtziger und frühen neunziger Jahren als eine Art »Spielgefährte«, brachte ihnen Kinderspiele bei, zeigte ihnen, wie man Drachen steigen ließ, und war, als Kim Jong Un zum Teenager heranwuchs, sein Kumpan beim heimlichen Zigarettenrauchen.*

Laut Fujimoto nannten Yo Jongs Eltern ihre Tochter von klein auf »Prinzessin« oder »Prinzessin Yo Jong«. Mehr noch, sie sprachen Yo Jongs ältere Brüder mit »Großer Bruder« (Jong Chol) und »Kleiner Bruder (Jong Un) an – nahmen also Yo Jongs Perspektive ein.[4] Schon bald nach ihrer Geburt wurde die Prinzessin zum Mittelpunkt der königlichen Familie. Bei den Mahlzeiten saß sie immer neben ihrem Vater, zur Linken Kim Jong Ils, während die Mutter zur Rechten des »Lieben Führers« Platz nahm. Rechts von der Mutter saß Jong Un und zur Linken von Yo Jong Jong Chol. Das war die unveränderliche Sitzordnung am Esstisch.

Fujimoto beschreibt Yo Jong als willensstarkes Mädchen. Zwar noch nicht ganz mit jenem »eisernen Willen« versehen, mit dem sich die Paektu-Familie seit Generationen so gern schmückt, und doch entschlossen und sehr starrköpfig. So wurde etwa Kim Jong Nyo, eine Sängerin des *Pochonbo Electronic Ensemble*, einer von Kim Jong Ils damaligen Lieblingsbands, auf Kim Jong Ils Anwesen in Wonsan untergebracht, wo sie sich um Kim Yo Jong kümmern und der kleinen Prinzessin als Spielkameradin dienen musste. Die Sängerin begleitete Yo Jong sogar auf den Auslandsreisen mit ih-

* Kim Jong Il gestattete seinem Sohn zwar schon als Jugendlicher, Alkohol zu trinken, verbot ihm aber das Rauchen. Wie in etlichen weniger prominenten Familien dieser Welt erwies sich die Mahnung des Vaters als vergeblich: Kim Jong Un ist – wie es auch sein Vater fast sein gesamtes Erwachsenenleben über war – noch immer Kettenraucher.

rer Mutter und ihren Brüdern. Ko Yong Hui unternahm mit ihren drei Kindern gelegentlich Ausflüge nach Japan – dazu nahm sie in Wonsan die Fähre *Man Gyong Bong* (benannt nach jenem Stadtteil Pjöngjangs, in dem Kim Il Sung angeblich geboren wurde). Nach dem ersten nordkoreanischen Atomtest im Oktober 2006 ließ Japan den Fährbetrieb einstellen, doch in seiner Glanzzeit war das Schiff stets gut besucht und diente auch als Umschlagplatz für Drogen, gefälschte US-Währung und elektronische Geräte. Sobald die Schiffsbesatzung erfuhr, dass sich die bedeutenden Persönlichkeiten in ihrem Wagen dem Kai näherten, befahl sie sämtlichen Passagieren, die Vorhänge zu schließen und verbot ihnen, auch nur einen Blick auf die Fahrzeugkolonne zu werfen. Bald darauf trafen Ko Yong Hui und ihre Sprösslinge – in einer Mercedes-Limousine mit dunkel getönten Scheiben, umringt von anderen Autos – im Hafen ein und gingen, kurz bevor das Schiff ablegte, an Bord. Wer kühn genug war, dennoch einen Blick zu wagen, erspähte eine gutgekleidete und offensichtlich mächtige Dame mit ihren kleinen Kindern und ein oder zwei Helferinnen. Sobald das Schiff in Japan anlegte, wartete Ho Jong Man, der Vorsitzende des Generalverbands der Koreaner in Japan (auch bekannt als *Chongryon* oder *Chosen Soren*), der De-facto-Vertretungsorganisation Nordkoreas, am Kai, um die königlichen Gäste zu begrüßen.[5]

Eines Tages stellte Fujimoto fest, dass Kim Jong Nyo, die Spielgefährtin der Prinzessin, verschwunden war. Prinzessin Yo Jong, damals etwa acht oder neun Jahre alt, hatte sie entlassen.[6] Ein andermal maßregelte Yo Jong ihren viel älteren Bruder Jong Chol. Fujimoto war aufgefallen, dass Jong Chol, wie alle männlichen Teenager der Welt, ein reges Interesse an Mädchen entwickelte, derweil Jong Un sich noch mit sechzehn Jahren weit mehr für Sport und Videospiele interessierte. Als Jong Chol etwa sechzehn war, verliebte er sich in eine von Yo Jongs Begleiterinnen, die äußerst hübsch und nur ein Jahr älter war als er. Eines Tages beging Jong Chol den Fehler, sich in ein nur Frauen vorbehaltenes Kino auf einem der Anwesen des Vaters zu schleichen, wo Yo Jong gern mit ihrem kleinen Hofstaat Filme schaute, um einen Blick auf seine Angebetete zu erhaschen. Rund zehn Minuten später zerrte Yo Jong den Eindringling, ihren sieben Jahre älteren Bruder, aus dem Kino und sorgte so wieder für Ordnung.[7]

Wenn Ko Yong Hui nicht zu Hause war, weil sie sich monatelang in Europa aufhielt, wo sie sich wegen Brustkrebs und anderer Krankheiten behandeln ließ, nahm Kim Ok (geboren 1964), Kim Jong Ils letzte und jüngste Lebensgefährtin, am Tisch den Platz der Mutter ein, während die drei Kinder auf ihren üblichen Stühlen saßen. Kim Jong Il führte ganz offen zugleich intime Beziehungen mit Ko Yong Hui und mit Kim Ok, die ihm als persönliche Assistentin diente. Fujimoto zufolge hatten die beiden Frauen ein gutes Verhältnis zueinander. Ko Yong Hui betrachtete Kim Ok sogar als potenzielle Pflegemutter ihrer drei Kinder. Wenn Ko zu Hause war, aßen alle drei Erwachsenen und die drei Kinder gemeinsam zu Abend, wobei Kim Ok neben Jong Un saß. Die Kinder nannten die Geliebte *und* Sekretärin ihres Vaters, wenn auch liebevoll, beim Vornamen, so wie sie es mit allen Erwachsenen außer ihren Eltern taten.

Ko Yong Hui hatte sich mehrere Jahre lang in Frankreich behandeln lassen, bevor sie im Mai 2004 ihrem Krebsleiden erlag. Sie starb in Paris. Um Kos sterbliche Überreste nach Pjöngjang zu überführen, schickte Kim Jong Il sein Privatflugzeug mit einem speziellen Sarg in die französische Hauptstadt. Da Frankreich keine diplomatischen Beziehungen zu Nordkorea unterhielt, vermittelte die südkoreanische Botschaft in Paris zwischen den Regierungen und half bei der Logistik für die nordkoreanische Delegation, deren Leiterin keine Geringere war als die Hofdame Kim Ok.[8]

Obwohl Kim Jong Il mehr Zeit mit Ko Yong Hui verbrachte als mit den anderen Müttern seiner Kinder, behielt er alle seine Sprösslinge immerzu im Auge. Während ihrer vierundzwanzigtägigen Zugreise durch Russland im Juli und August 2001 erwähnte Kim Jong Il gegenüber Konstantin Pulikowski, Wladimir Putins Generalgouverneur für den Fernen Osten, etwa, dass er seine Tochter Sol Song für »äußerst fähig« halte. Pulikowski verfasste ein Buch über diese Reise, *Der Orient-Express: Durch Russland mit Kim Jong Il.*[9] Obwohl er es in seinem Buch nicht erwähnte, meinte Pulikowski später, Kim Jong Il habe ihm im Zug gesagt, er habe zwei sehr fähige Töchter, während seine Söhne im Grunde »nutzlos« seien. Es ist unklar, welche Töchter Kim Jong Il damals im Sinn hatte. Durchaus möglich, dass er sich seinerzeit auf Sol Song und ihre Schwester Chun Song bezog. Kim Yo Jong stand im August 2001 kurz vor ihrem dreizehnten Geburtstag und war womöglich zu jung, als dass ihr Vater sie so eingehend auf ihr Führungspotenzial hin taxiert hätte. Doch wie bereits erwähnt hat keine von Yo Jongs älteren Halbschwestern jemals nachweislich ein höheres Staatsamt bekleidet oder ist in der Öffentlichkeit auffallend in Erscheinung getreten – weder in der Regierungszeit von Kim Jong Il noch in der Ära Kim Jong Uns.

Für Kim Jong Un und seine Schwester stellen ihre drei Halbschwestern lediglich »Nebenzweige« dar, ein Ausdruck, den Kim Il Sung im Jahr 1973 zum ersten Mal verwendete. Kim Il Sung bezog sich damit auf seine eigene Frau Kim Song Ae – seine zweite oder dritte Ehefrau – und deren jüngeren Bruder Kim Song Gap. Kim Il Sung missfiel, dass seine Frau und sein Schwager Macht anhäuften, indem sie ihre eigenen Familienmitglieder ohne seine Zustimmung in Schlüsselpositionen innerhalb der Partei und des Militärs brachten und förderten. Zu diesem Zeitpunkt hatte Kim Song Ae begonnen, ihren eigenen Personenkult zu etablieren – zunächst,

Mitte der sechziger Jahre, als stellvertretende Vorsitzende des Zentralkomitees des Demokratischen Frauenbundes Koreas und dann ab 1971 als dessen Vorsitzende. Fotos, auf denen sie spontane Führungen leitet, sowie Artikel und Bücher über sie waren ohne die Erlaubnis ihres Mannes veröffentlicht worden, was der aufmerksame Sohn des Obersten Führers, Kim Jong Il, diesem bald pflichtbewusst berichtete.

Kim Jong Il, der seine Mutter 1949 im Alter von acht Jahren verloren hatte und sich sein ganzes Erwachsenenleben über liebevoll an sie erinnerte,[10] gab dem Vater zu verstehen, dass die Selbstverherrlichung seiner Stiefmutter das Gedenken seiner leiblichen Mutter als Revolutionsheldin entehre und darüber hinaus einen direkten Angriff auf das monolithische Führungssystem seines Vaters darstelle. Bei diesem ideologischen Konstrukt handelte es sich um ein fein ausgeklügeltes, von Kim Jong Ils Onkel Kim Yong Ju im Jahr 1967 entwickeltes System von Grundsätzen, das die bedingungslose Verehrung des Obersten Führers vorschrieb. Anfang der siebziger Jahre machte sich Kim Jong Il dieses Dogma zu eigen, sorgte für seine Verbreitung und forderte auf dieser Grundlage absolute Loyalität gegenüber seinem Vater ein.

Aus dem Hauptast der Paektu-Blutlinie sprießen viele Nebenzweige. Und wenn nötig, müssen sie beschnitten werden. In den folgenden zwei Jahren verbot Kim Il Sung seiner Frau, bei offiziellen Anlässen aufzutreten. Als die Parteifunktionäre davon erfuhren, schwand ihr Einfluss. Von ihrem Bruder hat man nie wieder etwas gehört. Im Bilde zu sein, wer gerade die Gunst des Führers genießt, und wer wohl bald geschasst wird, ist in Nordkorea überlebenswichtig. In seiner Zeit als Thronfolger betrachtete Kim Jong Il seine beiden Halbbrüder und Halbschwestern als Nebenzweige, die es penibel im Auge zu behalten galt. Als Staatschef sorgte er später dafür, dass diese Halbgeschwister – die vier Kinder, die sein

Vater mit Kim Song Ae gezeugt hatte – nie einflussreiche Regierungsposten erhielten, sondern als Diplomaten in eine Art Quasi-Exil ins Ausland geschickt wurden.

Sein jüngster Bruder hatte weniger Glück. Im selben Jahr, 1971, als Kim Jong Il erstmals stolzer Vater eines kleinen Jungen (Jong Nam) wurde, bekam auch sein Vater noch einen Sohn. Kim Il Sung, der auf die sechzig zuging, bekam in diesem Jahr sowohl einen Enkel (Jong Nam) als auch sein achtes Kind (Hyon), das seine wesentlich jüngere Krankenschwester und Masseurin zur Welt brachte.[11]

Im Jahr 2007 ließ Kim Jong Il – vermutlich aus einer Mischung aus Vaterliebe und extremer Vorsicht – seinen damals sechsunddreißigjährigen Halbbruder Hyon umbringen.[12]

Neben seinen eigenen Kindern gehören für Kim Jong Un lediglich seine Schwester Yo Jong und sein Bruder Jong Chol zur Hauptlinie des Paektu-Stammbaums. Seine drei älteren Halbschwestern nehmen innerhalb der königlichen Familie einen Platz außerhalb der direkten Nachkommenschaft ein, während seinen Halbbruder Kim Jong Nam, wie wir gesehen haben, ein weit grausameres Schicksal ereilte. Kim Jong Uns älterer Bruder Kim Jong Chol scheint es zu genügen, ein Leben jenseits der Öffentlichkeit zu führen. Die kompetente und vertrauenswürdige Yo Jong dagegen ist aus ganz anderem Holz geschnitzt.

KAPITEL 5

Vater, der narzisstische Psychopath

Kim Jong Ils Kinder führten ein so luxuriöses und privilegiertes Leben, dass sie wahrscheinlich von frühster Kindheit an mit einem Gefühl der Überlegenheit und des berechtigten Führungsanspruchs aufwuchsen. Doch haben sie auch einige der abgründigen Charakterzüge ihres Vaters geerbt?

Als Kim Jong Il zum Nachfolger seines Vaters auserkoren wurde, sahen die meisten Beobachter in ihm nur, was sie in ihm sehen wollten: einen Playboy, der seine Zeit vor allem damit zubrachte, exzessiv zu trinken, Frauen hinterherzujagen und sich Hollywoodfilme anzuschauen. Von seinem Neffen Lee Han Young wissen wir viel über den dekadenten, zur Selbstvergötterung neigenden Lebensstil der nordkoreanischen Königsfamilie, zu dem auch die häufigen Partys zählten, die Kim Jong Il für bis zu vierzig seiner engsten Mitarbeiter gab. Auf diesen Feiern traten junge Sängerinnen und Tänzerinnen auf, mit denen die Männer bis tief in die Nacht tranken, sangen und tanzten. Die »Eintrittsgebühr« für diese exklusiven Partys, als deren Teilnehmer man sich der Mitgliedschaft im engsten Kreis um Kim Jong Il sicher sein konnte, bestand darin, an der Tür zum Festsaal ein volles Schnapsglas in einem Zug zu leeren. An manchen Abenden wurden Trinkspiele veranstaltet, bei denen sich der Verlierer einen Teil seiner Haare –

bei Frauen die Schamhaare – abrasieren musste. Auch heute unter Kim Jong Un wurden bei offiziellen Anlässen schon hochrangige Beamte mit fehlenden Haarsträhnen gesehen.[1]

Doch mit Kim Jong Ils Amtsantritt im Jahr 1994 machten wieder weit finsterere Gerüchte über ihn die Runde – so hieß es etwa, Kim Jong Il würde ausländische Frauen aus Ostasien, Europa und dem Nahen Osten entführen lassen, um sie als willfährige Dienerinnen bei seinen Festen einzusetzen. Damit schien alles klar zu sein: Der neue Große Führer war, nun ja, verrückt. Wie könnte es ein so verkommener, schlichtweg irrer Spinner je schaffen, seinen sonderbaren Staat zusammenzuhalten, fragten sich kenntnisreiche Fachleute mit rührender Ernsthaftigkeit.

Die Annahme, dass Kim einen zügellosen, ausschweifenden Lebensstil pflegte, war nicht unbegründet; die daraus abgeleitete Behauptung allerdings, er sei geisteskrank, erwies sich jedoch meist nur als Ergebnis undifferenzierter Folgerungen. Jeder, der mit den Gepflogenheiten in westlichen Studentenverbindungen vertraut war, hätte womöglich reumütig zum Schluss kommen können, dass Kim Jong Ils Vorliebe für wilde Partys und Frauengeschichten durchaus mit beruflichem Erfolg vereinbar war und herzlich wenig als Nachweis für Unzurechnungsfähigkeit oder gar Unvermögen taugte. Aber das jahrhundertealte Klischee des grausamen, verschlagenen und zwielichtigen orientalischen Diktators trübte das Urteilsvermögen vieler. Kurzum: Der nordkoreanische Staatschef war ein undurchschaubarer Sonderling, über den man sich lustig machen und herablassend erheben konnte.

Ein Blick auf die lange und verworrene Reise, die Kim Yo Jongs und Kim Jong Uns Vater hinter sich hat, hilft uns besser zu verstehen, wie er zu der Person geworden ist, die er bei seinem Aufstieg zum Staatschef war. Im Alter von vier Jahren, als Jong Ils Eltern ihn noch immer liebevoll bei seinem russischen Namen Juri nannten, wurde sein Vater die mächtigste indigene Führungspersönlichkeit des Landes. Zwar war Nordkorea nur eine Hälfte eines zweigeteilten Landes, das weiter unter sowjetischer Besatzung stand, doch Kim Il Sung war der ausgemachte Favorit der Sowjets. Wenn sich der Vater nicht gerade mit den Russen traf, war er die meiste Zeit von unterwürfigen Lakaien umgeben. Für den jungen Prinzen war das Leben im bettelarmen Korea so unvorstellbar reicher und mondäner als für jedes andere Kind.

Als kleiner Junge musste Juri dennoch zwei Schicksalsschläge hinnehmen. Zuerst, 1947, ertrank sein dreijähriger Bruder Schura bei einem Unfall. Zwei Jahre später, im September 1949, starb seine Mutter – womöglich an Komplikationen während der Geburt. Im darauffolgenden Jahr, gerade einmal neunjährig, erlebte der junge Kim Jong Il die Furcht einflößenden Wirren des Krieges – wenn auch eines Krieges, den sein eigener Vater begonnen hatte.

Als der Norden am 25. Juni 1950 in den Süden einmarschierte, fiel Seoul in nur drei Tagen ohne nennenswerte Gegenwehr. Unter Kim Il Sungs persönlichem Kommando stieß die Koreanische Volksarmee nach Süden vor und nahm eine Stadt nach der anderen ein. Trotz allmählich einsetzender militärischer Unterstützung durch UN-Streitkräfte war das von Südkorea kontrollierte Gebiet Anfang August auf einen kleinen Teil der Südostspitze der Halbinsel hinter dem »Busan-Perimeter« – einer rund 225 Kilometer langen Verteidigungslinie – sowie der Insel Jeju weiter südlich geschrumpft.

Mitte September jedoch wendete sich das Blatt. An der Westflanke der Halbinsel bei Incheon kam es zur groß angelegten Landung von UN-Verbänden unter dem Oberbefehlshaber General Douglas MacArthur, die rasch auf die nordkoreanischen Streitkräfte vorrückten. Nachdem sie die Nachschubwege Nordkoreas abgeschnitten hatten, marschierten die von den USA geführten

UN-Truppen im Oktober nordwärts und drangen auf nordkoreanisches Gebiet vor. Juri (oder Kim Jong Il) und seine jüngere Schwester Kyong Hui mussten aus Pjöngjang in die Stadt Kanggye in der Provinz Chagang nahe der chinesischen Grenze fliehen. Der getreue Freund ihres Vaters Ri Ul Sol, ein Partisanenkamerad von Kim Il Sung in der 25. sowjetischen Armee, wurde damit betraut, den kleinen Prinzen samt Prinzessin in Sicherheit zu bringen. Für Kim Il Sung und Ri Ul Sol hatte sich der Eintritt in die Sowjetarmee als epochaler Karriereschritt erwiesen. Nach Ende des Koreakriegs führten beide Männer ein langes Leben voller Macht und Privilegien. Im Jahr 1995 wurde Ri von Kim Jong Il zum Marschall der Koreanischen Volksarmee ernannt – eine Ehre, die zu diesem Zeitpunkt nur drei Offizieren zuteilgeworden war, Kim Jong Il selbst ausgenommen. Ri sollte sogar sein ehemaliges Mündel Jong Il um rund vier Jahre überleben.

Als zusätzliche Vorsichtsmaßnahme wurden Kim Jong Il und Kim Kyong Hui aus dem Kriegsgebiet ins chinesische Jilin gebracht, wo ihr Vater in den späten zwanziger Jahren als Jugendlicher zur Schule gegangen war.[2] Kim Il Sung hatte einen Großteil seiner Jugend und seines jungen Erwachsenenlebens (von 1919 bis 1940) in China verbracht. Während er später gerne über seine Zeit in China sprach, wo er zum Kommunismus gefunden hatte, war sein Sohn Jong Il deutlich zurückhaltender, wenn es um seinen unrühmlichen Aufenthalt dort als Kind während des Krieges ging.

Im August 2010 hingegen, im Wissen, dass seine Tage nach einem schweren Schlaganfall im August 2008 gezählt waren – und nur drei Monate nach seinem letzten Besuch –, nahm Kim Jong Il seinen jüngsten Sohn Jong Un mit nach China, um ihn der chinesischen Führung (sowohl dem scheidenden Präsidenten Hu Jintao als auch dessen zukünftigem Nachfolger, Vizepräsident Xi Jinping) angemessen vorzustellen, von deren politischer und materieller

Unterstützung er und sein Land abhängig waren.[3] Im darauffolgenden Monat tauchte der Name Kim Jong Un zum ersten Mal in den nordkoreanischen Medien auf – und zwar mit keinem geringeren Titel als dem eines Viersternegenerals.

Während ihres Chinabesuchs zeigte Kim Jong Il seinem Sohn auch seine alte Heimatstadt. Die wichtigste Station war die Yuwen-Oberschule in Jilin, die sein Vater Kim Il Sung von 1927 bis 1929 besuchte. An jenem Tag legte Kim Jong Il nach Angaben der nordkoreanischen Nachrichtenagentur KCNA »einen Blumenkorb vor der Statue des Präsidenten [Kim Il Sung] nieder … und wurde von tiefer Rührung überwältigt«. Der Schulchor sang für den Ehrengast das »Lied von General Kim Il Sung« sowie das Schullied – beide »in demütiger Ehrfurcht vor dem Präsidenten, einem unvergleichlich großen Mann«.[4] Am Ende seines Besuchs hinterließ der nordkoreanische Führer der Schule eine erbauliche, eigenhändig unterschriebene Erklärung, gerichtet an derzeitige und künftige Schüler: »Ich wünsche der Yuwen-Mittelschule, die ein Wahrzeichen für die Freundschaft zwischen der DVRK und China ist und auf eine lange Geschichte und Tradition zurückblicken kann, dass sie noch viele hervorragende Werktätige hervorbringt. 26. August 2010. Kim Jong Il.«[5]

Unweit der Schule befand sich der nächste Anlaufpunkt für Vater und Sohn: die katholische Kirche von Jilin. Als Kinder wohnten Kim Jong Il und seine Schwester Kyong Hui einen Großteil des Koreakriegs über unter falschem Namen auf dem Anwesen der Kirche. Zu einem der Priester soll Kim Jong Il gesagt haben: »Hier habe ich einmal gelebt.«[6]

Kim Jong Ils Zwischenstopp in Jilin war nicht nur eine Verneigung vor der kommunistischen Erweckungsphase seines Vaters in der Yuwen-Mittelschule, wie sie in den 1920er-Jahren noch hieß. Es war auch nicht in erster Linie der Nostalgie geschuldet, da er sich dem Ende seines Lebens näherte. Es ging ihm vor allem darum, vor den Augen der chinesischen Machthaber die alte historische Verbundenheit zwischen der Paektu-Familie und der Führung der Kommunistischen Partei Chinas zu bekräftigen. Seinem Sohn, der eines Tages sein Reich erben würde, die Gunst der Chinesen zu sichern, war ein Akt der Vaterliebe. Am nächsten Tag erzählte Präsident Hu Jintao dem nordkoreanischen Staatschef, sein Besuch in der Provinz Jilin, »wo im gemeinsamen Kampf gegen ausländische Aggressoren die historischen Wurzeln der Freundschaft zwischen China und der DVRK gewachsen« seien, sei »von besonderer Bedeutung, um die traditionellen bilateralen Beziehungen der Freundschaft und Zusammenarbeit auf eine neue, höhere Stufe zu heben«.[7]

Was außerdem viel über Kim Jong Ils Prioritäten aussagt, war die Tatsache, dass Vater und Sohn ihre Zugreise nach China am 25. August antraten, nur wenige Stunden, nachdem der ehemalige US-Präsident Jimmy Carter in Pjöngjang gelandet war, um den amerikanischen Staatsbürger Aijalon Gomes heimzuholen, einen Missionar aus Boston, der wegen illegaler Einreise nach Nordkorea seit Januar in Haft saß. Kim Jong Ils Affront war nicht das Resultat eines Terminkonflikts – selbst kurzfristige Rettungsmissionen erfordern mehrtägige Planung und einvernehmliche Kommunikation zwischen den Parteien von Geiselnehmern und Befreiern. Auch hatte er es bewusst vermieden, Carter auch nur einen kurzen Höflichkeitsbrief zu hinterlassen oder den geringsten Hinweis darauf zu geben, dass er dem ehemaligen US-Präsidenten während seines Aufenthalts nicht zur Verfügung stehen würde. Tatsächlich hatte Kim Jong Il schon die Begnadigung für Gomes unterzeichnet, bevor er kurz vor Mitternacht nach China abreiste.[8] Carter blieb, in der Hoffnung, Kim Jong Il doch noch zu treffen, sogar noch einen Tag länger und flog erst dann mit Gomes Richtung Boston ab, als klar war, dass Kim in absehbarer Zeit nicht mehr zurückkehren würde.

Nach dem Kriegsende im Jahr 1953 hatte Kim Jong Il das Leben eines verwöhnten Prinzen geführt und später, ab Anfang dreißig etwa, das des unangefochtenen Thronfolgers. Nach außen hin wirkte er bei weitem nicht so leutselig wie sein Vater. Er reiste nur selten ins Ausland, und die wenigen Reisen, die er nach seiner Kür zum Herrscher außer Landes unternahm, führten ihn nur nach China und Russland, stets im eigens für ihn angefertigten Zug. Was seine Kommunikation im Inland anging, so hat Kim Jong Il niemals eine Fernsehansprache an sein Volk gehalten – ja, er hielt nicht einmal Reden, die im Fernsehen oder im Radio ausgestrahlt wurden. Die einzige Ausnahme stellte eine Militärparade auf dem Kim-Il-Sung-Platz im April 1992 dar, die anlässlich des sechzigsten Jahrestages der Gründung der Koreanischen Revolutionären Volksarmee, der vermeintlich von Kim Il Sung gegründeten antijapanischen Widerstandsgruppe, abgehalten wurde. Erst im vorherigen Dezember von seinem Vater zum Oberbefehlshaber der Koreanischen Volksarmee (den regulären Streitkräften des Landes) ernannt, blickte er von der Tribüne auf die Kolonnen von Soldaten unter ihm, neigte sich, die Hände unbeholfen auf den Rand des Rednerpults gestützt, nach vorne zu den sieben vor ihm aufgepflanzten Mikrophonen und platzte jäh heraus: »Ehre den heldenhaften Soldaten der Koreanischen Volksarmee!«

Das war's. Die ganze Rede. Sie dauerte exakt fünf Sekunden.[9] Vielleicht hielt der neue Oberbefehlshaber Kürze ja für eine herausragende Tugend.

Im privaten Umfeld hingegen war Kim Jong Il überaus gesprächig, keineswegs schüchtern und nicht selten sehr charmant. Er konnte sowohl gütig als auch grausam sein, liebenswürdig und verletzend, narzisstisch und großzügig. Seinen rund vierzig Lieblingsfunktionären und ihren weiblichen Begleiterinnen – Sängerinnen, Musikerinnen und Dienerinnen –, die er oft zu seinen exklusiven nächtlichen Festlichkeiten »einlud«, machte Kim Jong Il für nordkoreanische Verhältnisse großzügige Geschenke. Nahezu monatlich bescherte er den Männern importierte Anzüge, Socken, Schuhe und Kugelschreiber. Die Frauen – manche davon Filmstars, andere lediglich mit der Aufgabe betraut, ausgewählten Männern sexuelle Dienste zu erweisen – erhielten vom »Lieben Führer« japanische Unterwäsche, Make-up, Seife und Winterschals. Einmal im Jahr verschenkte Kim gar Schweizer Luxusuhren der Marken Omega und Rolex. Es gab nur ein Geschenk, das die Uhren noch übertraf: edle importierte Limousinen, die nur selten an jene Favoriten im inneren Zirkel gingen, die am höchsten in der Gunst des Führers standen.[10]

Die Kehrseite der Großzügigkeit war Disziplin. Kim Jong Il setzte seine eigenen Verschwiegenheitsregeln für seine alkoholschwangeren Partys rigoros durch, auch, weil er dabei oft dieselben südkoreanischen Popsongs sang, die er zuvor im ganzen Land verboten hatte. So ließ Kim Jong Il im Jahr 1979 oder 1980 die Frau eines hohen Funktionärs, Ri Myong Je, eines regelmäßigen Gastes bei diesen Festen, auf einem Schießstand des Ministeriums für Staatssicherheit (der Geheimpolizei) hinrichten. Das Opfer, eine Professorin der Kim-Il-Sung-Universität, hatte einen anonymen Beschwerdebrief an Kim Il Sung geschrieben, in dem sie ausführlich von den häufigen ausschweifenden Gelagen berichtete, die sein Sohn veranstaltete, und den Obersten Führer anflehte, diesen Abscheulichkeiten ein Ende zu bereiten. Um ihre Identität zu verbergen, hatte sie den Brief mit der linken Hand geschrieben, obwohl sie Rechtshänderin war.

Der Brief landete nie auf Kim Il Sungs Schreibtisch. Die Geheimpolizei schickte ihn direkt an Kim Jong Il. Zu diesem Zeitpunkt wurden bereits sämtliche Papiere, die man Kim Il Sung vorlegte, zuerst von Kim Jong Il durchleuchtet. Schließlich war der Staatschef von seinem Sohn längst zum bloßen Aushängeschild des Staates degradiert worden, dessen Funktion sich darauf beschränkte, »Führungen« durch Fabriken, Bauernhöfe und Schulen abzuhalten, bei denen er seine Untertanen ermahnte, »härter zu arbeiten und die Produktivität zu steigern«, ausländische Würdenträger zu empfangen und diplomatische Dokumente mit seinem Namen zu versehen. Kim Jong Il hatte die mächtige Abteilung für Organisation und Lenkung (OGD) unter seine Kontrolle gebracht, indem er seine Kumpanen und Kommilitonen von der Kim-Il-Sung-Universität dort installiert hatte. Als Kim Il Sung den Sohn auf dem Sechsten Parteitag im Oktober 1980 offiziell zu seinem Nachfolger erklärte, hatte der Sohn die Macht nahezu vollständig an sich gerissen. Indem er allen anderen Zweigen der Regierung die endgültige Entscheidungsbefugnis entzog und sie in der OGD bündelte, konnte er sämtliche Schlüsselpositionen in Regierung und Militär mit eigenen Kandidaten besetzen. Selbst die Führungsoffiziere der Abteilung 1 des Obersten Gardekommandos, jener Einheit der koreanischen Volksarmee, die für den Schutz Kim Il Sungs zuständig war, unterstanden direkt der OGD. Nach dem Parteikongress von 1980 verbot Kim Jong Il der Partei das Abhalten weiterer Kongresse – eine Entscheidung, die dazu gedacht war, die Macht des Generalsekretärs Kim Il Sung und anderer hochrangiger Parteimitglieder im Präsidium des Politbüros zu festigen.[11] Es sollte sechsunddreißig Jahre dauern, bis der nächste Parteikongress einberufen würde – zu diesem Zeitpunkt ruhten Kim Jong Ils sterbliche Überreste schon mehrere Jahre einbalsamiert im Mausoleum.

Erst nach zweimonatigen Ermittlungen konnte die Briefschreiberin als Ri Myong Jes Ehefrau identifiziert werden. Daraufhin ließ man sie auf einem Geheimdienstübungsplatz erschießen – und zwar von ihrem eigenen Ehemann, der sich bereit erklärte, die Hinrichtung der »feindlichen« Verräterin selbst zu übernehmen. Der persönlich anwesende Kim Jong Il gab dem Gesuch statt. Nachdem Ri seine Frau getötet hatte, wandte er sich an Kim und bat den De-facto-Herrscher, ihn als Nächstes zu erschießen, da er der Ehemann der »Feindin« sei. Höchstwahrscheinlich hatte Ri seiner Frau gegenüber Einzelheiten über Kim Jong Ils Feiern ausgeplaudert, als er von einer dieser Partys betrunken heimgekommen war.

»Dieses eine Mal verzeihe ich dir noch«, antwortete Kim gnädig und schonte Ris Leben.[12] Ja, Ri wurde sogar weiterhin zu Partys eingeladen. Einige Zeit später verschaffte der »Liebe Führer« Ri sogar eine neue Frau – eine junge Krankenschwester, die im Zentralkomitee der Partei arbeitete – und zeigte sich damit einmal mehr als treu sorgender Herrscher. Was sein Sohn Ri Yong Ho, damals Mitte zwanzig, davon hielt, dass sein Vater seine Mutter umgebracht und eine Frau geheiratet hatte, die ihm selbst altersmäßig näherstand als seinem Vater, wird man wohl nie erfahren. Man weiß jedoch, dass auch er unter dem Kim-Regime – sowohl unter Kim Jong Il als auch unter Kim Jong Un – Karriere machte, jedenfalls für eine gewisse Zeit. So war es Ri Yong Ho, der im September 2017 vor einem Hotel in New York City stand und die Welt als nordkoreanischer Außenminister wissen ließ, Kim Jong Un plane einen »Wasserstoffbombentest von nie da gewesener Stärke über dem Pazifik«. Auch war er es, der Kim Jong Un in den Jahren 2018 und 2019 zu den Gipfeltreffen mit Donald Trump begleitete. Dann jedoch, im Januar 2023, erschienen Meldungen, wonach Ri im Jahr zuvor hingerichtet worden sei. Einige Tage später bestätigte auch der südkoreanische Geheimdienst, dass Ri aus seiner Position entfernt worden war, konnte aber nicht mit Sicherheit sagen, ob man ihn getötet hatte oder nicht. Kim Jong Il hatte Ri Yong Hos

Mutter zwar verurteilt, seinen Vater, seinen engen Berater, jedoch verschont. Jong Ils Sohn Jong Un, für den Ri Yong Ho sehr hart gearbeitet hatte, erwies sich als weniger nachsichtig.

Öffentliche Hinrichtungen und das gewaltsame Verschwindenlassen von Personen waren für Kim Jong Il maßgebliche Instrumente zur Kontrolle seines Führungszirkels und dienten darüber hinaus viel allgemeiner der Festigung seiner Herrschaft durch staatlichen Terror. Mit Mitte dreißig wies Kim Jong Il zahlreiche Anzeichen einer solipsistischen manipulativen Persönlichkeit auf – auch oder gerade durch solch oberflächliche Großzügigkeiten wie die üppigen Geschenke an seine Vertrauten. Er war das Paradebeispiel für den selbstverliebten, hinterhältigen Psychopathen, in dem die Persönlichkeitsmerkmale der sogenannten ›Dunklen Triade‹ – »Narzissmus, Machiavellismus und Psychopathie« – par excellence zum Vorschein kamen, Merkmale, die bald auch in seinen Kindern Kim Jong Un und Kim Yo Jong hervortreten würden.[13] Auch sie haben bislang denselben Eifer an den Tag gelegt, wenn es darum geht, die Rechte des nordkoreanischen Volkes mit Füßen zu treten, Millionen zu versklaven und Christen fanatisch zu verfolgen. Diese tiefe moralische Verworfenheit kennzeichnet die Kernpersönlichkeit der Paektu-Herrscher, vom Großvater über den Vater bis hin zu Sohn und Tochter.

Christen werden in Nordkorea wahrscheinlich massiver verfolgt als in jedem anderen Staat der Welt. Bei Open Doors, einem überkonfessionellen christlichen Hilfswerk, das die Verfolgung des Christentums seit 1992 weltweit beobachtet und seit dem Jahr 2002 eine Rangliste von Staaten veröffentlicht, stand Nordkorea zwanzig Jahre lang ununterbrochen auf dem ersten Platz.[14]

Die Christenverfolgung durch die nordkoreanische Führung ist praktisch so alt wie deren gesamte Herrschaftsgeschichte. Ja, sie ist sogar älter als die Demokratische Volksrepublik Korea selbst, die nur drei Wochen nach der Republik Korea, sprich Südkorea, am 15. August 1948 gegründet wurde. Sobald seine sowjetischen Unterstützer ihn zum Führer Nordkoreas auserkoren hatten, nahm Kim Il Sung religiöse Organisationen ins Visier. Neben dem Eigentum landbesitzender Kapitalisten unter der japanischen Herrschaft, ließ der künftige Große Führer durch verschiedene »Reform«-Maßnahmen auch das Vermögen sowie den Grund und Boden religiöser Gruppen konfiszieren.[15] Da der christliche Glaube besagt, dass es noch eine höhere Macht als die des Königs gibt, dass Ahnenkult und Christentum unvereinbar sind, und dass die endgültige Erlösung nur im Reich Gottes liegt, war das Christentum für Kim Il Sung die ultimative ideologische Bedrohung.

Kim Il Sung geriet in eine Art politisch-religiösen Blutrausch. Schon während des Koreakriegs und in den Nachkriegsjahren kam es zu Massenmorden an Christen. Und so begründete er eine Familientradition, die sein Nachfolger später fortsetzte. Öffentliche Hinrichtungen von christlichen Konvertiten waren an der Tagesordnung. Ein nordkoreanischer Geflüchteter beschreibt, wie er eine dieser grausamen Exekutionen miterlebte: Im Jahr 1996 wurden fünf protestantische Christen, an Händen und Füßen gefesselt, vor eine große Dampfwalze geworfen. Zwanzig Gemeindemitglieder, die man zusammen mit den fünf Verurteilten verhaftet hatte, wurden gezwungen, bei der Hinrichtung zuzusehen. Einige fielen beim »Knacken«, das zu hören war, als die Schädel unter der Dampfwalze zermalmt wurden, in Ohnmacht.[16]

Erst das von den Taliban regierte Afghanistan verdrängte Nordkorea 2022 schließlich von der Spitzenposition bei der weltweiten Christenverfolgung, doch Nordkoreas fanatischer Hass auf das Christentum ähnelt deren extremistischem Fundamentalismus. Und tatsächlich, beide, der nordkoreanische Personenkult und die

Gottesherrschaft der Taliban, sind von massiver Intoleranz geprägt und weisen eine ganze Reihe von Gemeinsamkeiten auf – von ungeheuerlichen Menschenrechtsverletzungen wie standrechtlichen Exekutionen bis hin zur völligen Unterdrückung grundlegender Freiheiten wie der Religions-, Rede-, Presse- und Versammlungsfreiheit sowie des Konsums ausländischer Kulturgüter oder Informationen. Was Massenmord und Folter betrifft, ist Nordkorea mit seinem straff organisierten Staatsapparat lediglich etwas raffinierter und diskreter. Und innerhalb der nordkoreanischen Funktionärsriege gibt es niemanden, der dieses brutale Ethos so gut verschleiern kann wie die junge, schöne und hin und wieder lächelnde Prinzessin von Pjöngjang.

Doch während die Taliban in der Vergangenheit nur von drei Staaten offiziell anerkannt wurden – Pakistan, Saudi-Arabien und den Vereinigten Arabischen Emiraten –, sind es bei Nordkorea mehr als hundertsechzig. Gewiss, jedes Land hat einen »vergleichsweisen Vorteil« bei entsprechenden Menschenrechtsverletzungen: Die Taliban beispielsweise übertreffen Nordkorea in Bezug auf kulturellen Völkermord und den Ausschluss von Mädchen und Frauen von Bildungsmöglichkeiten. Doch obwohl Nordkoreas öffentliches Schulwesen auch Mädchen offensteht und die Partei das kommunistische Credo der Geschlechtergleichheit beschwört, ist dieser chauvinistische Staat in der Praxis weit von einem Vorbild für Gleichberechtigung entfernt. Sexueller Missbrauch von Mädchen und Frauen ist schon lange ein Instrument im Arsenal des nordkoreanischen Staatsterrors.[17] Mit Wissen und Duldung des Staates sind in den menschenunwürdigen Gefängnissen Nordkoreas seit Jahrzehnten Vergewaltigungen und Folterungen weiblicher Gefangener an der Tagesordnung, ohne dass die Außenwelt davon etwas erfährt. Nordkoreas »Religionspolizei«, die staatlichen Sicherheitsbeamten, die Jagd auf Christen machen, mögen zwar auf öffentliches Auspeitschen im Stile der Taliban verzichten, lassen ihre Opfer, darunter Frauen und Kinder, dennoch oft einfach verschwinden – aus ihrem Zuhause wie aus dieser säkularen Welt.

Schon in den siebziger Jahren, noch vor seiner Kür zum Thronfolger, hatte Kim Jong Il die Förderung des internationalen Terrorismus durch Pjöngjang massiv vorangetrieben. Anschließend wurde er immer unverhohlener in seiner Anwendung von Staatsterrorismus und vorgetäuschten Friedensinitiativen. So ließ Nordkorea im Laufe der achtziger Jahre zahlreiche japanische Staatsangehörige entführen, verübte ein Attentat auf den südkoreanischen Präsidenten, und sprengte eine südkoreanische Verkehrsmaschine in die Luft – alles zu einer Zeit, in der Kim Jong Il de facto bereits oberster Befehlshaber seines Landes war, wenn auch offiziell noch unter dem Obersten Führer, seinem Vater.

Die wenig ernst gemeinten Friedensofferten, mit denen Nordkorea unter Vermittlung Chinas 1983 an die Reagan-Regierung herantrat, waren ebenfalls das Werk von Kim Jong Il. Die vermeintliche Entspannung dauerte bis zum Oktober desselben Jahres an, als nordkoreanische Agenten im Mausoleum der Märtyrer in Yangon, Myanmar (damals Rangun, Birma) eine Bombe zündeten, die für den südkoreanischen Präsidenten Chun Doo Hwan bestimmt war, der nur aufgrund seiner verspäteten Ankunft verschont blieb. Siebzehn seiner Landsleute und vier birmanische Staatsangehörige hatten weniger Glück.

Das Gerücht, Kim Jong Il würde als »Hobby« ausländische Frauen »sammeln«, erhärteten sich, als die Geschichte einer dieser Entführungen ans Licht kam. Die berühmte südkoreanische Schauspielerin Choi Eun Hee und ihr Ex-Mann Shin Sang Ok, ein renommierter südkoreanischer Regisseur, wurden 1978 auf ausdrücklichen Befehl Kim Jong Ils von nordkoreanischen Agenten verschleppt. Der Grund: Der kinobegeisterte Kim Jong Il wollte der nordkoreanischen Filmindustrie neues Leben einhauchen und brauchte dazu Know-how und künstlerische Inspiration aus dem Ausland.

Die Sensationsnachricht, dass Kim Jong Il die Entführung des südkoreanischen Prominentenpaares angeordnet hatte, wurde im März 1986 öffentlich. Nach acht Jahren Gefangenschaft in Nordkorea konnten Choi und Shin endlich ihre Geschichte erzählen.

Während eines Hongkongaufenthalts im Januar 1978 war Choi Eun Hee plötzlich verschwunden. Sie war überwältigt und betäubt worden, und als sie wieder zu sich kam, fand sie sich streng bewacht in einer luxuriösen Villa in Pjöngjang wieder. Sechs Monate später verschwand auch ihr früherer Ehemann Shin Sang Ok. Bis zum 12. April 1984 blieb das Schicksal der südkoreanischen Berühmtheiten ein ungelöstes Rätsel – bis sie überraschend auf einer Pressekonferenz in Belgrad, der Hauptstadt des ehemaligen Jugoslawiens, auftraten. Das Paar, das in Pjöngjang inzwischen wieder geheiratet hatte, behauptete, es habe Südkorea freiwillig gen Norden verlassen, um den Schikanen der südkoreanischen Behörden zu entgehen. Die südkoreanische Militärregierung widersprach der Darstellung und legte stattdessen nahe, Kim Jong Il habe sie entführen lassen.[18] Im darauffolgenden Monat erschienen Choi und Shin auf einer Pressekonferenz in Pjöngjang, wie um zu bekräftigen, dass sie mit ihrer Entscheidung, in Nordkorea ein neues Leben zu beginnen, nach wie vor überaus zufrieden seien.

Zwei Jahre später erfuhren die US-Behörden schließlich die Wahrheit: In den ersten fünf Jahren ihrer Gefangenschaft hatte Kim Jong Il keinem der beiden etwas vom anderen erzählt. Man hatte sie völlig getrennt untergebracht, Choi jedoch war gut behandelt und versorgt worden. Kim Jong Il lud sie sogar häufig zu

Filmen und Konzerten ein. Auch Shin wurde anfangs großzügig hofiert. Nach zwei gescheiterten Fluchtversuchen allerdings war er inhaftiert und gefoltert worden. Dann, 1982, nachdem er unter Zwang eine schriftliche Entschuldigung samt Lobeshymne auf den Großen Führer Kim Il Sung verfasst hatte, merkte er, wie sich seine Behandlung durch die nordkoreanischen Behörden deutlich verbesserte. Im Jahr darauf beschloss Kim Jong Il, die beiden Gefangenen, inzwischen handzahm, für sich arbeiten zu lassen.

Im März 1983 brachte er Choi und Shin schließlich zusammen und gab für sie eine Party, auf der er sich für den erzwungenen Aufenthalt in seinem Land und die lange Funkstille bezüglich des Verbleibs des jeweils anderen entschuldigte. Außerdem befahl er dem einstigen Ehepaar, wieder zu heiraten, obwohl Shin längst eine neue Frau und Kinder in Südkorea hatte.[19] Anschließend drehten sie zu Kim Jong Ils Vergnügen wieder Filme zusammen, und bis 1984 hatten Choi und Shin allmählich sein Vertrauen gewonnen. Dennoch wurden die beiden auf ihren Auslandsreisen von nordkoreanischen Agenten auf Schritt und Tritt bewacht.

Als sie am 13. März 1986 auf dem Weg nach Ungarn, wo sie mit den Dreharbeiten für einen Film über Dschingis Khan beginnen sollten, in Wien Station machten, verließen die beiden ihr Hotel, sprangen in ein Taxi und rasten, nachdem sie zuvor angerufen hatten, zur US-Botschaft, wo man ihnen politisches Asyl gewährte.

Nach und nach begannen Choi und Shin, von Kim Jong Ils Vorliebe für wilde Partys zu berichten. Es folgten finstere und schlüpfrige Geschichten darüber, dass Kim Jong Il die Entführung noch vieler anderer befohlen hatte, darunter etliche junge Frauen und Mädchen, die für ihn als Hostessen und Tänzerinnen arbeiten mussten. So sagte Choi etwa, sie habe in Pjöngjang eine Jordanierin getroffen, die höchstwahrscheinlich entführt worden war. Auch hatte sie von ihrem nordkoreanischen Friseur von einer jungen Französin erfahren, die von einem männlichen Agenten, der sich als »reicher asiatischer Erbe« ausgegeben habe, nach Pjöngjang gelockt worden war.[20] Ihre Schilderungen erhärteten den Verdacht, dass Nordkorea planmäßig und im großen Stil Staatsbürger anderer Länder entführen lässt.

Am 17. September 2002, in der Hoffnung auf eine kräftige Finanzspritze aus Tokio, gab Kim Jong Il bei einem Gipfeltreffen mit dem japanischen Premierminister Junichiro Koizumi in Pjöngjang schließlich zu, nordkoreanische Geheimdienstmitarbeiter hätten bereits dreizehn japanische Staatsbürger entführt. Natürlich bezeichnete er die Übeltäter als abtrünnige Agenten, die ohne sein Wissen gehandelt hätten. Die tatsächliche Anzahl der Entführten lag allerdings weit höher, darunter auch ein dreizehnjähriges Mädchen, Megumi Yokota, von der nordkoreanische Stellen bislang immer behauptet hatten, sie habe sich wegen einer psychischen Erkrankung umgebracht. Ihr angeblicher Selbstmord mit neunundzwanzig Jahren wurde nie unabhängig bestätigt. DNA-Tests an ihrer Totenasche, die 2004 von Pjöngjang nach Tokio übersandt wurde, waren nicht aussagekräftig genug. Man weiß lediglich, dass sie als Lehrerin für japanische Sprache und Kultur ausgebildet worden war, um nordkoreanische Spione zu unterrichten. Außerdem wurde sie mit einem Entführten aus Südkorea verkuppelt, und die beiden hatten gemeinsame Kinder.

Wenngleich die genaue Zahl japanischer Entführungsopfer wie auch die Gesamtzahl der von Nordkorea Verschleppten nicht bekannt ist, lässt sich doch mit Gewissheit sagen, dass Kim Jong Il ab Ende der siebziger Jahre Männer und Frauen aus vielen Gegenden der Welt entführen ließ – Südkorea, Japan, China, Macau, Hongkong, Thailand, Singapur, Malaysia, Jordanien, Libanon, Rumänien, Frankreich, Italien, Österreich und den Niederlanden.[21] Diese nie geahndeten Akte internationalen Terrors sollten uns eine bittere Mahnung sein, womit Nordkorea durch Leugnen, Drohungen, teilweisen »Geständnissen« und vor allem gelegentlicher Dialogbereitschaft, imstande ist, ungestraft davonzukommen.

Damals, 1972, als Kim Jong Il kaum mehr ein Lehrling seines Vaters war, konnte er aus nächster Nähe miterleben, wie sein leutseliger Herr Papa ausländische Besucher um den Finger wickelte – sogar Amerikaner. Im Jahr davor, 1971, hatte Henry Kissinger, Richard Nixons Nationaler Sicherheitsberater, überraschend Peking besucht. Das daraufhin einsetzende Tauwetter in den Beziehungen zwischen China und den USA, gekrönt von Nixons Staatsbesuch in China im Februar des Folgejahres, erforderte auch von den jeweiligen Satellitenstaaten Nord- und Südkorea eine ähnliche Kurskorrektur.

Der ursprüngliche Große Führer konnte die geopolitische Großwetterlage gut einschätzen und wusste, wann er sich nach außen hin charmant zu geben hatte. Sein Sohn sollte sich als guter Schüler erweisen: Im Jahr 2000 empfing er den südkoreanischen Präsidenten Kim Dae Jung zu einem innerkoreanischen Gipfeltreffen und nur vier Monate später die US-Außenministerin Madeleine Albright, in der Hoffnung, bald darauf US-Präsident Bill Clinton zu empfangen. Beide Besuche waren beispiellos, sowohl was ihr Zustandekommen betraf als auch in Bezug auf die durch sie geschürten Erwartungen eines dauerhaften Friedens auf der koreanischen Halbinsel – auch wenn ihre letztendliche Ergebnislosigkeit in erster Linie Nordkorea zugutekam.

Anfang 2018 erwies sich Kim Jong Un seinerseits als Schüler seines Vaters, als er im Februar zunächst seine Schwester nach Südkorea entsandte und im Folgemonat US-Präsident Donald Trump seine Bereitschaft für ein Gipfeltreffen signalisierte. Wieder das gleiche Drehbuch: Seiner Dialogbereitschaft gingen zwei Jahre voller Drohungen und Provokationen voraus, drei Atomtests und fast fünfzig Raketenstarts, darunter allein 2017 drei ballistische Interkontinentalraketen (ICBM).[22]

Als Kim Jong Il 1994 den Thron bestieg, fühlte er sich in dieser Rolle pudelwohl, schließlich hatte er das Land zu diesem Zeitpunkt de facto bereits zwölf Jahre regiert. In den nächsten sechs Jahren traf er sich mit keinem einzigen ausländischen Staatsoberhaupt. Ja, er setzte nicht mal einen Fuß in ein anderes Land. Er genoss das Leben. Er war Fürst, Schöngeist, Autor Tausender Abhandlungen über so gut wie jedes Thema dieser Welt,*[233] Gourmet, Milliardär und Lebemann, Sammler ausländischer Staatsbürger, atombombenschwingender Diktator und Schwindler erster Güte.

Trotz Genialität und Vielschreiberei hüllte Kim Jong Il sich über seine Familie stets in Schweigen, während er seinen Feinden im In- und Ausland, in unterschiedlichem Maß, mit Grausamkeit und Falschheit begegnete. Für einen Tyrannen sind Heimlichkeit, Unmenschlichkeit und Doppelzüngigkeit maßgebliche Instrumente der Staatsführung, ja womöglich gar die wichtigsten Prinzipien seines Lebens.

Die weitverbreitete Auffassung, Kim Jong Il sei geisteskrank und daher nach seinem Amtsantritt 1994 bald unfähig, sein marodes Land zu führen, und ferner, dass das politische Konstrukt namens Demokratische Volksrepublik Korea bald dem Schicksal Ost-

* Mit dem Schreiben begann er 1952 im Alter von elf (offiziell: zehn) Jahren. Er war so vielseitig gebildet und produktiv, dass der Verlag der Partei der Arbeit Koreas selbst im Dezember 2021 noch Mühe hatte, mit seinem literarischen Vermächtnis Schritt zu halten. Erst im Vormonat war es dem Parteiverlag gelungen, Band 41 seiner *Gesammelten Werke* zu veröffentlichen. Es könnte bis in die zweitausenddreißi0er-Jahre dauern, bis der letzte Band erscheint, der das Lesepublikum endlich auf den Stand des 17. Dezember 2011 bringt, als der unermüdliche Führer, hart arbeitend in seinem fahrenden Dienstzug, sein Leben ausgehaucht hatte.

deutschlands im Jahr 1990 folgen würde, entwickelte sich schon bald auch zur akzeptierten Meinung im US-Außenministerium. Dass 1991 die Sowjetunion, der Patenstaat Nordkoreas, selbst zusammengebrochen war, schien diese Theorie nur zu »beweisen«. Doch diese allzu optimistische Sicht kam jäh ins Wanken, als Kim Jong Il im August 1998 eine Testrakete über Japan abfeuern ließ – ein bis dato beispielloser Vorgang. Durch die Bedrohung eines wichtigen Verbündeten verunsichert, fingen die USA an, Kim Jong Il massiv zu beschwichtigen, indem sie die Nahrungsmittelhilfe für Nordkorea im Folgejahr auf fast 300 Millionen Dollar aufstockten.

Der wahre Goldesel jedoch stand vor der eigenen Haustür: südlich der Grenze. Nicht nur den Vereinigten Staaten, auch Südkorea wollte man eine Lektion erteilen. Und wie im Fall der USA, würde man nicht als höflicher Bittsteller auftreten, um den Nachbarstaat um Geld anzugehen: Man würde ihn mit militärischer Erpressung gefügig machen. Dann, nach einer Zeit der Drohungen und niedrigschwelligen Scharmützel, würde die Laune des Großen Führers schlagartig umschlagen. Wieso konventionellen Modellen staatlicher Entwicklung folgen – Forschung, Innovation, Entwicklung, Investitionen und freier Wettbewerb –, wenn sich die Kims doch so vorzüglich auf mafiöse Nötigung auf internationaler Ebene verstanden? Dies war eine der wichtigsten außenpolitischen Lehrstunden, die Kim Jong Il seinem Thronfolger erteilt hat.

Im Juni 1999 drangen nordkoreanische Patrouillenboote, die zeitweise bis zu zwanzig nordkoreanische Fischerboote eskortierten, mehrfach in südkoreanische Hoheitsgewässer westlich der Halbinsel ein. Über acht Tage hinweg kam es zu immer drastischeren Warnungen, Drohgebärden und Zusammenstößen zwischen Schiffen der beiden Staaten. Am 15. Juni schließlich eröffnete ein nordkoreanisches Patrouillenboot das Feuer auf südkoreanische Schiffe. Die südkoreanischen Seeleute schossen zurück, wobei sie dem Boot schweren Schaden zufügten und womöglich Dutzende nordkoreanische Matrosen töteten, während sie selbst keine Opfer zu beklagen hatten. Südkorea hatte das Gefecht zwar eindeutig gewonnen, den psychologischen Sieg aber trug die nordkoreanische Regierung davon – ohne Rücksicht auf das Leben ihrer Bürger. Selbst in der Niederlage hatte Nordkorea dem Feind sowohl Angst vor einer Eskalation eingeflößt als auch den Wunsch nach Beschwichtigung geweckt. Südkorea, eine wohlhabende Demokratie, hatte weitaus mehr zu verlieren, was bedeutete, dass kein Friedensangebot aus Pjöngjang, so heuchlerisch und manipulativ es auch sein mochte, ignoriert werden durfte – ja, man musste es gar bedingungslos gutheißen.

Eine Woche später kam es zu einem Zwischenfall vor der Stadt Sokcho im Nordosten Südkoreas. Fischer sichteten ein aufgetauchtes nordkoreanisches U-Boot, das sich in einem Fischernetz verfangen hatte. Wie die Südkoreaner berichteten, versuchten die nordkoreanischen Matrosen zunächst vergeblich, das U-Boot zu befreien. Tage später schleppte eine südkoreanische Korvette das manövrierunfähige U-Boot samt nordkoreanischer Besatzung, die auf Ansprache nicht reagierte, zurück zu ihrem Marinestützpunkt in Donghae. Während es in den Hafen geschleppt wurde, sank das U-Boot. Drei Tage später wurde es geborgen: Im Inneren fand man neun tote Nordkoreaner, vier davon mit Schusswunden am Kopf. Dazu Waffen und andere militärische Ausrüstung. In dem U-Boot befanden sich außerdem Getränke südkoreanischer Herkunft, Anzeichen einer abgeschlossenen Mission an Land.[24] Dieser offensichtliche Beweis für einen erweiterten Selbstmord an Bord verunsicherte die südkoreanische Öffentlichkeit. Im Dezember kam es zu einem weiteren Schusswechsel, als ein nordkoreanisches Unterseeboot vor der südlichen Küstenstadt Yeosu gesichtet wurde.

Nachdem Pjöngjang zwei Jahre lang mit den USA, Japan und

Südkorea gespielt hatte, war zum Jahresende die Zeit reif für die Kehrtwende. Die Botschaft an den Süden war angekommen: Eine Konfrontation kann rasch zu einem tödlichen Schusswechsel ausarten, aus dem wiederum ein echter Krieg erwachsen könnte. Wenn ihr also einen Krieg vermeiden wollt, kommt und sprecht mit uns – und bringt Geschenke mit.

Im folgenden Jahr änderte der »Liebe Führer« Kim Jong Il seinen Tonfall von *molto agitato* zu *placido*. Er verwandelte sich nach und nach in einen neuen Menschen: leutselig, umgänglich, vernünftig, friedliebend, reformwillig, tolerant gegenüber den US-Truppen in Südkorea und durchaus bereit, sich von seinem Atom- und Raketenprogramm zu trennen. Zumindest behauptete das der südkoreanische Präsident Kim Dae Jung, der Kim Jong Il im Juni 2000 in Pjöngjang besuchte, und nahm somit die Reisen Moon Jae Ins vorweg, der sich nach mehreren Treffen mit Kim Jong Un und Kim Yo Jong im Jahr 2018 mit Feuereifer für die nordkoreanischen Royals einzusetzen schien.[25]

Das größte Vermächtnis Kim Jong Ils bestand jedoch womöglich darin, dass er im Gegensatz zu seinem Vater nicht nur eine, sondern gleich zwei Führungspersönlichkeiten gezeugt und ausgebildet hatte – und, vielleicht am allerwichtigsten, dass eine von ihnen eine Frau ist.

KAPITEL 6

Staatsgeheimnisse

Die meisten Nordkoreaner, selbst hohe Funktionäre, wissen nicht, wie viele Frauen oder Kinder Kim Jong Il hatte. Zunächst ließ er seine Kinder stets zu Hause unterrichten und schickte sie anschließend auf Schulen im Ausland – nach Genf, Bern und Moskau –, um ihnen eine Aura des Geheimnisvollen zu verleihen und um zu vermeiden, dass einheimische Mitschüler sie als ganz gewöhnliche (gänzlich »ungöttliche«) Kinder erlebten. Doch geschah dies auch aus Eigennutz: Er wollte verhindern, dass sich unter potenziellen Mitschülern Gerüchte über seinen verschwenderischen Lebensstil und andere Exzesse ausbreiteten, wie etwa seine Vorliebe für das beste Essen und den besten Wein, den man für Geld kaufen konnte, oder die Tatsache, dass er selbst nur allzu gern »reaktionärem Gedankengut« frönte, wie es in der nordkoreanischen Terminologie heißt, indem er James-Bond-Thriller und südkoreanische Soaps schaute, während er andere bestrafen ließ, die man bei derartigen Vergehen ertappte.

Selbst grundlegende Informationen über Kim Jong Ils Kinder galten als streng gehütetes Geheimnis, bis Kim Jong Un im Jahr 2009 – zunächst lediglich intern – zum Nachfolger ernannt wurde. So wussten im Dezember 2011 auch nur wenige, dass es sich bei der jungen Frau im traditionellen schwarzen Kleid, die bei der

Totenwache Kim Jong Ils weinte, um Kim Yo Jong handelte. Das erste offizielle, von den Staatsmedien veröffentlichte Foto von Kim Jong Un, Kim Yo Jong und Kim Jong Chol erschien am 27. April 2009. Keiner von ihnen wurde namentlich genannt, doch handelte es sich offensichtlich um die drei Kinder Kim Jong Ils, die damals in den Zwanzigern waren und ihren Vater am Vortag bei seiner spontanen Besichtigung der Landwirtschaftsuniversität Wonsan begleitet hatten. Neben ihnen auf dem Foto sah man Kim Ki Nam, den großen alten Mann der nordkoreanischen Propaganda, der schon allen beiden Obersten Führern gedient hatte. Alle standen vor einer großen Kiefer mit sonnenhellem Hintergrund.

Das Bild zeigt Kim Jong Un in seinem dunklen Mao-Anzug und der für ihn typischen Pose des starken Mannes, mit ausgestreckten Armen und leicht geballten Fäusten, wie eine Mischung aus Superman und Sumoringer. Zu seiner Linken steht der altehrwürdige Chefpropagandist, ebenfalls im Mao-Anzug, und zu *seiner* Linken wiederum sieht man seinen Schützling Kim Yo Jong, die Fäuste ebenfalls geballt in einer weiblicheren Variante der Haltung Kim Jong Uns. Kim Jong Chol, der ältere Bruder des künftigen Staatschefs, steht in einem Anzug westlichen Schnitts rechts neben dem jüngeren Bruder. Anscheinend sollten die Kinder damals in den Feinheiten offizieller Ortstermine geschult werden – und zwar vom Meister selbst, dem Vater –, bevor sie sich in ihr Lieblingsferiendomizil, Kim Jong Ils palastartiges Anwesen in Wonsan, zurückzogen. Es ist das erste von nordkoreanischen Medien herausgegebene Foto von Kim Jong Un oder Kim Yo Jong. Zu diesem Zeitpunkt wusste kaum jemand außerhalb Nordkoreas, wer sie waren oder wie sie hießen.

Bis der nordkoreanische Staat Kim Jong Uns Namen im September 2010 erstmals preisgab – nur wenige Tage, bevor er bei den Feiern zum Gründungstag der Partei am 10. Oktober auf dem

Kim-Il-Sung-Platz als offensichtlicher Nachfolger auf der Ehrentribüne neben seinem Vater stand –, kannten nur wenige Regierungen seinen korrekten Namen. Der südkoreanische *National Intelligence Service*, die wichtigste Spionagebehörde des Landes, glaubte bis dahin, sein Name laute Kim Jong Woon. Und was Kim Yo Jong betraf, so irrten sich sogar die Chinesen, die einen besseren Zugang zu Nordkoreas Herrscherfamilie und Funktionärsriege haben als alle anderen, bei ihrem Namen immer wieder. Auf Chinesisch wird ihr Name Jin Yu Zheng ausgesprochen, dennoch wurde sie in den chinesischen Medien jahrelang als Jin Ru Zhen oder Jin Ru Jing bezeichnet, womöglich, weil selbst die chinesischen Behörden nicht wussten, wie sie wirklich hieß, bis die nordkoreanische Nachrichtenagentur KCNA ihren Namen zum ersten Mal bekannt gab. Das war am 9. März 2014, als sie ihren Bruder bei den Wahlen zur Obersten Volksversammlung zur Stimmabgabe an der Kim-Il-Sung-Universität begleitete.

Am 5. April brachte das Koreanische Zentralfernsehen, Nordkoreas wichtigster staatlicher Fernsehsender, den Namen Kim Yo Jong erstmals öffentlich mit ihrer Person in Verbindung, als es die Frau an Kim Jong Uns Seite erwähnte, bei der es sich laut Sender um einen »Kader des Zentralkomitees der Partei der Arbeit Koreas« handelte. Bald darauf wurde bekannt, dass ihr Bruder 100 Prozent der Stimmen im »Paektu-Wahlkreis Nr. 111« erhalten hatte. Die Schwester wurde in Nahaufnahme gezeigt, wie sie einen Monat zuvor ihre Stimme abgegeben hatte – offenbar für ihren Bruder.

Solch strenge Geheimhaltung war absolut normal. Die *Rodong Sinmun*, die offizielle Zeitung der Arbeiterpartei Koreas, veröffentlichte erst am 30. September 2010 das erste offizielle Foto Kim Jong Uns und bezeichnete ihn damals als stellvertretenden Vorsitzenden der Zentralen Verteidigungskommission. Drei Tage zuvor hatte

Kim Jong Il seinen jüngsten Sohn und seine Schwester Kim Kyong Hui zu Viersternegenerälen ernannt. Das Bild schaffte es auf die Titelseite: Der junge Thronfolger, zarte sechsundzwanzig Jahre alt, saß mittig in der ersten Reihe, zwei Plätze rechts von seinem Vater, dazwischen General Ri Yong Ho (den Kim Jong Un im Juli 2012 absetzen würde), hinter ihnen der Kumsusan-Palast der Sonne, das monumentalste Mausoleum der Welt, das Kim Jong Il im Jahr 1994 für seinen Vater nach dessen Tod errichten ließ. Womöglich war Kim Jong Il dabei schon durch den Kopf gegangen, dass auch er eines Tages seinem Vater dort Gesellschaft leisten würde. Hinter Kim Jong Un stand Choe Ryong Hae, die langjährige Nummer drei oder vier hinter Kim Jong Il, je nach Laune des »Lieben Führers«. Kim Kyong Huis Ehemann, Onkel Jang Song Thaek, seit Jahrzehnten die eigentliche Nummer zwei, stand in einem Zweiteiler hinter Kim Jong Il.

Außerhalb Nordkoreas gab es wohl nur eine Person, die Kim Jong Un auf dem Foto von Wonsan sofort identifiziert hätte und nicht nur ihn: auch Jong Uns Bruder Jong Chol und seine Schwester Yo Jong. Diese Person ist Kenji Fujimoto, der im April 2001 von Pjöngjang zu einer angeblichen Einkaufstour nach Tokio aufgebrochen und nie wieder zurückgekommen war. Zu dieser Zeit wussten nur wenige von seiner besonderen Verbindung zum nordkoreanischen Königshaus. Im Jahr 2003 jedoch veröffentlichte Fujimoto ein Buch über seine Erfahrungen. Viele hegten Zweifel an Fujimotos Behauptung, dass Kim Jong Ils jüngster Sohn Jong Un einmal sein Nachfolger werden würde. Kim Jong Il habe Jong Chol auf liebevolle Art oft »mädchenhaft« genannt, schrieb Fujimoto, der ebenso behauptete, dass es dem Jungen an Interesse wie auch an der Eignung für die große Politik mangele. In der Ära Kim Jong Un scheint Jong Chol sich damit zu begnügen, mit seinen Musikerkollegen in Pjöngjang Gitarre zu spielen, gelegentlich im Ausland

Eric-Clapton-Konzerte zu besuchen, wie etwa in Deutschland, Singapur und England, und sonst das Rampenlicht zu meiden. Seinen jüngsten Sohn Jong Un und seine jüngste Tochter Yo Jong aber habe Kim Jong Il stets als Führungspersönlichkeiten angesehen, beteuerte Fujimoto in diversen Medieninterviews.

Im Jahr 2009 hatte Fujimoto bereits den Status eines minderen Propheten erlangt.

Seit September 2008 war ausländischen Regierungen bekannt, dass Kim Jong Il im Monat zuvor einen Schlaganfall erlitten hatte. In Anbetracht der offensichtlichen Schwere dieses Anfalls meinten medizinische Fachleute, der »Liebe Führer« habe wohl noch höchstens fünf Jahre zu leben. Was zu diesem Zeitpunkt allerdings kaum jemand außerhalb Nordkoreas wusste, war, wen Kim Jong Il zu seinem Erben bestimmen würde. Die meisten tippten auf Jong Chol, einfach aufgrund der Erstgeborenennachfolgeordnung. (Der älteste Sohn, Jong Nam, war inzwischen aus dem Rennen, auch weil er durch das Überlaufen seiner Tante Song Hye Rang in den Westen diskreditiert war). Im Januar 2009 vermeldete Südkorea jedoch, Kim Jong Il habe dem Ministerium für Organisation und Lenkung mitgeteilt, dass er Kim Jong Un, wahrscheinlich am 8. Januar – Jong Uns Geburtstag – zu seinem Erben auserkoren habe. Fujimoto wurde in der Folge recht berühmt, da er womöglich der einzige Mensch außerhalb Nordkoreas war, der öffentlich korrekt vorhergesagt hatte, wer auf Kim Jong Il folgen würde.

Obwohl zumindest einige Insiderinformationen über Kim Jong Ils Ehefrauen, Gefährtinnen und Kindern in internationale Medien durchgesickert sind, versucht Nordkorea immer noch, die Außenwelt mit falschen biographischen Daten in die Irre zu führen. Zum Beispiel trugen Kim Jong Ils Kinder, wenn sie eine Schule im Ausland besuchten, immer falsche Namen. So gingen Jong Un und Yo Jong 1996 in die Schweiz, wo ihr Bruder Kim Jong

Chol bereits zwei Jahre zuvor als »Pak Chol« eingeschult worden war. Als Grundschülerin an der deutschsprachigen Liebefeld-Steinhölzli-Schule in der Bundeshauptstadt Bern hieß Kim Yo Jong »Pak Mi Hyang«. Kim Jong Un war auf derselben Schule als »Pak Un« gemeldet.[1]

Kim Yo Jong hatte mindestens noch ein weiteres Pseudonym, »Pak Jong Sun«, während Jong Un, wie sich im Februar 2018 herausstellte, einen echten brasilianischen Pass auf den Namen »Josef Pwag« besaß. Auch Kim Jong Il hatte einen brasilianischen Ausweis mit dem Namen »I Jong Tchoi«. Beide wurden am 26. Februar 1996 in der brasilianischen Botschaft in Prag ausgestellt.[2] Ins Ausland entsandte nordkoreanische Beamte verfügen ebenfalls stets über mehrere Pässe mit falschen Namen. Ri Su Yong, von 2014 bis 2016 Außenminister Nordkoreas, diente seit 1980 als Abgesandter in der Ständigen Vertretung der DVRK bei den Vereinten Nationen in Genf – dem Jahr, in dem Kim Jong Ils ältester Sohn Kim Jong Nam die Internationale Schule in Genf besuchte. Bis 2010 arbeitete Ri als Botschafter der Volksrepublik in Bern. In all diesen Jahren diente er – unter dem Pseudonym »Ri Chol« – allerdings in erster Linie als Schweizer Vormund der Kinder Kim Jong Ils. Gewiss hat Ri im Jahr 1980 auch an der Begrüßungsfeier zum Beginn des neuen Schuljahres an der Internationalen Schule Genf teilgenommen. Es war Spätsommer, und alle neuen Schüler standen in der Schulaula und hielten kleine Fähnchen ihrer Heimatländer in den Händen. Nur ein kleiner asiatischer Junge stand ohne Fahne da. Es war Kim Jong Nam, Kim Jong Ils ältester Sohn, damals neun Jahre alt. Auch der südkoreanische Botschafter Llo Shin Yong war anwesend. Llo hielt den Prinzen aus Pjöngjang fälschlicherweise für einen ganz normalen südkoreanischen Jungen und fragte ihn, woher er komme. Mit kräftiger Stimme erwiderte Jong Nam prompt: »Ich komme aus der Demokratischen Volksrepublik Korea«, womit das

Gespräch zur Erleichterung der Bodyguards des Jungen gleich beendet war.[3] (Der Autor dieses Buches war ebenfalls zugegen – als neuer Schüler mit südkoreanischer Flagge in der Hand.)

Im Mai 2001 wurde Kim Jong Nam in Begleitung zweier Frauen und seines kleinen Sohnes auf dem internationalen Flughafen Tokio-Narita festgenommen, weil er einen gefälschten dominikanischen Reisepass auf den chinesischen Namen Pang Xiong bei sich trug, was auf Chinesisch »Fetter Bär« bedeutet. Auf die Frage nach dem Zweck seiner versuchten Einreise antwortete Kim Jong Nam, er wolle mit seinem Sohn das Tokioter Disneyland besuchen. Daraufhin wurden seine Mitreisenden und er nach China abgeschoben. Bald darauf kursierte in den Elitezirkeln von Pjöngjang das Gerücht, Kim Jong Uns Mutter Ko Yong Hui habe die japanischen Behörden über ihre Chosen-Soren-Verbindungen gewarnt, dass bald ein Nordkoreaner mit gefälschtem Pass versuchen würde einzureisen.[4] Einen möglichen Rivalen des eigenen jugendlichen Sohnes so in Misskredit zu bringen, muss wohl als Akt der Mutterliebe gewertet werden.

In erster Linie nehmen die Kims falsche Identitäten an, um sich unerwünschten Nachforschungen ausländischer Mächte zu entziehen. Doch es gibt auch maßgebliche biographische Fakten, die vor der eigenen nordkoreanischen Bevölkerung geheim gehalten werden müssen. So birgt etwa der Lebenslauf der Mutter Kim Jong Uns und Kim Yo Jongs, Ko Yong Hui, so manche Schwierigkeiten für das Königshaus. Obwohl sie nie offiziell mit Kim Jong Il verheiratet war, spielte dies für ihre Legitimität als Kim Jong Ils Gefährtin und Mutter seiner Kinder keine große Rolle: Sie war Kim Jong Ils bevorzugte Partnerin, sowohl was Leidenschaft als auch Langlebigkeit betrifft, und somit zweifellos seine De-facto-Ehefrau. Dennoch wussten nur wenige außerhalb des engsten Führungszirkels um Kim Jong Il von ihrer Existenz, und Nordkorea hat nie ein gemeinsames Bild von Ko und Kim Jong Il veröffentlicht – auch keines von ihr allein, nachdem sie Ende der siebziger Jahre zu Kim Jong Ils inoffizieller First Lady aufstieg. Diese Art kontrollierter Anonymität gilt auch für Kim Jong Ils andere Frauen. Selbst in einer Quasitheokratie verlangten Kim Jong Ils komplexe Liebesbeziehungen, oft mit mehreren Frauen zugleich, nach Verschwiegenheit – nicht unbedingt aus Angst des Obersten Führers vor einer möglichen Blamage, sondern, um die Legitimität seines Nachfolgers zu wahren.

Vor allem der Geburtsort Ko Yong Huis musste ein Staatsgeheimnis bleiben: Japan. Das nordkoreanische Volk mag sexuelle Eskapaden noch als gottgewolltes Recht eines Fürsten akzeptieren, doch Kos Geburt in Japan hätte ernste Konsequenzen auf die Erbfolge haben können. Denn die Unantastbarkeit der Paektu-Familie, die in erheblichem Maße auf Kim Il Sungs Widerstandskampf gegen die Japaner fußt, könnte dadurch infrage gestellt werden.

Ko Yong Hui wurde am 26. Juni in Osaka geboren, entweder im Jahr 1950 oder 1952. Wie viele Koreaner zwischen 1910 und 1945 war ihr Vater, Ko Kyong Thaek, der von der südkoreanischen Insel Jeju stammte, während der japanischen Kolonialherrschaft mit seiner Familie nach Japan gezogen. Dort nahm Ko eine Stelle in einer vom Kriegsministerium betriebenen Textilfabrik an. Im Jahr 1962 zog die Familie im Rahmen eines massiven Heimführungsprogramms zurück nach Nordkorea, und 1971 wurde Ko Yong Hui Tänzerin in der elitären Mansudae-Kompanie. Hätte sie nicht das Glück gehabt, bei einem Auftritt auf einer seiner ausladenden Feiern Kim Jong Il kennenzulernen, wäre ihr Leben womöglich völlig anders verlaufen. Zum einen hätte sie nicht den zukünftigen Obersten Führer Nordkoreas zur Welt gebracht. Vielmehr hätte sie und ihre gesamte Familie samt ihren zukünftigen Kindern nach ihrer Zeit als Tänzerin wahrscheinlich ein beschwerliches Leben in einem abgelegenen Dorf geführt. Warum?

Im perfiden politischen Klassifikationssystem Nordkoreas, das dort *songbun* (»Geburtsstatus«) genannt wird, gibt es grob gesagt drei Klassen: die privilegierte »Kernklasse«, die mittlere »schwankende Klasse« und die unterste »feindliche Klasse« (sowie über fünfzig Unterklassen).[5] Die Bezeichnungen spiegeln die Sichtweise des Paektu-Clans wider – und deren Wohlwollen beziehungsweise Abneigung gegenüber verschiedenen gesellschaftlichen Gruppen. Diese institutionalisierte politische und soziale Diskriminierung begann 1957 mit der Proklamation »Über die Umwandlung des Kampfes mit konterrevolutionären Elementen in eine Allparteienbewegung des Volkes«.[6] Die politische Klasse hat lebenslange Auswirkungen auf alle wichtigen Entscheidungen, die der Staat für das Leben eines jeden Bürgers trifft: Wo man wohnt, welche Ausbildung man erhält, welchen Beruf man ausübt und welche Lebensmittelrationen einem zustehen – all das wird durch *songbun* bestimmt.

Aus Sicht der königlichen Familie gelten die einstigen Widerstandskämpfer gegen die Japaner sowie die Veteranen des Koreakrieges und deren Familien als die vertrauenswürdigsten. Sie gehören der höchsten »Kernklasse« an. Alle, die vor der Befreiung Bauern waren, Angestellte in Partei, Regierung oder Militär genießen ebenfalls das Vertrauen der Kims, wiewohl Intellektuelle überwacht werden müssen. Diese Gruppen zählen ebenso zur obersten Klasse.

Menschen, die erst nach der Befreiung Arbeiter wurden, unabhängige Bauern, Kleinunternehmer und Wanderarbeiter werden der »schwankenden Klasse« zugerechnet. Viele von ihnen stehen unter allgemeiner Beobachtung.

Aus Japan repatriierte Koreaner werden in die unterste »feindliche Klasse« eingruppiert, ebenso wie einstmals reiche Großgrundbesitzer, Christen, Buddhisten, Schamanen und andere in den Jahren 1945/1946 als religiös identifizierte Personen – der Zeit von Kim Il Sungs Aufstieg und dem Beginn seiner öffentlichen Verfolgung von Religionen. Die Familien dieser Gruppen wurden entweder inhaftiert oder hingerichtet. Auch ihre Nachkommen werden von Geburt an in die unterste Klasse eingestuft. Diejenigen, die den Mut und die finanziellen Mittel aufbringen, aus dem Land zu fliehen, werden als Landesverräter gebrandmarkt und regelmäßig als »menschlicher Abschaum«, »menschlicher Unrat« und »Bastardhunde« beschimpft, wie etwa in Kim Yo Jongs Hetzschriften vom 4. Juni 2020 und 2. Mai 2021. Ihre Angehörigen – so sie nicht inhaftiert oder hingerichtet werden – stehen fortan unter strenger Überwachung.

Wären Kim Jong Un und Kim Yo Jong nicht die Kinder des Obersten Führers gewesen, sie und ihr Bruder wären sehr wahrscheinlich in die »feindliche Klasse« eingruppiert worden, je nachdem, wen ihre Mutter geheiratet hätte. Gewiss, hätte ihre Mutter nicht Kim Jong Il kennengelernt, gäbe es weder Kim Jong Un noch Kim Yo Jong, aber dass der Sohn einer in Japan geborenen Heimkehrerin auserkoren wird, den von einem gottgleichen antijapanischen Freiheitskämpfer gegründeten Staat zu regieren, ist, gelinde gesagt, eine historische Ironie, die vor der nordkoreanischen Öffentlichkeit geheim gehalten werden muss. Selbst vor Kim Il Sung schien man sie verborgen zu haben. Obwohl er durchaus von der Geburt seines ältesten Enkels Jong Nam erfuhr – und ihn anhimmelte –, wäre das Eingeständnis, dass sein zügelloser Sohn mit einer in Japan geborenen Frau eine weitere Familie gegründet hatte, eine ziemlich heikle Angelegenheit gewesen – und hätte wohl ein Vater-Sohn-Gespräch zur Folge gehabt, das der zukünftige Oberste Führer geflissentlich vermeiden wollte.

In der Ära Kim Jong Un hat der nordkoreanische Staat nicht ein einziges Foto veröffentlicht, das Kim Jong Un oder seine Schwester zusammen mit ihrem Großvater zeigt. Fälschung, Retusche, Manipulation von Aufzeichnungen und das Entfernen von »Unpersonen« gehören zu den Spezialitäten der Propaganda- und Agitationsabteilung – wie viele andere Staaten ähnlicher Couleur ist Nordkorea in der Vergangenheit des Öfteren dabei ertappt worden, wie es Fotos ungeniert mit Photoshop bearbeitet hat. Die Anfertigung eines Fotos von, sagen wir, 1992, das den achtjährigen Kim Jong Un und die fünfjährige Kim Yo Jong auf dem Schoß des Großvaters zeigt, wäre technisch gewiss kein Hexenwerk gewesen. Dennoch hat der Staat ein derartiges Wagnis bisher gescheut, vermutlich weil einfach zu viel auf dem Spiel steht. Die Veröffentlichung eines auf diese Art gefälschten Bildes würde mit Sicherheit internationale Aufmerksamkeit auf sich ziehen. Zwar ist die nordkoreanische Bevölkerung klug genug, solche Fragen nicht zu stellen, Geflüchtete jedoch, die sich in freien Ländern wie Südkorea niedergelassen haben, würden derartige Nachrichten mit größtem Interesse verfolgen und ihr Bestes tun, sie in Nordkorea zu verbreiten. Kim Jong Un könnte zum Schluss gekommen sein, dass es in seinem eigenen Interesse liegt, die Aufmerksamkeit nicht auf seine offenbar nur äußerst vage persönliche Beziehung zu seinem Großvater zu lenken.

Doch es gibt da noch ein gravierenderes familiäres Problem, das die groß angelegte öffentliche Verehrung der Mutter Kim Jong Uns erschwert, wenn nicht verunmöglicht. Im Jahr 1998 lief ihre jüngere Schwester Ko Yong Suk, die sich damals in der Schweiz[7] um Jong Chol, Jong Un und Yo Jong gekümmert hatte, samt Mann und ihren drei Kindern in die Vereinigten Staaten über – zu Nordkoreas Erzfeind.

Nordkorea wendet rigoros die mittelalterliche Praxis der Sippenhaft an. Das bedeutet: Wird ein Bürger als »Konterrevolutionär« verurteilt, dann wird die ganze Familie des vermeintlichen Verräters über drei Generationen hinweg zum Tode verurteilt oder in ein Konzentrationslager gesteckt – auch Säuglinge und Kleinkinder. Gemäß nordkoreanischem »Gewohnheitsrecht« hätten also Kim Jong Un, sein Bruder, seine Schwester, ihre Mutter und ihr Vater, Kim Jong Il, sowie der Vater Ko Yong Huis, der 1998 noch lebte, nach dem Überlaufen der Tante abgeholt und in den Gulag deportiert werden müssen.

Doch damit nicht genug: Es gibt noch ein drittes dunkles Staatsgeheimnis. Kim Il Sungs Eltern waren christliche Kirchgänger. Seine Mutter Kang Ban Sok war Diakonin. Sein Vater Kim Hyong Jik besuchte die Sungsil-Akademie in Pjöngjang, eine christliche Schule, die von William Baird gegründet worden war, einem amerikanischen presbyterianischen Missionar. Der Junge, der einmal der erste Große Führer Nordkoreas werden sollte, spielte in der Kirche einst Klavier. Hätte Kim Il Sung also seine eigenen Gesetze befolgt, wäre der kleine Jong Il in ein entbehrungsreiches Leben als Angehöriger der »feindlichen Klasse« hineingeboren worden. Vielleicht wäre er mitten in der Nacht verschleppt worden und hätte sich, nachdem die Geheimpolizei von seiner Familiengeschichte Wind bekommen hätte, in einem Konzentrationslager wiedergefunden. Als junger Mann in den sechziger Jahren und siebziger Jahren wäre er politisch angreifbar und wirtschaftlich marginalisiert gewesen und hätte wahrscheinlich nie eine Vorliebe für südkoreanische Filme und Fernsehserien entwickeln können. Und wenn doch, und hätte man ihn dabei ertappt, wäre er womöglich vor der versammelten Schar von Dorfbewohnern hingerichtet worden, darunter auch Kinder, die man nicht selten zwang, bei solch abscheulichen Spektakeln zuzusehen.

Die Familiengeheimnisse des Paektu-Clans sind eine bittere Ironie, die, kämen sie an die Öffentlichkeit, nicht einmal der fähigste Spindoktor des Landes vertuschen könnte. Kim Il Sungs eigenem perfiden Klassensystem zufolge ist Kim Jong Un ein illegitimer Herrscher, ebenso wie seine Schwester und seine Kinder. Eigentlich müssten sie in einem Straflager leben, nicht in einem Palast. Ein hartes und elendes Leben bei Hungerrationen hätte ihr Schicksal sein müssen, nicht Macht und Reichtum. Daher darf dieses Wissen nie bekannt werden, und selbst wenn die Menschen es erfahren würden, wüssten sie, dass sie auf keinen Fall darüber sprechen sollten, nicht einmal im Flüsterton. Niemand stellt offen Fragen über die königliche Familie: Von frühster Kindheit an wird den Menschen eingeimpft, dass es einer Blasphemie gleichkommt, jenseits dessen, was einem vom Staat gesagt wird, Neugier am Stammbaum der Paektu-Familie an den Tag zu legen. Mehr noch, selbst das Aussprechen unbestreitbarer Tatsachen über die Königsfamilie kann das Ende der Karriere bedeuten.

Überläufer, allerdings, sind ein Problem. Die Menschen, die aus Nordkorea fliehen und die Wahrheit sagen, dieser »menschliche Abschaum«, wie Kim Yo Jong und ihre ähnlich barschen Funktionäre sie bezeichnen, müssen bedingungslos zum Schweigen gebracht werden. Es mag durchaus erfüllend sein, nach der gelungenen Ausreise aus Nordkorea pikante Fakten über die königliche Familie zu enthüllen. Und gewiss ist es im öffentlichen Interesse. Doch es kann auch lebensgefährlich sein.

Im Februar 1997 ließ Kim Jong Il seinen De-facto-Neffen Lee Han Young (geboren als Ri Il Nam), der 1982 nach Südkorea übergelaufen war, ermorden, weil er einen Enthüllungsbericht über die nordkoreanische Königsfamilie veröffentlicht hatte. Das Opfer, das in Südkorea seinen Namen in Lee Han Young geändert und sich aus Sicherheitsgründen sogar einer kosmetischen Gesichtsoperation unterzogen hatte, wurde am 15. Februar von zwei nordkoreanischen Attentätern mit Kopfschüssen getötet, die vor seinem vorübergehenden Wohnsitz, dem Haus eines Studienfreundes nahe Seoul, auf ihn gewartet hatten. Der Zeitpunkt war nicht zufällig gewählt: Es war der Vorabend von Kim Jong Ils Geburtstag. Die Ermittlungen ergaben, dass mehrere nordkoreanische Spione in den vorangegangenen vier Monaten versucht hatten, den Aufenthaltsort ihrer Zielperson ausfindig zu machen. Am Tag der Ermordung rief eine Frau, die sich als Reporterin einer Frauenzeitschrift ausgab, im Haus des Freundes an und erkundigte sich, wann Lee zurückerwartet würde.

Zwanzig Jahre später, am 13. Februar 2017, drei Tage vor Kim Jong Ils Geburtstag, fiel Kim Jong Uns Halbbruder Kim Jong Nam auf dem internationalen Flughafen von Kuala Lumpur einem Mordanschlag zum Opfer. Der Verdacht fiel auf Kim Jong Un, und es wurde spekuliert, dass Kim Jong Nams »Todsünde« womöglich darin bestand, die Ernennung Kim Jong Uns zum Nachfolger im Jahr 2009 offen kritisiert zu haben.

Im Jahr 2017 galt Jong Nam somit bereits als zum Tode Verurteilter, der sich nicht auf eine Verjährungsfrist berufen konnte. Auch die Geheimdienste der USA und Südkoreas waren schon an ihn herangetreten. In beiden Mordfällen hatten die Opfer eine Grenze überschritten – Nordkoreas sinistre Omertà, die jeden mit dem Tod bestraft, der Geheimnisse über die Königsfamilie preisgibt. Die heilige Unantastbarkeit des derzeitigen oder zukünftigen Obersten Führers muss unter allen Umständen gewahrt werden, auch wenn die Vollstreckung Jahre dauert.

Die Opfer verband auch eine gemeinsame Vergangenheit: Lee Han Youngs Mutter Song Hye Rang hatte ihren Neffen Kim Jong Nam praktisch großgezogen, seit er drei Jahre alt war. Jong Nams leibliche Mutter, Song Hye Rim, litt an einer chronischen psychischen Erkrankung und lebte von 1974 bis zu ihrem Tod im Jahr 2002 die meiste Zeit des Jahres in Moskau, wo sie sich behandeln ließ. Die Schuld an ihrer Krankheit gab Song Hye Rim oft den beiden anderen Frauen, mit denen Kim Jong Il schon bald nach Jong Nams Geburt in verschiedenen Villen der Familie lebte. In den achtziger und neunzigerJahren betrachteten die Song-Schwestern Ko Yong Huis Söhne, Jong Chol und Jong Un, zu Recht als Bedrohung für Jong Nam.[8] Von Kim Jong Il verlassen, starb Song Hye Rim so gut wie allein und wurde auf dem Friedhof Trojekurowskoje am Stadtrand Moskaus beerdigt.[9]

Die Ermordung Lee Han Youngs hätte Jong Nam eine eindringliche Mahnung dahingehend sein müssen, wie gefährlich es ist, den Zorn des väterlichen Großen Führers auf sich zu ziehen. Schließlich war es nicht das erste Mal, dass er ein Familienmitglied verloren hatte, das für Kim Jong Il eine Bedrohung darstellte. Wie schon erwähnt, hatte Jong Il ein angespanntes Verhältnis zu seinen Halbbrüdern und ließ den jüngsten von ihnen, Hyon, sogar umbringen. Jong Nam und Onkel Hyon, die gleich alt waren, hatten 1979 in Moskau kurzzeitig unter der Obhut von Hyons Mutter zusammengewohnt.

Das Schicksal von Hyon, Lee Han Young und Jong Nam macht deutlich, was für Angehörige der Paektu-Blutlinie, Yo Jong eingeschlossen, auf dem Spiel steht. Loyalität und Verschwiegenheit sind die besten Voraussetzungen für ein langes Leben. Und Familiengeheimnisse – einschließlich der Tatsache, dass der Oberste Führer Nordkoreas der Sohn einer in Japan geborenen Mutter und der Neffe einer Überläuferin ist – müssen um jeden Preis gewahrt werden.

KAPITEL 7

Lehrjahre: 2007 – 2009

Bei ihren hochkarätigen Treffen mit ausländischen Staatschefs sind Kim Jong Un und Kim Yo Jong stets deutlich jünger als ihr jeweiliges Gegenüber. Dennoch wirken sie bei offiziellen Begegnungen mit weitaus erfahreneren Gesprächspartnern kaum nervös. Wie alle Prinzen und Prinzessinnen ist ihnen von frühester Kindheit anerzogen worden, wie sich Mitglieder des Königshauses zu verhalten haben, und wie man in jeder Lage Selbstvertrauen ausstrahlt. Im Umgang mit Südkoreanern etwa wirken die Geschwister in höchstem Maße selbstbewusst, ja fast schon überheblich. Sie wissen haargenau, welchen Ton sie anschlagen, welche ethno-nationalistischen Reflexe sie bedienen und wie viel falsche Bescheidenheit sie an den Tag legen müssen. Kurz gesagt, sie wissen, wie man anderen per Körpersprache zeigt, wer hier das Sagen hat – schließlich haben sie es vom Meister selbst gelernt: ihrem Vater.

Als Kim Jong Il im Jahr 2000 den südkoreanischen Präsidenten Kim Dae Jung empfing, war Kim Jong Un erst sechzehn und seine Schwester stand drei Monate vor ihrem dreizehnten Geburtstag – nicht annähernd alt und klug genug, um würdigen zu können, wie sehr ihr geliebter Vater seinen älteren Gast beherrschte. Sieben Jahre später kam ein anderer südkoreanischer Präsident zu Besuch, Roh Moo Hyun, das erste südkoreanische Staatsoberhaupt, das zu Fuß die militärische Demarkationslinie nach Nordkorea überquerte. Der Besuch war, von Anfang bis Ende, eine verheerende diplomatische Niederlage für den Süden, und die jungen Erwachsenen müssen von der Arbeit ihres Vaters tief beeindruckt gewesen sein, der ihnen damit eine unschätzbare Lektion erteilt hatte.

Es war kurz nach neun Uhr morgens am 2. Oktober 2007, als Präsident Roh Moo Hyun, Kim Dae Jungs handverlesener Nachfolger, im Blauen Haus eine Rede hielt. »Wenn das erste innerkoreanische Gipfeltreffen im Jahr 2000 einen neuen Weg in den Beziehungen zwischen Süd- und Nordkorea eröffnet hat«, verkündete er in einem staatstragenden Ton, der dem Ernst seiner Mission angemessen war, »dann hoffe ich, dass uns dieses Treffen die Gelegenheit geben wird, jene Hindernisse zu beseitigen, die noch auf unserem Weg liegen, und die bislang versäumten Schritte nachzuholen.« Anschließend gab er das Versprechen ab, er werde bei seinem Besuch einen dauerhaften Frieden auf der koreanischen Halbinsel schließen.

Unter dem Beifall und dem Jubel Tausender, die die lange Auffahrt des Präsidialgeländes und die Straßen Seouls säumten, brach seine Wagenkolonne Richtung Norden auf. An der Landesgrenze stiegen Roh und seine First Lady aus dem Wagen und gingen zu Fuß über die Trennlinie der beiden Staaten, hinter der nordkoreanische Offizielle, angeführt von Kim Jong Ils engem Vertrauten Choe Ryong Hae, schon auf sie warteten. Nach Süden gewandt, seine Frau neben sich und vor wolkenverhangenem Himmel verkündete Roh: »Heute überquere ich als Präsident diese verbotene Linie. Wenn ich zurückkehre, werden viel mehr Menschen dieses Land besuchen können.« Mit weihevoller Langsamkeit schritten sie in den Norden.

In Pjöngjang wurden sie von Menschenmengen empfangen, die puschelige rosa Plastikblumen schwenkten, während Roh Moo

Hyun neben Kim Yong Nam, dem Vorsitzenden der Obersten Volksversammlung, im offenen Wagen durch die Straßen fuhr. Die Kolonne hielt vor dem Kulturhaus »25. April«, einem 176 Meter langen Gebäude mit einem 6000 Zuschauer fassenden Theater, wo Kim Jong Il den südkoreanischen Präsidenten mit seinem üblichen Händedruck begrüßte, wobei er ihm, anders als bei Kim Dae Jung im Juni 2000, nicht beide Hände, sondern nur die rechte Hand entgegenstreckte. Die nordkoreanische Ehrengarde marschierte im Paradeschritt vor ihnen auf.

Roh blieben noch fünf Monate in seiner nur fünfjährigen Amtszeit, und er wollte unbedingt in die Geschichtsbücher eingehen. Er gab sich große Mühe, seinem Gastgeber zu gefallen. Die Entourage, die in seiner Kolonne mitfuhr, war durchaus ungewöhnlich: Neben seinen Beratern und Leibwächtern hatte Roh die einzig wahre Hüterin der traditionellen koreanischen Palastküche, Han Bok Ryeo, dabei, die ihrerseits neun weitere Köche sowie die edelsten Delikatessen aus allen acht Provinzen des Südens und der Insel Jeju mitgebracht hatte, um die üppigen Hofbankette aus der unglaublich beliebten Fernsehserie *Dae Jang Geum* (»Juwel im Palast«) nachzuspielen. Schließlich hieß es, Kim Jong Il sei ein großer Fan der Serie und insbesondere ihrer Hauptdarstellerin, der südkoreanischen Schauspielerin Lee Young Ae.

Roh bot an, den ersten Abend in Pjöngjang »auszurichten«, wobei seine Köche ein Bankett zubereiten würden, wie es in vielen Folgen der TV-Serie zu sehen war. Er hatte sogar mehrere Exemplare der DVD-Box im Gepäck, dazu andere südkoreanische Serien und Filme sowie Samsung- und LG-Fernseher und DVD-Player, um sie sich anzuschauen – womit er höchstwahrscheinlich gegen die Resolution 1718 des UN-Sicherheitsrats verstieß, die nach dem ersten nordkoreanischen Atomtest im Oktober 2006 verabschiedet worden war. Außerdem brachte Roh eine Auswahl von Geschirrsets und Teeproben aus sämtlichen Provinzen Südkoreas mit. Das auffälligste der vielen Geschenke, die er Kim Jong Il machte, war jedoch ein achtteiliges Gemälde, das zwölf unbelebte Gegenstände und Tiere zeigte, die ewiges Leben symbolisieren sollten, was für einen grausamen Diktator vielleicht nicht die taktvollste Wahl war.[1]

Südkoreas First Lady trug zu dem Bankett einen Hanbok, die traditionelle koreanische Tracht, die sich durch lange anmutige Linien auszeichnet. Doch wenn man ihre Miene sah, wirkte ihre Freude, wie die der meisten Südkoreaner, sichtlich gedämpft: Denn der eigentliche Star der Veranstaltung, Kim Jong Il, glänzte durch Abwesenheit. Es gab weder eine Erklärung noch eine Entschuldigung. »Machen wir uns frei von allem Misstrauen, das noch zwischen Süd- und Nordkorea herrscht«, sagte Präsident Roh in seiner Rede, ohne einen Grund für seinen Wunsch zu nennen, derweil zu Hause in Seoul bei einem Open-Air-Konzert die blaue »Vereinigungsflagge« geschwenkt und traditionelle koreanische Trommeln geschlagen wurden, ohne dass das Publikum bemerkte, wie lang sämtliche südkoreanischen Gesichter bei dem Reality-Show-Festmahl schon geworden waren. Ab jetzt war klar, wie die Gespräche laufen würden.

Im Jahr 2000 hatte Kim Jong Il dem südkoreanischen Präsidenten Kim Dae Jung für einen Besuch in Pjöngjang angeblich 500 Millionen Dollar in Rechnung gestellt – 450 Millionen davon in bar und den Rest in Form von Hilfsgütern.* In letzter Minute hatte er den Termin des Gipfels sogar um einen Tag verschoben,

* Offiziell handelte es sich bei dieser Summe um Hilfsgelder, doch eine geheime Zahlung kurz vor dem ersten innerkoreanischen Gipfel warf Fragen auf. Als der Fall publik wurde, kam es zu Anklagen wegen Bestechung, und mehrere südkoreanische Beamte landeten im Gefängnis, Präsident Kim Dae Jung allerdings nicht.

da die 450 Millionen wegen eines Schreibfehlers immer noch nicht vollständig eingegangen waren. Zudem achtete er geflissentlich darauf, der Welt seine »menschliche Seite« zu zeigen, was im Grunde nur bedeutete, dass er sehr viel lächelte. Doch das genügte bereits, um bei den Beobachtern eine kollektive Amnesie bezüglich seines Regimes hervorzurufen, das Teile der Bevölkerung absichtlich hungern ließ, öffentliche Hinrichtungen anordnete und Konzentrationslager voller bis auf die Knochen ausgezehrter politischer Gefangener betrieb. Die Lektion, die Kim Jong Un und Kim Yo Jong am ersten Tag von Rohs Staatsbesuch 2007 in Nordkorea gelernt haben mussten, lautete: Zeig ihnen, wer das Sagen hat!

Am nächsten Morgen stattete Kim Jong Il Präsident Roh in seinem Gästehaus einen Besuch ab und setzte sich mit ihm zu einer zweistündigen Unterredung zusammen. Während des öffentlichen Teils der Gespräche, bei dem die Presse anwesend sein durfte, bedankte sich Roh bei Kim dafür, dass er ihn am Vortag persönlich begrüßt hatte, woraufhin der »Liebe Führer« lächelte und antwortete: »Ich hatte keinen Grund, zu Hause herumzusitzen und zu warten wie ein [kranker] Patient.« Es ist nicht bekannt, ob Kim Roh einen plausiblen Grund für seine Abwesenheit bei dem Bankett genannt hat, wenngleich die südkoreanische Regierung und Presse diesen sicherlich bekannt gegeben hätten, und sei es nur, um die Sache für Roh etwas weniger peinlich zu machen.

Dem Vernehmen nach verliefen die morgendlichen Gespräche nicht so, wie Roh es sich vorgestellt hatte. Kim zeigte sich für seine Vorschläge »unempfänglich« und ging zur Mittagszeit schon wieder, sodass sein Gast mit seiner eigenen Entourage und dem südkoreanischen Pressekorps zu Mittag essen musste.

Bei ihrem Nachmittagstermin, während die Auslöser der Kameras zirpten wie ein wild gewordener Schwarm Grillen, machte der »Liebe Führer«, der Roh am hölzernen Konferenztisch gegenübersaß, einen für ihn typischen Vorschlag. »Warum verschieben wir das heutige Programm nicht auf morgen, damit wir morgen ein langes, gemütliches Mittagessen einnehmen können?« Zudem schlug Kim Jong Il auch noch ein außerplanmäßiges Dinner vor. Verdutzt lehnte Präsident Roh ab, wohl wissend, dass ihn eine zusätzliche Nacht in Nordkorea wie die willenlose Marionette des Diktators erscheinen lassen würde.

Doch mit der Verschiebung der Nachmittagsgespräche auf den nächsten Morgen hatte Kim Jong Il eine weitere Runde gewonnen. Bei der Morgensitzung würde es um alles oder nichts gehen. Roh Moo Hyun brauchte zumindest eine gemeinsame Erklärung, die er mit Kim Jong Il unterzeichnen könnte. Andernfalls würden seine Kritiker zu Hause fragen: »Was sollte die ganze Reise überhaupt?«

Am Abend wurde Roh zu Ehren ein pompöses Spektakel unter freiem Himmel mit Zehntausenden Sängern, Musikern, Tänzern, Turnern und Kampfsportlern aufgeführt. Sein Gastgeber war Kim Yong Nam, das nominelle Staatsoberhaupt. Offenbar hatte Kim Jong Il wichtigere Dinge zu erledigen. Roh Moo Hyun war als Gast nicht annähernd so wichtig wie US-Außenministerin Madeleine Albright im Oktober 2000, als Kim Jong Il breit grinsend neben ihr auf der Tribüne saß.

An Rohs letztem Tag in Nordkorea trugen die psychischen Auswirkungen von Kim Jong Ils Affronts letztendlich Früchte: Roh machte sämtliche Zugeständnisse, sein Gastgeber keine. Sechs Jahre später enthüllte die südkoreanische Regierungspartei (die zu Rohs Amtszeit die Opposition stellte), dass sich Roh in seinem vierstündigen Gespräch mit Kim Jong Il am 4. Oktober förmlich überschlagen hatte, um es seinem Gastgeber recht zu machen, indem er nicht nur wirtschaftliche Zugeständnisse versprach, sondern auch solche in puncto nationaler Sicherheit. Einem später durchgesickerten Protokoll zufolge willigte Roh offenbar sogar ein, die faktische Seegrenze zwischen den beiden Staaten weiter Richtung Süden zu verschieben, worauf der Norden seit Jahrzehnten schon bestand. Dabei handelte es sich keinesfalls um eine banale Angelegenheit, die sich mit dem Übereifer der Gipfeldiplomatie erklären ließe: 1999 und 2002 hatte es in diesen Gewässern bereits Seegefechte mit Todesopfern gegeben, und 2009 sollte ein weiteres folgen. Im März 2010 dann feuerte ein nordkoreanisches U-Boot einen Torpedo auf eine südkoreanische Korvette ab, wobei sechsundvierzig Besatzungsmitglieder ums Leben kamen. Rohs Anhänger behaupteten später, das Protokoll sei im Nachhinein manipuliert worden.

Der Mitschrift zufolge hatte Präsident Roh dem nordkoreanischen Diktator ferner gesagt, dass er bei seinen zahlreichen Treffen mit ausländischen Staatsoberhäuptern als Kim Jong Ils »Fürsprecher« bezüglich Nordkoreas Atomwaffenprogramm aufgetreten sei und stolz berichtet hatte, wie vehement er in den vergangenen fünf Jahren »die Position des Nordens in den Sechs-Parteien-Gesprächen verteidigt« und mit den Amerikanern »gekämpft« habe.* Er hatte Kim erklärt, dass er die 2005 erfolgte Sanktionierung der Banco Delta Asia durch die USA – einer kleinen Bank in Macau, bei der rund 25 Millionen Dollar gewaschene nordkoreanische Gelder deponiert waren – für »ungerecht« und einen »Fehler« hielt, und behauptete sogar, er habe den OPLAN 5029, einen gemeinsamen Notfallplan von Südkorea und den Vereinigten Staaten für den Fall zunehmender politischer Instabilität oder eines Beinahezusammenbruchs des nordkoreanischen Staates, verhindert.

* An diesen multilateralen Gesprächen, die mit Unterbrechungen von 2003 bis 2008 stattfanden, waren China, Japan, Nordkorea, Russland, Südkorea und die Vereinigten Staaten beteiligt. Sie zielten (zumindest aus Sicht der USA) auf die Beendigung des nordkoreanischen Kernwaffenprogramms ab.

Trotz des verzweifelten Bemühens um ein echtes Abkommen war das Ergebnis von Rohs Besuch lediglich eine weitere einseitige gemeinsame Erklärung, in der bekräftigt wurde, dass die Wiedervereinigung »durch das koreanische Volk selbst« gelöst werden solle – was so viel bedeutet wie »auf nordkoreanische Initiative hin, ohne Mitsprache der Vereinigten Staaten«. Die Formulierung »durch das koreanische Volk selbst« – *Uri minjok ggiri* – ist sogar der Name eines mächtigen nordkoreanischen Propagandadienstes (*Uriminzokkiri*).

Südkoreanische Befürworter des Gipfels von 2007 behaupteten bald nach Rohs Rückkehr, die Vereinbarung zur Schaffung einer speziellen »Friedenszone« im Meer zwischen den beiden Staaten würde nun den ungehinderten Verkehr von nord- und südkoreanischen Fischerbooten sowie die »Durchfahrt von zivilen Schiffen über direkte Routen nach Haeju« ermöglichen (Absatz 5 der Erklärung). Das Problem war nur, dass die Marinestützpunkte in diesen Küstenregionen massiv befestigt waren. Ohne eine – im Grunde unmögliche – drastische beidseitige Abrüstung erschien es äußerst unwahrscheinlich, dass Nordkorea südkoreanischen Fischerbooten und anderen zivilen Schiffen Zugang zu Haeju gewähren würde, einer Großstadt nur 60 Kilometer nördlich der Grenze. Kim Jong Il seinerseits versprach Roh Moo Hyun unaufgefordert, dass er touristische Direktflüge von Seoul nach Samjiyon, der dem Berg *Paektu* nächstgelegenen Stadt, akzeptieren würde, was bis heute kaum mehr als ein Wunschtraum geblieben ist.

Die Angst des nordkoreanischen Staates vor unkontrollierten Kontakten zwischen nordkoreanischen Staatsbürgern und Südkoreanern, die zu einem unerlaubten Zustrom von Waren und Informationen und einer Zunahme von Überläufern führen könnten, würde derartige Maßnahmen stets zunichtemachen. Diese Klausel in der gemeinsamen Erklärung ist nur ein weiterer Beleg für den lebensfernen Optimismus des Südens und die arglistige Ködertaktik des Nordens.

In seiner Heimat erklärte Präsident Roh, er habe Frieden geschlossen, und versprach zur Sicherung dieses Friedens Hilfen von 13 Milliarden Dollar in Form von Zuwendungen, zinsgünstigen Darlehen und Investitionen (zusätzlich zu den rund 4,4 Milliarden Dollar Hilfsgeldern an Nordkorea seit seinem Amtsantritt, über die Hälfte davon in bar).[2] Kim Jong Ils Kinder werden mitbekommen haben, dass es sich auszahlt, einen Scheinfrieden zu verkaufen, und wahrscheinlich haben sie sich die Taktik ihres Vaters gut eingeprägt: Erstens, Glaubwürdigkeit herstellen, indem man mit Krieg droht und mit Massenvernichtungswaffen aufrüstet; zweitens, sich rarmachen; drittens, von Anfang an den Ton angeben und dem Gegenüber so viele Zugeständnisse wie möglich abnötigen, während man zum richtigen Zeitpunkt lächelt oder finster dreinblickt. Vor allem aber gilt es stets, die Gunst der Stunde zu nutzen und die Kontrolle zu behalten.

Bei den Olympischen Spielen 2018 in Pyeongchang sollten sich seine Kinder exakt an dieses Drehbuch halten.

Nachdem sie 2007 miterlebt hatten, wie ihr Vater das innerkoreanische Gipfeltreffen dominierte, konnten sie ihm zwei Jahre später sogar dabei zusehen, wie er die Vereinigten Staaten von Amerika mithilfe von »Geiseldiplomatie« in die Enge trieb.

Wie bereits erwähnt, teilte Kim Jong Il am 8. Januar 2009 der Abteilung für Organisation und Führung mit, dass er seinen jüngsten Sohn Jong Un zum Thronfolger ernennen werde. Es war Jong Uns fünfundzwanzigster Geburtstag. Alle feierten die weiseste aller Entscheidungen ihres amtierenden Obersten Führers. Anschließend fingen die staatlichen Medien an, den jungen Mann, der sich offenbar beweisen musste, als Nachfolger aufzubauen. Die Radiosender spielten bis zum Überdruss ein Lied namens »Fußstapfen«, das für Kim Jong Un zu seinem achten Geburtstag komponiert und auf seiner Feier von Nordkoreas erster Popband, dem *Pochonbo Electronic Ensemble*, nicht weniger als vier Mal gespielt wurde, um die Ankunft des neuen »Generals Kim« zu feiern, der »den Geist des Februars« verbreite – eine Anspielung auf Kim Jong Ils Geburtstag am 16. Februar:

> Stapf, stapf, stapf,
> Die Fußstapfen unseres Generals Kim.
> Er verbreitet den Geist des Februars.
> Stapft, stapft, stapft immer weiter
> Fußstapfen, Fußstapfen,
> Sie verbreiten den Klang der glänzenden Zukunft, die vor uns liegt.

Das Regime hatte ganze siebzehn Jahre mit der Veröffentlichung des Songs gewartet.

Eine Woche später wurde die große Neuigkeit von der Nachrichtenagentur *Yonhap News*, die der südkoreanischen Regierung nahesteht, in einer kurzen, aufsehenerregenden Meldung öffentlich bekannt gegeben. Zu diesem Zeitpunkt kannten nur wenige außerhalb des engsten Führungszirkels Kim Jong Ils den korrekten Vornamen des künftigen Obersten Führers. Da so viele falsche und unbestätigte Nachrichten über Nordkorea kursierten, bestätigte die südkoreanische Regierung die Nachricht erst im Juni. Auf dem Foto vom April 2009, das Kim Jong Un, Kim Yo Jong und Kim Jong Chol in Begleitung ihres Vaters in der Landwirtschaftshochschule von Wonsan zeigt, wirken die Kinder des Obersten Führers wie Lehrlinge oder zufällige Beobachter. Im Falle Kim Jong Uns war es wohl Ersteres. Was Kim Yo Jong betrifft, wäre es durchaus möglich, dass sie damals bereits eine wichtige Rolle in der Regierung spielte.

Denn Anfang August konnte ein amerikanischer Augenzeuge hautnah miterleben, wie die nicht mal einundzwanzigjährige Kim Yo Jong ihrem Vater bei einem recht wichtigen Treffen tatkräftig zur Hand ging – einem Treffen mit niemand Geringerem als einem ehemaligen US-Präsidenten.

Im August 2009 unternahm Bill Clinton auf Einladung Kim Jong Ils seine erste und bisher einzige Reise nach Pjöngjang – neun Jahre nachdem sein Plan, erstmals als amtierender US-Präsident Nordkorea zu besuchen, durch eine Neuauszählung der Stimmen bei der Präsidentschaftswahl 2000 (bei der George W. Bush gegen Al Gore antrat) zu Clintons Bedauern vereitelt worden war.[3]

Doch nun hatte Clinton einen legitimen und dringenden Grund für seine Reise: Er wollte die Freilassung zweier Amerikanerinnen, Laura Ling und Euna Lee, erwirken, die für Current TV arbeiteten, ein Medienunternehmen, das zum Teil Al Gore gehörte, Clintons ehemaligem Vizepräsidenten. Im März des Jahres waren die beiden von nordkoreanischen Grenzsoldaten am Fluss Tumen, einem Fluss im Nordosten Nordkoreas, der das Land von China trennt, gefangen genommen worden.

Zusammen mit einem Kameramann hatten die Frauen im »Autonomen Bezirk Yanbian der Koreaner« in Chinas nordöstlicher Provinz Jilin recherchiert, wo ethnische Koreanerinnen, viele davon Geflüchtete aus Nordkorea, Opfer von Menschenhandel wurden und unter Zwang in der Sexindustrie arbeiten mussten. Mithilfe kirchlicher Organisationen aus Südkorea hatten Ling und Lee einen Dokumentarfilm über das Elend dieser Frauen gedreht. Als sie eines Nachts mit ihrem Kameramann und einem einheimischen Führer offenbar die nordkoreanische Seite der Flussgrenze überquert hatten, wurden sie von bewaffneten nordkoreanischen Grenzsoldaten verfolgt. Den Männern gelang es, den Wachen zu entkommen, die Frauen aber wurden, obwohl sie es über die Grenze nach China geschafft hatten, festgenommen und geschlagen, Ling sogar bis zur Bewusstlosigkeit.[4] Ling und Lee wurden wegen illegaler Einreise und sogenannter »feindlicher Handlungen« gegen den nordkoreanischen Staat zu zwölf Jahren Zwangsarbeit verurteilt.

Von Laura Lings Schwester Lisa, einer bekannten Fernsehjournalistin, hatte Clinton erfahren, dass der »Liebe Führer« Ling und Lee womöglich freilassen würde, wenn er nach Pjöngjang käme. Doch es müsste Clinton sein – nicht Ex-Präsident Jimmy Carter oder irgendein anderer Würdenträger im Ruhestand. Die Lage war vertrackt. Die Beziehungen zwischen den USA und Nordkorea, ohnehin nie gut, befanden sich auf einem Tiefpunkt. Kim Jong Il hatte die neue Obama-Regierung unter Druck gesetzt. Nur wenige Stunden, bevor Obama beim ersten Europabesuch als Präsident seine erste große außenpolitische Rede über eine Welt ohne Atomwaffen hielt, testete Nordkorea eine Langstreckenrakete – der erste Start seit drei Jahren. Und im darauffolgenden Monat, am 25. Mai 2009, führte Nordkorea seinen zweiten Atomtest durch. In jenem Jahr fiel der *Memorial Day* auf diesen Tag, ein Feiertag, an dem aller Amerikaner gedacht wird, die im Kampf für die Freiheit Amerikas ihr Leben gegeben haben, auch im Koreakrieg gegen die nordkoreanischen Streitkräfte. Das Datum konnte kaum ein Zufall sein.

Seit Jahrzehnten hatte Nordkorea ein gutes Gespür für das richtige Timing bewiesen, wenn es darum ging, die USA unter Druck zu setzen. Im Jahr 2006 hatte Nordkorea der Regierung von George W. Bush am Unabhängigkeitstag einen »Sieben-Raketen-Salut« beschert, indem es eine ballistische Langstreckenrakete abfeuerte und, sozusagen als Zugabe, gleich noch sechs Kurzstreckenraketen hinterherschickte. Bereits 1998 hatte ein dreistufiger

Raketenstart über Japan dazu geführt, dass die Clinton-Regierung dem Norden erhebliche Zugeständnisse machte – Nahrungsmittelhilfe im Wert von fast 300 Millionen US-Dollar.

Nordkoreanische Provokationen haben meist die Form von Doppelschlägen. Drei Monate nach den Raketen zum Unabhängigkeitstag 2006 führte Nordkorea seinen ersten Atomtest durch – für jede angehende Atommacht ein bedeutendes Datum, das lange im Gedächtnis bleiben wird. Kim Jong Il wählte dafür den 9. Oktober, den Vorabend des Gründungstages der Partei der Arbeit Koreas und drittwichtigsten gesetzlichen Feiertag des Landes. Dieser Tag fiel außerdem – Zufall oder nicht – mit dem US-amerikanischen *Columbus Day* zusammen.

Dass sich Kim Jong Il alle Mühe geben würde, Obama gleich zu Beginn seiner Amtszeit – kaum vier Monate im Weißen Haus – in die Enge zu treiben, war ebenfalls absolut vorhersehbar. Das ist die Taktik Nordkoreas: Gleich zu Anfang des Wettkampfs will man maximalen Druck ausüben.

Als Präsidentschaftskandidat hatte Obama erklärt, er sei bereit, sich ohne Vorbedingungen mit Diktatoren zu treffen, jene in Pjöngjang und Teheran inbegriffen. Aber im Vorhinein schon nett zu sein, ist nicht Nordkoreas Sache. Gelächelt wird erst, nachdem man Chaos verbreitet, gedroht und die Situation angeheizt hat. Nordkorea steigert seinen Wert als Gegner nur, wenn es seinen Gesprächspartnern politische und militärische Probleme bereitet. Eine neue US-Regierung unter der Führung eines jungen unerfahrenen Präsidenten, der obendrein mit einer globalen Finanzkrise und zwei unpopulären Kriegen im Irak und in Afghanistan zu kämpfen hatte, bot die perfekte Gelegenheit, um Druck zu machen. Und nun saßen auch noch zwei amerikanische Geiseln in Pjöngjang fest.

Trotz des ersten Eindrucks, als würde man von einem Diktator einen Gefallen erbitten, war die humanitäre Mission eines ehemaligen Präsidenten politisch durchaus akzeptabel. Clinton sollte seinen Auftrag völlig nüchtern abwickeln und nur die Geiseln sicher aus dem Land holen[5] – keine Besichtigungen, keine Konzerte, keinen Propagandatriumph für Kim Jong Il. »Wir wollen uns nicht blamieren«, war sich die amerikanische Delegation einig, wie Clintons engster Berater im Weißen Haus, Doug Band, später berichtete. So wie Clinton während seiner Präsidentschaft Carters Besuch bei Kim Il Sung im Jahr 1994 nicht gutgeheißen hatte, so war auch Obama von dem Fototermin eines ehemaligen Präsidenten mit dem jahrzehntelangen Widersacher nicht gerade begeistert. Außerdem: Ganz gleich, ob Carter, wie damals, recht früh in Clintons Amtszeit zur Deeskalation eines nuklearen Patts beitrug, oder Clinton keine sieben Monate nach Obamas Amtsantritt die Freilassung amerikanischer Geiseln erwirkte – keines von beidem ließ den Amtsinhaber wirklich gut dastehen. Also bestand Präsident Obama darauf, dass die Clinton-Delegation nicht länger als zwanzig Stunden in Nordkorea verbrachte und nicht über Nacht blieb. Kim Jong Il hingegen verlangte eine Übernachtung samt anschließendem ausgiebigem Dinner.

Letztendlich verbrachte Clinton insgesamt zwanzig Stunden in Nordkorea, einschließlich einer Unterredung beim Abendessen und einer Übernachtung. Mit einem Privatjet, den ihm der Hollywood-Mogul Steve Bing zur Verfügung gestellt hatte, flog er also nach Pjöngjang. Die 100 000 Dollar in bar, die Doug Band dabeihatte, erwiesen sich als unerlässlich: Die von Nordkorea verlangten 97 000 Dollar waren höchstwahrscheinlich die teuerste Landegebühr der Weltgeschichte.

Als das Flugzeug aufsetzte, wartete Kim Yo Jong, zermürbt von der Hitze und der schwülen Luft, am Rand der Rollbahn. Ohne den ehemaligen US-Präsidenten eines Blickes zu würdigen oder sich auch nur einem der amerikanischen Besucher vorzustellen, hielt sie schnurstracks auf Doug Band zu. Keine Floskeln, keine Nettigkeiten, sie kam gleich zum Geschäft. Auf Englisch fragte sie nach dem Dankesschreiben von Präsident Obama, das man ihrem Vater als Gegenleistung für die Freilassung der beiden Frauen versprochen hatte. Offensichtlich wusste sie ganz genau, wer Band war und welche Rolle er als Clintons Stellvertreter spielte. Auch das Clinton-Team wusste, mit wem sie es zu tun hatten. Sie hatten ein ausführliches Briefing zur Herrscherfamilie erhalten.

Aber Band trug kein solches Schreiben bei sich. Und auch sonst niemand in der Delegation. Erst beim Auftanken in Japan (damit die Maschine mit den freigelassenen Geiseln nach Kalifornien zurückfliegen konnte, ohne in Pjöngjang tanken zu müssen) hatten sie erfahren, dass Obama, obwohl er Kim Jong Ils Bedingungen zugestimmt hatte, keinen solchen Brief geschrieben hatte.

Laut Band nahm Clinton die Nachricht stoisch auf. Vielleicht würde Kim Jong Il den Deal nicht wegen dieses Briefes platzen lassen. Dass sich Kim Yo Jong jedoch direkt an Band gewandt hatte, ließ vermuten, wie wichtig das Schreiben ihrem Vater anscheinend war. Außerdem offenbarte es, dass sie Englisch sprach – was mir auch Stephen Biegun, der ehemalige US-Sonderbeauftragte für die Nordkoreapolitik, der die Kim-Geschwister 2018 hautnah miterlebt hatte, bestätigte. Er berichtete von einer zweieinhalbstündigen Unterredung zwischen Kim Jong Un und seiner Schwester (plus Dolmetscher) auf der einen Seite und Außenminister Mike Pompeo, dem hochrangigen CIA-Offizier Andrew Kim und Stephen Biegun auf der anderen, bei der die Amerikaner untereinander einen Witz rissen: Kim Yo Jong lachte laut auf, während ihr Bruder stoisch und ausdruckslos dasaß, offenbar weil er kein Englisch konnte.[6]

Band versuchte, Zeit zu gewinnen. Also entgegnete er, die amerikanische Abordnung wolle zuerst Laura und Euna sehen und sich vergewissern, dass sie in guter körperlicher Verfassung seien –

sein Bruder Roger, Bill Clintons Leibarzt, gehörte ebenfalls zur Delegation.*

Dem Wunsch der Gäste, die Inhaftieren gleich zu sehen, wurde stattgegeben. Laura und Euna wussten nicht, dass sie Bill Clinton treffen würden, und als der ehemalige Präsident auf einmal vor ihnen stand, waren sie fassungslos. Laut Roger Band befanden sie sich in gutem körperlichem Zustand, waren jedoch traumatisiert. Sie mussten allerdings noch eine letzte Nacht in Nordkorea verbringen, da sie am nächsten Morgen einem Richter vorgeführt werden mussten, um sich in einem »gerichtlichen Verfahren« bestätigen zu lassen, dass sie dank der besonderen Begnadigung Kim Jong Ils entlassen wurden.

Nach dem Treffen mit den Frauen checkte die Delegation im Paekhwawon-Gästehaus ein, das für ausländische Würdenträger reserviert ist und auf einem weitläufigen, umzäunten Gelände liegt. In dem Gästehaus hatten bereits zwei südkoreanische Präsidenten, Jimmy Carter, der japanische Premierminister Junichiro Koizumi sowie Bill Clintons Außenministerin Madeleine Albright genächtigt. Wie immer war Kim Jong Il so gnädig, selbst dorthin zu kommen, um die Ausländer zu begrüßen, anstatt sie in seinen Amtsräumen oder in einem seiner zahlreichen palastartigen Anwesen zu empfangen.

Da Kim Jong Il erst ein Jahr zuvor einen schweren Schlaganfall erlitten hatte, sollte Dr. Band zudem den Gesundheitszustand des »Lieben Führers« einschätzen. Kim ging breit lächelnd auf die

* Mit dabei war auch Clintons ehemaliger Stabschef John Podesta, der vom Weißen Haus entsandt worden war, um Clinton im Zaum zu halten, falls er vom Protokoll abwich und auf eigene Faust Diplomatie betrieb, so wie Jimmy Carter es im Jahr 1994 getan und einem im Land befindlichen CNN-Reporter das Ergebnis seiner Verhandlungen mit Kim Il Sung verkündet hatte.

Amerikaner zu, schien gelassen und bewegte sich recht mühelos. Doch es war unverkennbar, dass er die Folgen des Schlaganfalls noch nicht ganz überwunden hatte: Zum einen sah er deutlich schmaler aus als auf früheren Fotos. Vor allem aber, und das hatten viele Außenstehende ebenfalls beobachtet, wirkte Kim »völlig normal« – also kein bisschen sonderbar oder verrückt. Doug Band, der im Dienst des Weißen Hauses und später mit Bill Clinton für die Clinton Foundation fast 140 Länder bereist und erlebt hatte, wie Untergebene in Gegenwart von Staatschefs wie Wladimir Putin oder Muammar Gaddafi sichtlich vor Angst zitterten, war der Meinung, dass sich die nordkoreanischen Beamten in Anwesenheit des vergötterten Führers recht ungezwungen und professionell verhielten, wenn auch überaus respektvoll.

Nach einem kurzen Austausch von Höflichkeiten wurden die Amerikaner gebeten, für ein Gruppenfoto mit dem »Lieben Führer« zu posieren. Die Clinton-Delegation war angewiesen worden, ihre Mimik vor den nordkoreanischen Fotografen zu »kontrollieren« und weder breit zu lächeln noch mürrisch dreinzublicken. Vor einem riesigen Wandgemälde mit Wellen, die an eine Felsküste branden, saßen Bill Clinton und Kim Jong Il steif wie Bauchrednerpuppen auf ihren Stühlen; die sechs anderen Amerikaner standen ebenso förmlich auf einem giftgrünen Teppich hinter ihnen: ein Inbild totalitären Kitsches ohne, wie es schien, einen Hauch menschlichen Lebens.[7]

Später fiel Doug Band auf, dass Kim Yo Jong wieder die Organisation des Treffens in die Hand nahm und eher als Eventmanagerin denn als Kim Jong Ils geliebte Prinzessin agierte. Sie nahm auch an dem prunkvollen Festessen teil, einem mehrgängigen Menü, das eines Königs würdig war – und Kim Jong Il *war* natürlich hier der König, der sein edel marmoriertes Steak mit *Château Latour* herunterspülte.

Verständlicherweise fragte sich die Clinton-Delegation, ob sie einen Blick auf Kim Jong Un erhaschen würde. Doch der junge Mann, der einmal den Thron besteigen sollte und damals gerade fünfundzwanzig war, ließ sich während des Aufenthalts der Amerikaner nirgends blicken. In Washington hatte man ihnen gesagt, wen sie in Pjöngjang erwarten könnten, und Kim Jong Un wäre gewiss leicht zu erkennen gewesen – sowohl an seiner Leibesfülle als auch an seinem jugendlichen Alter. Doch sie trafen nur Papas »süße Prinzessin« an, die den Besuch einer US-Delegation unter der Führung eines ehemaligen Präsidenten organisierte und leitete, und die Clinton prüfend abtaxierte, während dieser sich bemühte, beim Abendessen keine Miene zu verziehen.

Kim Jong Il war als geistreicher Gastgeber in seinem Element. Doug Band fand ihn sogar ausgesprochen »freundlich und ausgeglichen«. Kim verstand eindeutig Englisch. Wiederholt schlug er seinen Gästen vor, ob sie nach dem Essen nicht noch ein Konzert mit ihm besuchen wollten – wie immer war der nordkoreanische Machthaber bestrebt, die Amerikaner mit etwas zu beeindrucken, das nur er bieten konnte: die berühmten Massenspiele seines Landes, die größte Freiluftaufführung der Welt. Schließlich hatte er im Oktober 2000 auch Clintons Außenministerin zu einer solchen Vorstellung mitgenommen. Jedes Mal, wenn der Vorschlag gemacht wurde, lehnte Band, der nur zu gut wusste, dass der nordkoreanische Führer die Anwesenheit des einstigen US-Präsidenten bei einem nächtlichen Spektakel propagandistisch ausschlachten würde, höflich ab: Clinton sei »zu müde«. Kim nahm es gelassen, doch musste er über die verpasste Gelegenheit bitter enttäuscht gewesen sein, ganz zu schweigen von der Enttäuschung der Zehntausenden von Darstellerinnen und Darstellern, die der so seltenen Gelegenheit beraubt wurden, vor ihrem einzigartigen Führer aufzutreten, dem großen Impresario dieser Show.

Die US-Delegation hatte mit dem Besuch ihre Mission erfüllt: Ling und Lee wurden freigelassen und konnten mit Clinton und Co. nach Hause fliegen. Womöglich aber hatte das nordkoreanische Regime dadurch weit mehr gewonnen, und das zu einem sehr geringen Preis.

Der nordkoreanische Maestro hatte seinen Kindern gezeigt, dass man mit geschickter Geiseldiplomatie – als Vorspiel für den Start einer Langstreckenrakete und einen Atomtest – als Entführer nicht nur straffrei ausgehen kann, sondern obendrein auch noch umschmeichelt wird. Und Yo Jong hatte die Machtdynamik zwischen ihrem Vater und den Amerikanern im eigenen Land hautnah miterlebt. Einige Jahre später sollte ein glückloser amerikanischer Collegestudent namens Otto Warmbier Jong Un und seiner Schwester ebenfalls als Geisel dienen. Kurz bevor er das Land als Teilnehmer einer Gruppenreise verlassen wollte, wurde Warmbier am 2. Januar 2016 in Pjöngjang festgenommen. Vier Tage später führte Nordkorea einen Atomtest durch, den ersten seit drei Jahren, gefolgt vom Abschuss einer Langstreckenrakete im Februar. Am letzten Tag des Monats legte Warmbier ein erzwungenes Geständnis ab, in dem er »zugab«, dass er versucht habe, ein Propagandabanner aus seinem Hotel zu stehlen. Die Geschichte, die er vor der Kamera verlas, war eine krude Mischung aus nordkoreanischen Standardfloskeln, unlogischen Folgerungen und versteckten Botschaften an seine Eltern in der Heimat, um ihnen seine Verzweiflung mitzuteilen. Im darauffolgenden Monat wurde er zu fünfzehn Jahren Zwangsarbeit verurteilt. Zu diesem Zeitpunkt, im März 2016, war Kim Yo Jong bereits seit mehreren Jahren die federführende Propagandistin ihres Landes. Die Art und Weise des erzwungenen Geständnisses und der Verurteilung trug bereits alle Merkmale der für sie so typischen Gehässigkeit und Perfidie, und wie wir in Kapitel 10 sehen werden, sollte Warmbier nie mehr wohlbehalten heimkehren.

KAPITEL 8

Tod und Wiedergeburt

Eine junge Frau, kraftlos und von Trauer überwältigt, in einem traditionellen schwarzen koreanischen Trauerkleid mit weiß gesäumtem Ausschnitt. Von Zeit zu Zeit neigt sie den Kopf, die Wangen hohl, beißt sich auf die Unterlippe, als sie, in Tränen aufgelöst, vor dem geschlossenen Glassarg steht, der auf einer riesigen Bahre aus Kimjongilien (einer Begonienart) und Chrysanthemen ruht. Eine Armlänge vor ihr steht ihr Bruder und wischt sich mit seinem Taschentuch die Tränen aus dem Gesicht. Auch die anderen Frauen, die den Verstorbenen aus nächster Nähe sehen dürfen, darunter die Ehefrau des Thronfolgers, machen aus ihrem Kummer keinen Hehl. Der tiefe Schmerz in der Miene der jungen Frau ist jedoch unübersehbar.

Außenstehende, die sich damals mühten, hinter die Fassade der Dynastie zu blicken, hätten wohl vermutet, dass es sich bei der jungen Frau um ein Familienmitglied handelte – allein aufgrund der körperlichen Nähe zu Kim Jong Un, dessen Gesicht man zu diesem Zeitpunkt bereits kannte. Doch im Dezember 2011 wäre kaum jemand in der Lage gewesen, sie als jüngstes Kind des Toten oder Kim Jong Uns jüngere Schwester zu identifizieren. Schließlich hatten die nordkoreanischen Staatsmedien ihren Namen noch kein einziges Mal genannt. Und noch weniger Beobachter hätten damals vorhersagen können, dass sie in einigen Jahren zur zweitmächtigsten Person des Landes aufsteigen sollte, auch wenn die staatlichen Medien Nordkoreas dies schon acht Tage später beim Staatsbegräbnis ihres Vaters unterschwellig andeuten würden.

»Kometen sieht man nicht, wann Bettler sterben«, warnt Calpurnia in Shakespeares *Julius Cäsar* ihren Gatten, von dem man fürchtet, er werde sich zum ewigen Diktator aufschwingen an seinem letzten Tag auf Erden. »Der Himmel selbst flammt Fürstentod herab.«[1] Kim Jong Ils Tod durch Herzstillstand (wie sein Vater) schien wahrlich den Himmel in Flammen aufgehen zu lassen. Die Bekanntmachung im Staatsfernsehen am 19. Dezember 2011, zwei Tage nach seinem Ableben, brachte das ganze Land zum Stillstand. In den folgenden zehn Tagen strömten Hunderttausende der Einwohner Pjöngjangs auf die Straßen und Plätze, um ihrer Trauer Ausdruck zu verleihen: Sie warfen sich von Kummer gepeinigt auf die Erde, machten ihren Seelenqualen mit schrillem Klagen Luft und schlugen sich dabei immer wieder mit den Fäusten auf die Brust und auf den Boden. Ähnliche Szenen spielten sich im ganzen Land ab. Der plötzliche Tod ihres ewigen Diktators stürzte Nordkorea in einen Zustand des Massenwahns und Unglaubens. Sogar die Naturgewalten tobten. Nahe der Südgrenze beobachtete man eine »Reihe von grellen blauen Blitzen, begleitet von Donner«, meldeten die Staatsmedien. »Selbst der Himmel schien sich vor Trauer über das Hinscheiden des ›großen, vom Himmel geborenen Heiligen‹ zu winden«, berichteten Augenzeugen fünf Tage nach dem Weggang ihres »Lieben Führers«.[2]

In den nächsten Tagen zeigte das Staatsfernsehen immer wieder Kim Jong Ils einbalsamierten Leib in seinem gläsernen Sarg, der, ganz in Rot gehüllt, der Kopf auf einem weißen Kissen ruhend, der zügellosen Trauer seines Volkes mit besänftigender Feierlichkeit zu begegnen schien. Die majestätischsten und einprägsamsten Szenen allerdings sollten dem Staatsbegräbnis vorbehalten bleiben, jener von dem jungen Kim Jong Un angeführten Prozession, bei der sieben ältere Herren, alle mehr als doppelt so alt wie er, neben dem in den USA gefertigten Lincoln-Continental-Leichenwagen hermarschierten, auf dem der Sarg des »geliebten Führers« ruhte. Der wohlorganisierte Abschied von dem großen Mann würde jedoch nie wirklich endgültig sein, denn der Sohn, der die heldenhaften Züge des Vaters in sich trug, würde schließlich dafür sorgen, dass, auch wenn Kim Jong Il konserviert im Kumsusan-Palast der Sonne lag, der ewigen Ruhestätte seines Vaters, der Geist und die Großartigkeit des Berges *Paektu* weiterhin das Land durchdringt. Selbst in ihrer unsäglichen Trauer sahen die Menschen Zuversicht und Zukunft in den strahlenden Augen ihres neuen großen Führers, der den Leichenwagen dirigierte, während der Schnee leise und ehrfürchtig auf die Götter Nordkoreas fiel, die lebenden wie die toten.[3]

Auf Beobachter jenseits der Landesgrenzen wirkten die Bilder wahnhaft trauernder Nordkoreaner so eindrucksvoll wie komisch. Der abrupte Machtwechsel in einem Atomstaat war jedoch kein Grund zum Lachen. Was kommt nun? Reformen? Der Zusammenbruch des Regimes? Ein Staatsstreich?

Pjöngjang-Experten in aller Welt widmeten sich den sieben Männern, die neben Kim Jong Un den Lincoln Continental auf dem Weg zum Kumsusan-Palast flankierten. Sie wurden rasch identifiziert. Schon in den ersten Monaten ließ sich bereits ausmachen, wer seine Macht einbüßen würde – und womöglich auch sein Leben. Ende 2012 waren fünf der sieben Männer ihres Postens enthoben worden, wenn auch mit unterschiedlicher Drastik und Dauerhaftigkeit. Einer von ihnen verlor sein Amt schon zwei Monate nach der Beerdigung; ein anderer wurde rund sieben Monate danach gewaltsam verschleppt, und mittlerweile nimmt man an, dass er ermordet wurde.

Einer der sieben, U Dong Chuk, Leiter der Abteilung für Staatssicherheit, verschwand im Februar 2011. Im April wurde ein weiterer, Verteidigungsminister Kim Yong Chun, zwar degradiert, jedoch nicht drastisch bestraft. Bis November desselben Jahres war auch sein Nachfolger, Kim Jong Gak, schon wieder aus dem Amt entfernt worden. Im Juli gaben die staatlichen Medien bekannt, dass auch Ri Yong Ho, Generalstabschef der koreanischen Volksarmee und mächtigster Militär des Landes, der gegenüber von Kim Jong Un auf der anderen Seite des Leichenwagens marschiert war, aufgrund einer nicht näher bezeichneten Erkrankung all seiner Posten enthoben worden war. Sein Nachfolger, General Hyon Yong Chol, gehörte zwar nicht zu den ursprünglichen sieben, lebte aber nicht viel länger als sein Amtsvorgänger. Während Nordkorea Ris Hinrichtung nie offiziell vermeldet hat, bestätigte es drei Jahre später die Exekution Hyons. Ende 2012 erst degradiert, dann 2014 wieder zum Verteidigungsminister befördert, wurde Hyon im April 2015 öffentlich durch ein Flakgeschütz hingerichtet, weil er während einer von Kim Jong Un einberufenen Sitzung eingenickt war.[4]

Das grausamste und demütigendste Schicksal ereilte jedoch Kim Jong Uns Onkel Jang Song Thaek, über Jahre hinweg der engste Vertraute Kim Jong Ils. Nordkorea hat offiziell zwar nie bestätigt, wie er zu Tode kam, doch anfangs hieß es, er sei mit einem ZPU-4, einem sowjetischen Flugabwehrgeschütz, erschossen worden. Zuvor hatte Kim Jong Un seinen Onkel im November 2013 schon in der ersten Reihe zuschauen lassen, wie seine beiden engen Mitarbeiter Ri Ryong Ha und Jang Su Gil von dem mächtigen Maschinengewehr zerfetzt wurden. Bei ihrem Treffen in Hanoi soll Kim Donald Trump hingegen erzählt haben, er habe seinen Onkel erst enthaupten und den abgetrennten Kopf anschließend zur Belustigung seiner jüngeren Mitarbeiter auf dessen Brust zur Schau stellen lassen. Unbestritten ist indes, dass Jang hingerichtet wurde, höchstwahrscheinlich irgendwann zwischen Dezember 2013 und Januar 2014. Zu den zahlreichen Vergehen, wegen denen man nun zum Tode verurteilt und, unter anderen, als »widerlicher menschlicher Abschaum« und »schlimmer als ein Hund« verunglimpft werden konnte, gehörten Verrat, die Missachtung des Personenkults des Großen Führers, ganz zu schweigen von »Schürzenjägerei« und »halbherzigem Klatschen« während einer Rede Kim Jong Uns.[5] Seit Dezember 2013 wurde der Name Jang Song Thaek in den Staatsmedien nie wieder erwähnt.

Nach dem spektakulären Sturz des zweitmächtigsten Mannes im Land suchten die ausländischen politischen Beobachter noch immer vergeblich nach Hinweisen, wer eigentlich die wahren Drahtzieher im inneren Führungszirkel Kim Jong Uns waren.

Die zwei Männer von den sieben, die Kim Jong Uns Amtsantritt überlebt und sogar weiter Karriere gemacht hatten, waren Kim Ki Nam, Chefpropagandist und Mentor Kim Yo Jongs, sowie Choe Thae Bok, der Vorsitzende der Obersten Volksversammlung. Beide behielten ihre Posten, blieben beruflich wie körperlich verschont und gingen 2017 beziehungsweise 2019 aus freien Stücken in den Vorruhestand. Das Schicksal der anderen jedoch – fünf der sieben höchsten Funktionäre, die Kim Jong Un auserkoren hatte, um den Leichenwagen seines Vaters zu begleiten – war eine eindringliche Mahnung daran, wie die Volksrepublik Korea regiert wurde, selbst von einem unerfahrenen jungen Herrscher, der in der Schweiz zur Schule gegangen war: Jeder ist für die Launen des Großen Führers anfällig. Das Leben eines jeden steht auf Messers Schneide.

Nun, fast. In den Tagen nach Kim Jong Ils Tod waren die Hinweise dahingehend, wer neben Kim Jong Un sonst noch echte

Macht besaß, bald kaum zu übersehen. Zugegeben, Onkel Jang war nach Kim Jong Un der zweitmächtigste *Mann* des Landes. Nur war er nicht so mächtig wie die zweitmächtigste *Person* des Landes.

Bei der Beerdigung ihres Vaters ging Yo Jong nicht neben dem Leichenwagen her. Die koreanischen Bestattungsbräuche verbieten es Frauen, die Aufmerksamkeit auf sich zu ziehen, ein Relikt des althergebrachten Sexismus. Sie stand nicht einmal auf der über zweihundert Namen umfassenden Liste des »Nationalen Bestattungskomitees«. (Ihr älterer Bruder Jong Chol allerdings auch nicht.)

Doch nichts, nicht einmal die tief verwurzelten männlich-dominierten kulturellen Normen, konnten die zweitmächtigste Person Nordkoreas davon abhalten, ihren rechtmäßigen Platz auf dem roten Teppich im Kumsusan-Palast der Sonne einzunehmen, wo ihr Vater seinem eigenen Vater in die Ewigkeit der Balsamierung folgen würde. Da stand sie nun, drei Plätze links von ihrem Bruder, die einzige Frau in der Reihe, die prüfend zusah, wie die Regimenter ihres Landes im patriotischen Stechschritt vorübermarschierten. Nur Kim Yong Nam und Ministerpräsident Choe Yong Rim standen zwischen ihr und dem neuen Großen Führer, beides Galionsfiguren, deren Platz in der Reihe zu diesem Zeitpunkt eher auf ihre langjährigen Dienste als auf ihre Macht zurückzuführen war. Onkel Jang stand fünf Plätze weiter von ihrer royalen Erscheinung entfernt.

Während der Trauerrede verließ Kim Yo Jong plötzlich die Reihe und ging, vermutlich von Trauer überwältigt, schweren Schrittes davon.[6] Hätte jemand anderes eine so heilige Zeremonie gestört, wären die Konsequenzen sicherlich fataler gewesen als jene, die man für »halbherziges Klatschen« auf sich zog. Doch von den ersten Tagen der Herrschaft ihres Bruders an war Kim Yo Jong ebenso ehrgeizig wie unantastbar.

KAPITEL 9

Die böse Bauchrednerin

Mit dem Tod Kim Jong Ils im Dezember 2011 war sein jüngster Sohn, damals erst Ende zwanzig, als neuer Oberster Führer des Königreichs ins Rampenlicht gerückt. Jenseits der Grenzen Nordkoreas mussten Beobachter allmählich resigniert anerkennen, dass der nordkoreanische De-facto-König in dritter Generation – und der erste, der eine Schweizer Schulbildung genossen hatte – trotz anfänglich so optimistischer Prognosen weder scheitern noch sich europäischer Weltoffenheit verschreiben würde. Und langsam setzte sich auch die Erkenntnis durch, dass seine Schwester in der Öffentlichkeit immer stärker an Profil gewann.

Sie begleitete ihren Bruder häufig in einer Art Nebenrolle, wenn er Regierungsstellen, Militärstützpunkte, Fabriken, Museen, Vergnügungsparks, Bauernhöfe, den frisch renovierten internationalen Flughafen von Pjöngjang, ein Animationsfilmstudio, Kindertagesstätten, Waisenhäuser, edle Geschäfte, eine Fertigungsanlage von Atomraketen und Konzertsäle besuchte. Doch kein einziges Mal gab sie eine Erklärung ab oder »spontane Ratschläge«. Sie schien sich ganz der Zurückhaltung verschrieben zu haben.

Im Juli 2012, sieben Monate nach dem Tod ihres Vaters, sah man sie, wie sie einen Tag im Volkspark Rungna verbrachte, einem neuen Vergnügungspark in Pjöngjang mit Delphinarium, schlicht gekleidet in heller Bluse und schwarzem Rock, fast wie in einer Schuluniform – einfach eine junge Frau, die Spaß hatte. So schien es zumindest. Ihr langes Haar wehte im Wind, während sie fröhlich ihren Freunden zuwinkte, die in der Überkopfschaukel vor Vergnügen kreischten. Der Schal, den sie am rechten Handgelenk trug, sollte bald zum angesagten Trend werden.[1] Selbst die offiziöse Ernsthaftigkeit der feierlichen Eröffnung des Freizeitparks konnte ihrer Unbekümmertheit nichts anhaben: Sie schlenderte allein herum und brach sogar einmal in Gelächter aus, als sie einige Meter hinter ihrem Bruder und dessen Frau stand, während die anderen Offiziellen, darunter ihre Tante und deren Ehemann, steif und stramm dastanden. Sie wurde gefilmt, wie sie über ein Blumenbeet sprang, um rasch noch aus dem Bild zu verschwinden, und quer über den Platz rannte. Die Abteilung für Propaganda und Agitation (PAD), die dafür zuständig ist, solch unschickliche Szenen aus den staatlichen Wochenschauen herauszuschneiden, ließ sie drin. Das war kein Versehen. Immerhin leitete Kim Yo Jong die Abteilung.

Laut Ri Jong Ho, einem hochrangigen nordkoreanischen Überläufer, der, wenn es um die Machenschaften und schwarzen Kassen des Großen Führers ging, zu den Eingeweihten gehörte[2], kam Kim Yo Jong Anfang 2012 als stellvertretende Direktorin zur PAD. Ende 2012 nahm sie auf Empfehlung von Onkel Jang Song Thaek an einem eigens für sie eingerichteten Kurs für fünfzig Personen am Fachbereich für Politik und Wirtschaft der Kim-Il-Sung-Universität teil. Ihre Kommilitonen waren Masterstudenten und Doktoranden. Dieser spezielle Crashkurs dauerte sechs Monate. Er sollte Kim Yo Jong helfen, ihr akademisches Wissen aufzupolieren und ihr vielleicht zudem ermöglichen, geeignete Kandidaten für einen zukünftigen Ehemann kennenzulernen. Ein ehemaliger Klassenkamerad von Ris Sohn hatte ebenfalls an diesem Sonderkurs teilgenommen. Er war der Enkel eines Vetters Kim Il Sungs. Kommilitonen und Parteifunktionären fiel auf, dass Kim Yo Jong sehr gut mit Computern umgehen konnte. Sie arbeitete mühelos mit zwei Monitoren gleichzeitig und tippte schnell und geschickt.[3] Ob die Verkupplungsbemühungen gefruchtet haben oder nicht, ist natürlich ein Staatsgeheimnis. Man vermutet jedoch, dass Kim Yo Jong verheiratet ist und ein oder zwei Kinder hat, aber das sind bislang nur Spekulationen.

Im Jahr darauf, nachdem Jang Song Thaek zum Tode verurteilt worden war, warf dies eine Reihe von Fragen auf: Wurde Jang von Kim Jong Un als so große Bedrohung angesehen, dass er beseitigt werden musste? Oder war Jang am Ende doch gar nicht so mächtig gewesen? Wie wir gesehen haben, sagen in einem System wie dem nordkoreanischen offizielle Ränge oder sogar offenbare informelle Machtkonstellationen, etwa wenn jemand bei Veranstaltungen in der Nähe des Obersten Führers steht, nicht immer etwas über die tatsächliche Machtposition aus. Jeder Nordkoreaner weiß, dass jeder Mensch, der nicht zum Kern der königlichen Familie zählt, sprich nicht direkt vom Gründer des Paektu-Clans abstammt, entbehrlich ist. Onkel Jang stammte aus einem Nebenzweig, der in die Familie eingeheiratet hatte. Kim Yo Jong dagegen konnte es sich ungeachtet ihres jugendlichen Alters leisten, in Gegenwart ihres Bruders grenzenloses Selbstvertrauen, wenn nicht gar Sorglosigkeit an den Tag zu legen.

Zwei Jahre später, im März 2014, nachdem sie erstmals in den Staatsmedien namentlich erwähnt worden war, als sie für ihren Bruder abgestimmt hatte, hielten die meisten Außenstehenden Kim Yo Jong noch immer für eine »ganz normale« unbeschwerte junge Frau von Mitte zwanzig. In den staatlichen Medien wurde sie im selben Monat noch zweimal erwähnt, beide Male als Besucherin eines Konzerts der Moranbong Band (Kim Jong Uns Lieblingsgruppe), zusammen mit ihrem Bruder und dessen Frau. Wobei Kim Yo Jong beide Male erst als letzte von elf beziehungsweise siebzehn Anwesenden genannt wurde – ohne irgendeinen Hinweis auf ihre königliche Abstammung.

Kurz nach Kim Yo Jongs diskreter Einführung durch die Staatsmedien machte sie sich anscheinend ans Werk. Eine jähe und ungewohnte Flut von Schimpfwörtern brach aus sämtlichen Propagandakanälen hervor: Die Artikel vom April und Mai 2014 strotzten nur so vor Obszönitäten, aggressivem Rassismus, Sexismus und Homophobie. So bezeichnete die staatliche Nachrichtenagentur KCNA etwa Michael Kirby, einen pensionierten, offen schwul lebenden Richter am Obersten Gerichtshof Australiens, als »ekelhaften alten Lüstling mit einer über vierzigjährigen homosexuellen Vergangenheit«.[4] Sein »Vergehen« bestand darin, dass er den Vorsitz des UN-Untersuchungsausschusses zur Menschenrechtslage in Nordkorea innehatte, der im Februar 2014 eine monumentale 372-seitige Studie vorgelegt hatte, in der festgestellt wurde, dass die extremen Menschenrechtsverletzungen des Regimes das Werk eines Staates seien, »der in der heutigen Welt keinen Vergleich kennt«.

Zugleich verunglimpfte die KCNA die erste Frau an der Staatsspitze Südkoreas, Präsidentin Park Geun Hye, die ledig war und nie geheiratet hatte, wiederholt als »dreckige alte Prostituierte«. In einem Nachrichtenbeitrag vom 27. April erklärten die nordkoreanischen Propagandisten unter Bezugnahme auf den herzlichen Empfang von US-Präsident Obama durch Park in Südkorea zwei Tage zuvor, Park erinnere sie an »ein schamloses Mädchen, das einen Gangster ernstlich anfleht, jemanden zu schlagen; an eine launenhafte Hure, die ihren Gespielen bittet, jemand anderem Schaden zuzufügen, während sie ihm Sex anbietet«. Nach der Beteuerung, Park habe »so ihr verachtenswertes wahres Gesicht als bösartige Kriecherin und Verräterin enthüllt, als schmutzige Trostfrau der USA und verachtenswerte Prostituierte, die das Land verhökert«, schloss der Artikel mit einem Verweis auf ihren verstorbenen Vater, der 1979 von einem seiner Vertrauten erschossen worden war: »Ihr wird dasselbe Schicksal blühen wie ihrem Vater Park Chung Hee, der einen elenden Tod starb.«[5]

Am 29. April bezeichnete die Parteizeitung *Rodong Sinmun*, die sich in erster Linie an eine einheimische Leserschaft richtet, das Gipfeltreffen zwischen Park und Obama als »nichts weiter als einen widerlichen Kuss zwischen dem Gangsterboss, der seine politische Prostituierte bittet, sich ihm hinzugeben, bevor er in den Krieg zieht, und seiner Partnerin, die ihm schmeichelt«.[6] Am 2. Mai beschimpfte die staatliche Nachrichtenagentur Präsidentin Park erneut als »alte Prostituierte, die mit ausländischen Kräften flirtet«.[7] Am nächsten Tag war sie für die KCNA »eine ekelhafte alte Prostituierte, die sogar ihren Rock hebt und sich nicht schämt, einen Fremden [Präsident Obama] mit in ihr Schlafzimmer zu nehmen«.[8] Und in einem Artikel vom 25. Mai wurde gar ihr Tod gefordert: »Eine solche Prostituierte, Verräterin der Sonderklasse, muss frühzeitig beseitigt werden.«[9]

Auch im Herbst setzte Nordkorea seine galligen Tiraden fort, wobei die KCNA Parks Rede vor der UN-Generalversammlung, in der sie Nordkorea zur Aufgabe seines Atomprogramms aufforderte, einer »politischen Prostituierten […], die boshaft ihren Rock schwingt«[10], zuschrieb.

Im darauffolgenden Jahr gelang es den Propagandisten in Pjöngjang sogar, diese Pöbeleien noch zu toppen: Am 27. Mai 2015 geiferte die KCNA in einer neunseitigen Hetzschrift, die südkoreanische Präsidentin »kleb[e] noch immer am stinkenden Schritt ihres amerikanischen Herren Gebieters … wie eine Hure, die, berauscht von einer Frühlingsbrise, mit ihrem Schwanz wedelt«. Diese »abscheuliche amerikanische Trostfrau, eine dreckige Prostituierte, die eine Verräterin an der koreanischen Nation ist«, so endet die Tirade, »wird Nordkorea mit Sicherheit bestrafen«.[11]

Ende 2014, fast drei Jahre nach Kim Jong Uns Machtübernahme, war niemand anderes für die Propagandaabteilung und deren gebetsmühlenartigen Beleidigungen zuständig als seine »ganz normale«, unbeschwerte Schwester. Offiziell nur »Vizedirektorin«, fungierte sie ohnehin bereits als De-facto-Chefin der Abteilung.[12] Auch wenn man sie nicht sehen konnte: Ihre Stimme war deutlich zu vernehmen.

Wer die nordkoreanische Propaganda aufmerksam verfolgte, hatte sich mittlerweile womöglich schon an die drastische Sprache der KCNA gewöhnt. Durch ständige Wiederholung wurden die bösartigen verbalen Attacken Nordkoreas auf Präsidentin Park mit der Zeit immer weniger schockierend. Selbst als die Schmähungen noch obszöner wurden, berichtete in Südkorea kaum jemand darüber, abgesehen von kursorischen Bemerkungen über deren »unaussprechliche Ausdrucksweise«. Einen öffentlichen Aufschrei würde es nicht geben. Kim Yo Jongs Propagandisten hatten die sexistische Beschimpfung der südkoreanischen Staatschefin faktisch zur Normalität gemacht und die Südkoreaner darauf konditioniert, damit zu leben. Doch Schweigen war in diesem Fall eben nicht der beste Ausdruck stummer Verachtung. Es war gleichbedeutend mit impliziter Akzeptanz. Einmal mehr hatte Nordkorea den Ton für die innerkoreanischen Beziehungen vorgegeben. Und jede Runde ging an die ausfällige Bauchrednerin aus Pjöngjang.

Schon im Frühjahr 2014 waren viele Amerikaner entrüstet und schockiert über die Obszönitäten Nordkoreas, als Pjöngjang den ersten afroamerikanischen Präsidenten der Vereinigten Staaten mit einer Welle übler rassistischer Beleidigungen überzog. Die KCNA, das wichtigste aufs Ausland zielende Propagandainstrument, bezeichnete Barack Obama als »bösartigen schwarzen Affen«, der zurückgehen und »mit einer Gruppe von Affen im größten afrikanischen Natur-Zoo der Welt leben und die ihm von den Besuchern hingeworfenen Brotkrumen auflecken« solle. Außerdem nannte sie Obama einen »Mischling von unklarem Blut« und behauptete, er habe »noch immer die Gestalt eines Affen, während sich die Menschheit über Millionen von Jahren hinweg fortentwickelt hat«.[13]

Derartige Verunglimpfungen könnten niemals ohne die Zustimmung des Obersten Führers verbreitet werden, sodass Kim Jong Un und seine Chefpropagandistin, seine Schwester, aus deren Feder womöglich sogar viele dieser Formulierungen stammten, oder die sie zumindest gebilligt haben musste, für diese besonders niederträchtigen Attacken verantwortlich waren. Die maßvolle Rüge des Weißen Hauses beschränkte sich auf die Feststellung: »Die von der nordkoreanischen Regierung kontrollierten Medien zeichnen sich zwar stets durch ihre Theatralik aus, diese Äußerungen allerdings sind besonders hässlich und respektlos.«[14]

Nur wenige jedoch waren imstande, diese vulgäre Stimme mit der jungen Frau in Verbindung zu bringen, die sie abgesegnet haben musste. Gewiss, diese Hetzreden waren nicht zwingend das Werk einer einzelnen Person. Vielmehr waren sie die kollektive Arbeit zahlreicher hauptamtlicher Texter in diversen Parteiabteilungen und Ministerien, die aufgrund ihrer stilistischen Brillanz von den besten Universitäten des Landes rekrutiert worden waren. Ihre Kunst besteht darin, Texte zu fabrizieren, die ebenso abstoßend wie poetisch sind. Alle führenden Politiker Südkoreas haben schon irgendwann einmal die Schmähungen Nordkoreas über sich ergehen lassen müssen, selbst diejenigen, die den Obersten Führer Nordkoreas und seine – zumindest damals noch – so zuvorkommende Schwester einst herzlich empfangen hatten.

KAPITEL 10

Die Pjöngjang-Spiele

Zu Beginn des Jahres 2018 waren die Beziehungen zwischen den USA und Nordkorea an einem Tiefpunkt angelangt. Im Jahr davor hatte das Kim-Regime etliche Raketen starten lassen, darunter, ab dem 4. Juli, dem amerikanischen Unabhängigkeitstag, drei Interkontinentalraketen von zunehmender Intensität sowie ein bis dato beispielloser Thermonukleartest im September 2017. Kim Jong Un und Präsident Trump (der im Januar 2017 ins Amt eingeführt worden war) titulierten einander wenig schmeichelhaft als »Raketenmann auf Selbstmordmission« beziehungsweise »geistesgestörten dementen amerikanischen Greis«. Jeder hatte dem anderen mit atomarer Auslöschung gedroht. Im Januar 2018 prahlten beide gern mit ihrem jeweiligen »Atomknopf«. Kim Jong Un stellte in seiner Neujahrsansprache klar, dieser stehe »immer auf [s]einem Schreibtisch«. Zwei Tage später twitterte Trump: »Könnte ihm jemand von seinem bettelarmen und ausgehungerten Regime bitte sagen, dass ich auch einen Atomknopf habe. Aber es ist ein viel größerer und kraftvollerer als seiner, und mein Knopf funktioniert!«[1]

Im vorhergehenden November hatte Trump vor der südkoreanischen Nationalversammlung gesprochen und die Menschenrechtsverletzungen in Nordkorea deutlich benannt. »Nordkorea ist ein Land, das wie ein Kult regiert wird«, sagte er. »Im Mittelpunkt dieses Militärkults steht der irrsinnige Glaube an die schicksalhafte Bestimmung des Führers, als eine Art väterlicher Beschützer über die von ihm eroberte koreanische Halbinsel und ein versklavtes koreanisches Volk zu herrschen.« Ferner ging er auf die grundlegende politische Dynamik auf der koreanischen Halbinsel ein, die langfristig zuungunsten des Nordens ausfalle: »[D]ie bloße Existenz einer prosperierenden südkoreanischen Republik stellt eine Bedrohung für das Überleben der nordkoreanischen Diktatur dar.«[2]

In seiner Rede erwähnte Trump auch Otto Warmbier, den Studenten der University of Virginia, der Anfang 2016 bei einem Besuch in Nordkorea als Geisel genommen, gefoltert und zu fünfzehn Jahren Gefängnis und Zwangsarbeit verurteilt worden war. Im darauffolgenden April war er hirntot, wurde über ein Jahr später, im Juni 2017, im Wachkoma entlassen und war noch im selben Monat gestorben. »Das Kim-Regime«, sagte Präsident Trump – dessen anhaltender Druck Nordkorea tatsächlich dazu gebracht hat, Warmbier freizulassen – in Seoul, »hat Otto Warmbier gefoltert, was letztlich zum Tod dieses feinen jungen Mannes geführt hat.«

Während des medialen Gepolters der vergangenen zwei Jahre hatte das Kim-Regime drei Atomtests durchgeführt, sowie drei Langstreckenraketen und Dutzende von Flugkörpern mit geringerer Reichweite getestet. Die USA wussten nur zu gut, dass Nordkoreas üblicher Trick nun vorsah, eine Charmeoffensive folgen zu lassen, und dies war definitiv der richtige Zeitpunkt, die Tonlage zu wechseln.

Wie es der Zufall wollte, stand im Februar 2018 die Eröffnung der 23. Olympischen Winterspiele an. Und wo sollten diese Spiele stattfinden? In Pyeongchang, Südkorea. Am 8. Januar 2018 gab es bemerkenswerte Neuigkeiten: In letzter Minute wurde bekannt, dass Nordkorea an den Spielen teilnehmen würde. Noch bemerkenswerter war, dass es ein Dutzend seiner Eishockeyspielerinnen schicken würde, die sich mit dem südkoreanischen Team zu einer »gesamtkoreanischen Mannschaft« zusammenschließen sollten. Außerdem würden sie von einer offiziellen Regierungsdelegation aus dem Norden begleitet werden.

Bei vielen Südkoreanerinnen und Südkoreanern stieß die Idee auf Ablehnung, während sich der kanadische Cheftrainer der südkoreanischen Frauennationalmannschaft darüber sorgte, dass Fairness und Athletinnen zu reinem Beiwerk großer Politik verkommen könnten. Wozu die ganze Aufregung, entgegnete Premierminister Lee Nak-Yon: Die südkoreanische Mannschaft sei »ohnehin nicht in Medaillenreichweite«.[3] (Später musste er sich für seine Äußerungen offiziell entschuldigen.)

Doch obwohl Südkorea das Land war, das bei einem nuklearen Patt mit Nordkorea am meisten zu verlieren hatte, verleugnete es diese Tatsache so nachhaltig, dass es die Olympischen Spiele von Pyeongchang sogar zu »Friedensspielen« ausrief. Die mächtige Kraft des Nationalismus, die Botschaft der Einheit, die geschäftlichen Erwägungen des Internationalen Olympischen Komitees (IOC) und das politische Kalkül von Präsident Moon Jae In – das alles kam zusammen. Also gewährte das IOC in letzter Minute eine Ausnahmeregelung von der Beschränkung der Mannschaften auf zweiundzwanzig Spielerinnen und erlaubte dem vereinigten koreanischen Team, fünfunddreißig aufzustellen. Besondere Zeiten erforderten nun mal besondere Gefallen.

In den Tagen vor der Eröffnungsfeier wandte sich Nordkorea via Südkorea an das Weiße Haus. Die Botschaft war recht spektakulär. Trotz mehr als einem Jahr voller Provokationen und gegenseitiger Beschimpfungen baten die Nordkoreaner um ein Treffen mit dem amerikanischen Vizepräsidenten, der die amerikanische Olympiadelegation anführen würde. Nach einer Reihe von Gesprächen mit Trump und seinem Stab erklärte sich Mike Pence schließlich bereit, sich mit den Nordkoreanern an einen Tisch zu setzen. Das Treffen sollte am 10. Februar, dem Morgen nach der Eröffnungsfeier, im Blauen Haus stattfinden.

Im Vorfeld von Pence' Abreise nach Südkorea stellte das Weiße Haus ganz klar, er werde »nicht zulassen, dass das nordkoreanische Regime die Botschaft der Olympischen Spiele kapert«.[4] Mit seiner Rede zur Lage der Nation am 30. Januar im Kongress hielt Trump den Druck aufrecht, indem er auf die Anwesenheit von Otto Warmbiers Eltern, Fred und Cindy, im Publikum verwies, wie auch auf die von Ji Soeng Ho, einem beidseitig amputierten nordkoreanischen Geflüchteten und Menschenrechtsaktivisten, der später, 2020, ins südkoreanische Parlament gewählt wurde. Man lud Fred Warmbier sogar ein, als Mitglied der Pence-Delegation nach Pyeongchang zu fliegen. Bei einem Zwischenstopp in Japan, an der Seite des japanischen Premierministers Shinzo Abe und nur zwei Tage vor einem persönlichen Treffen beider Männer mit Kim Yo Jong, bekräftigte Pence die Botschaft seines Präsidenten: »Geschätzte 100 000 Nordkoreaner leben in Gulags«, sagte der Vizepräsident, »quälen sich bei Zwangsarbeit und sind ständig Folter, Hunger, Vergewaltigung und Mord ausgesetzt.«[5]

Für die US-Regierung war es kein Geheimnis, dass es sich bei Kim Yo Jongs Flirt mit der Diplomatie lediglich um eine Finte handelte, um die Sanktionen zu lockern und Zeit für den Bau weiterer Bomben zu gewinnen. Auch Japan wusste dies. »Gemeinsam mit Japan und all unseren Verbündeten«, so Pence abschließend, »werden wir unsere Kampagne des maximalen Drucks so lange intensivieren, bis Nordkorea konkrete Schritte in Richtung einer vollständigen, nachprüfbaren und unumkehrbaren Denuklearisierung unternimmt.«[6]

Kim Yo Jongs Besuch in Südkorea anlässlich der Winterspiele 2018 war an sich schon eine Sensation, der Zeitpunkt jedoch – nur einen Monat nach den gegenseitigen Atomdrohungen von Kim Jong Un und Donald Trump – schien ihn beinahe zu einem Akt der Erlösung zu machen. Auf ihren schmalen Schultern ruhte die Zukunft der Menschheit!

Als sie in Südkorea eintraf, obsiegten Wohlwollen und Zuneigung über gesunden Menschenverstand. Nordkoreas glamouröse Sängerinnen, Musikerinnen und Hunderte von Cheerleadern hatten die bis dato eher glanzlosen Olympischen Spiele von Pyeongchang bereits gehörig aufgepeppt – einer Stadt, von der nur wenige je gehört hatten und die viele mit Pjöngjang verwechselten.[7] Doch jetzt folgte Pjöngjangs Geniestreich: die nordkoreanische Prinzessin, die die Veranstaltung mit ihrer leibhaftigen Präsenz beehrte. Wie könnte Mike Pence – ohnehin nicht der charismatischste aller Politiker – da mithalten? Schon als er am selben Tag wie die Nordkoreaner in Südkorea eintraf, drohte die Winterolympiade von Pyeongchang zu den »Pjöngjang-Spielen« zu werden: Vom Süden bezahlt, und doch ebneten sie den Weg für Kim Jong Uns angestrebten Imagewandel.

Während die US-Delegation am Tag der Eröffnungszeremonie mit vier nordkoreanischen Überläufern zusammentraf und Pence selbst die Gedenkstätte für jene sechsundvierzig südkoreanischen Matrosen besuchte, die 2010 beim Torpedoangriff eines nordkoreanischen U-Boots auf ihr Schiff, die *Cheonan*, gestorben waren[8], blickten die meisten Bürger Südkoreas gebannt auf Kim Yo Jong und träumten sehnsuchtsvoll davon, dass der Besuch der Prinzessin ein neues Zeitalter des Friedens einläuten würde.

In einem so geschichtsträchtigen Augenblick schienen profane Diskussionen über Menschenrechte im Allgemeinen und die Rolle des nordkoreanischen Gastes bei der Unterdrückung ihres Volkes im Besonderen völlig fehl am Platz. Sowohl bei der Eröffnungsfeier als auch beim anschließenden Empfang mit Abendessen hielt der wohlmeinende US-Vize an seinen Prinzipien fest und mühte sich nach Kräften, die Nordkoreaner zu ignorieren.[9] »[Präsident] Moons Priorität«, schreibt Pence in seinen Memoiren, »war die koreanische Wiedervereinigung, deshalb wollte er unbedingt, dass ich mich mit Kims Schwester und Kim Young-Nam, Nordkoreas offiziellem Staatsoberhaupt, traf … Es war offensichtlich, dass [Moon] auf taktvolle Art eine Begegnung zwischen Kim Young-Nam und mir erzwingen wollte … Auf keinen Fall!«[10]

Aber er beging auch eine Reihe leichtsinniger Fehler.

Pence hatte zuvor klargestellt, dass er nicht an dem Abendessen vor der Eröffnungsfeier teilnehmen würde, wenn er am selben Tisch wie Kim Yong Nam säße. Doch als er im Olympischen Dorf eintraf, musste er feststellen, dass ihm ein Platz am Haupttisch direkt gegenüber von Kim Yong Nam zugewiesen worden war.[11] Erbost schüttelten Pence und seine Frau Karen »jedem anderen Staatschef im Raum« die Hand und verließen den Empfang, um sich stattdessen mit amerikanischen Sportlern zu treffen.[12] So entstand der Eindruck, dass es die USA wären – nicht Nordkorea –, die kein Interesse an Dialog und diplomatischer Annäherung hatten.

In der Ehrenloge bei der Eröffnungszeremonie selbst sahen sich der Vizepräsident und seine Second Lady mit einer noch misslicheren Sitzordnung konfrontiert, und diesmal konnten sie nicht so einfach gehen. Die nordkoreanische Delegation hatte gefordert, eine Reihe hinter der US-Delegation platziert zu werden – also, angesichts der gestuften Anordnung, »über« ihnen – und den Süden damit unter Druck gesetzt, dass sie »nicht an der Eröffnungszeremonie teilnehmen würden, sollte Südkorea nicht dafür Sorge tragen«.[13]

Schließlich gab Präsident Moon nach und setzte Kim Yo Jong nicht nur über Mike Pence, sondern auch über sich selbst, das Ge-

Kim Yo Jong in der Sitzreihe hinter Mike Pence bei den Olympischen Winterspielen 2018.

sicht des Gastgeberlandes. Dadurch entstand der Eindruck, die Nordkoreaner stünden in jeder Hinsicht »über« ihnen allen – sowohl über den Amerikanern als auch über den Südkoreanern.

Kim Yo Jong jedenfalls war fraglos dieser Auffassung. Als Präsident Moon die VIP-Loge betrat, traf sie ihn zum ersten Mal persönlich. Strahlend lächelnd blickte Moon zu seinem ganz besonderen Gast auf und reichte ihm die Hand. Sie aber streckte den Arm nur halb aus, um ihm die Hand zu schütteln, mit angelegtem Ellbogen und kerzengeradem Rücken neigte sie sich nicht weiter vor als nötig, so als würde die junge Frau einen viel älteren, aber untergeordneten Offizier begrüßen, der respektvoll zu ihr aufsah.

Während nur wenige Südkoreaner, wenn überhaupt, eine solche Szene gutgeheißen hätten, wenn ihr Staatsoberhaupt, sagen wir, den japanischen Premierminister oder sogar Kim Jong Un selbst begrüßt hätte, wurde dieser »historische Händedruck« weithin bejubelt. Ja, das Foto des Händedrucks ging sogar viral.[14] Die lächelnde Prinzessin vom Berg *Paektu*, die dem südkoreanischen Staatschef die Hand schüttelte, machte alle Fragen des diplomatischen Protokolls, des nationalen Ansehens oder gar des tief verwurzelten Nationalstolzes auf einmal obsolet. Kim Yo Jong hatte die Gunst der Stunde genutzt. *Ich bin hier die Hauptattraktion*, sagte ihre Körpersprache. *Ihr solltet alle dankbar sein, dass ich eure Eröffnungsfeier beehre.*

Und was den amerikanischen Vizepräsidenten anging, so überstrahlte Kim Yo Jong ihn und seine Frau, die fast direkt unter ihr saßen, den gesamten Abend lang mit ihrem herrschaftlichen Lächeln.

Als die nordkoreanischen und südkoreanischen Athleten gemeinsam einmarschierten, ritt sich Pence noch tiefer ins Schlamassel. Moon und seine Frau, beide in schwarz gestreiften weißen Parkas und rot-blauen Schals, den Farben der Nationalflagge, erhoben sich und applaudierten. Kim Yo Jong und Kim Yong Nam taten es ihnen gleich, die Prinzessin allerdings zaghafter. Präsident Moon und seine Gattin wandten sich um, um Kim Yo Jong und Kim Yong Nam abermals die Hand zu reichen. Wieder schenkte Kim Yo Jong ihnen ein zurückhaltendes Lächeln. Und Mike und Karen Pence? Die beiden blieben in ihren farblich abgestimmten rot-weiß-blauen Team-USA-Parkas hingekauert sitzen und waren nicht einmal bereit, sich ein oder zwei pflichtbewusste Klatscher für die nordkoreanischen Athleten abzuringen, geschweige denn, sie anzufeuern. Infolgedessen applaudierten sie auch den südkoreanischen Sportlern nicht.

Das Schauspiel in der Ehrenloge war für den südkoreanischen Staatschef ebenso wenig schmeichelhaft wie für den US-Vizepräsidenten, die meisten Südkoreaner allerdings echauffierten sich über

Letzteren. Bei der größten Sportveranstaltung der Welt wirkte der oberste US-Vertreter wie ein Spielverderber, ein griesgrämiger Miesepeter. Viele Südkoreaner ärgerten sich über Pence' mangelnden Respekt vor den südkoreanischen Athleten auf heimischem Boden und natürlich auch über seine offen sauertöpfische Geringschätzung des historischen Moments, indem nord- und südkoreanische Sportler bei den Olympischen Spielen gemeinsam einmarschierten – auch wenn es, zugegeben, seit der Eröffnungsfeier 2000 in Sydney (gefolgt von Athen 2004 und Turin 2006) bereits das vierte Mal war.

Wie Fred Warmbier später meinte, habe Nordkorea mit Abstand am meisten von Moons Handeln profitiert. Pence hingegen »wollte keinen Kotau vor den Nordkoreanern machen«.[15] Sein Fehler war, dass er dies so offen zeigte: Es machte ihn in den Augen vieler zum rüpelhaften Quengler.

Im Nachhinein wäre es für Pence besser gewesen, sich zähneknirschend an den Haupttisch zu setzen, ein steifes Grinsen aufzusetzen, und mit dem japanischen Premierminister, dem deutschen Bundespräsidenten und dem Generalsekretär der Vereinten Nationen zu plaudern, während er Kurzsichtigkeit vortäuschte und so tat, als könnte er den nordkoreanischen Gast am anderen Tischende nicht wahrnehmen. Und es wäre besser gewesen, auf Kim Yo Jong und Kim Yong Nam in der Ehrenloge zuzugehen und zu versuchen, ihnen die Hand zu geben. Hätten die Nordkoreaner abgelehnt, umso besser: 1:0 für Team Amerika und ein Eigentor für Nordkorea.[16]

So gut Kim Yo Jong sich auch darauf verstand, ihrem kalten und brutalen Staat eine weichere, weiblichere Note zu verleihen, war sie dennoch nicht perfekt. Als die US-Athleten ihren Auftritt hatten, blieb sie ebenfalls auf ihrem Platz sitzen, die Nase hochgereckt und ein wenig mürrisch dreinblickend, und applaudierte nicht einmal, was die Moon-Regierung einige Sympathiepunkte kostete. Man stelle sich nur die Begeisterung vor, hätte sie ihr herzzerreißendes Lächeln aufblitzen lassen, drei- oder viermal geklatscht und dann mit einem kleinen Japser innegehalten, als hätte sie sich selbst bei etwas Verbotenem ertappt! »Wie bezaubernd!«, hätten die Leute wohl geschwärmt.

Doch zumindest ein Amerikaner hatte sie durchschaut. Fred Warmbier wollte mit der nordkoreanischen Delegation reden. Er hatte Fragen zu seinem Sohn Otto. Warmbier wollte Zugang zu Ottos medizinischen und juristischen Akten während dessen siebzehnmonatiger Gefangenschaft in Nordkorea. »Ich war immer noch sehr wütend, weil sie meinen Sohn umgebracht hatten. Aber die Südkoreaner haben es nicht zugelassen. Der russische Botschafter in Nordkorea war ebenfalls anwesend. Er sagte zu mir: ›Es tut mir wirklich leid, was Nordkorea Ihrem Sohn angetan hat.‹ Aber ich wollte es von den Nordkoreanern hören.«

"Moon kam mir sehr anständig vor«, erinnerte sich Warmbier später. »Aber ich begriff, dass er bereit war, alles zu tun, was Nordkorea verlangte.«

Man muss Präsident Moon zugutehalten, dass die Verbesserung der Beziehungen zwischen Nord- und Südkorea durchaus ein lobenswertes Ziel darstellte. Sein Fehler war nur, zu denken, dass, wenn er die nächsten zwei Tage damit zubrachte, die nordkoreanische Königsfamilie in ein gutes Licht zu rücken und Kim Yo Jong zu hofieren, dies eine Art gegenseitige Nähe schaffen würde, anstatt ihn in ihren Augen schwach erscheinen zu lassen. Fred Warmbier allerdings hatte eine ganz andere Sicht auf die junge Prinzessin aus Nordkorea: »Ich habe sie angesehen. Sie ist böse, durch und durch. Sie ist eine Mörderin, eine Kriminelle, eine Verbrecherin. Nur, dass sie zufällig eine Frau ist.«[17]

KAPITEL 11

Besuch im Blauen Haus

Am nächsten Tag, zwei Stunden vor dem vereinbarten Termin, sagte Kim Yo Jong das Treffen mit den Amerikanern ab.[1] Ihre Verabredung mit dem südkoreanischen Präsidenten hielt sie jedoch wie erwartet ein.

Kim Yo Jong und ihr Gefolge trafen um 10.59 Uhr auf dem Gelände des Wohn- und Amtssitzes Moons ein. Sie trug ein schwarzes Kostüm und am linken Revers den in Nordkorea allgegenwärtigen Anstecker mit den lächelnden Konterfeis ihres Vaters und Großvaters vor rotem Hintergrund. Obwohl Präsident Moon bei Treffen mit Staatsoberhäuptern wie Donald Trump, Shinzo Abe oder Boris Johnson in der Regel ebenfalls einen Anstecker mit der Nationalflagge trug, verzichtete er bei diesem besonderen innerkoreanischen Termin taktvoll darauf – weder die Demokratische Volksrepublik Korea noch die Republik Korea erkennen den jeweils anderen als souveränen Staat an. Auch bei seinen späteren Unterredungen mit Kim Jong Un im April, Mai und September sollte er ihn nicht tragen.

Zum ersten Mal seit ihrer Ankunft in Südkorea wurde Kim Yo Jong in der Öffentlichkeit ohne ihren Wintermantel gesehen. Obwohl es nicht gleich zu erkennen war, schien man doch eine leichte Wölbung an ihrem Bauch wahrzunehmen. Außerdem wirkte sie etwas fülliger als auf früheren Fotos. Onlinespürnasen, Kim-Experten und sogar Geheimdienstanalysten vermuteten, dass Kim Yo Jong schwanger war.

Möglicherweise, so wurde spekuliert, befand sie sich im letzten Drittel ihrer Schwangerschaft und brachte Ende März oder Anfang April ein Kind zur Welt, da sie auf dem ersten innerkoreanischen Gipfeltreffen, an dem sie Ende April zusammen mit ihrem Bruder teilnahm, sichtlich schlanker erschien.[2] Dennoch wurde sie bei öffentlichen Auftritten beobachtet, wie sie einige Schlucke Alkohol trank, was in beiden koreanischen Staaten für werdende Mütter ein gesellschaftliches Tabu darstellt.

Aber sie war eine mächtige Prinzessin. Sie konnte im Grunde tun und lassen, was sie wollte. Vielleicht ging ihre Kühnheit, wie auch die angebliche Reformbereitschaft ihres Bruders[3], ja auf ihren frühen Kontakt mit dem Schweizer Kosmopolitismus zurück: Laut einem Bericht der Harvard Medical School von 2020 verzeichnet die Schweiz nach Großbritannien und Russland den dritthöchsten Prozentsatz an Frauen, die während der Schwangerschaft Alkohol zu sich nehmen – 20,9 Prozent –, doppelt so hoch wie in den USA.[4]

Ihre Delegation war die erste nordkoreanische Abordnung im Blauen Haus seit dem 23. August 2009, als Kim Ki Nam, der »Großmeister der Propaganda« und langjährige nominelle Leiter der Abteilung für Propaganda und Agitation, zusammen mit Kim Yang Gon, dem Chef des Komitees für die friedliche Wiedervereinigung des Vaterlandes, den südkoreanischen Präsidenten Lee Myung Bak besucht hatten, um dem wenige Tage zuvor verstorbenen einstigen Präsidenten Kim Dae Jung die letzte Ehre zu erweisen. Auch Kim Dae Jung war ein großzügiger Wohltäter des Kim-Jong-Il-Regimes gewesen. Im Jahr 2000 hatte er Kim Jong Il im Vorfeld seines Pjöngjang-Besuchs im Juni 450 Millionen Dollar in bar zukommen und Waren im Wert von weiteren 50 Millionen

Dollar folgen lassen: Allein das sollte den Nordkoreanern schon die letzte Ehre wert gewesen sein.

Für Moons Privileg, als erster südkoreanischer Staatschef ein Mitglied der nordkoreanischen Königsfamilie empfangen zu dürfen, und obendrein noch eine so glamouröse junge Dame, musste er das Versprechen ablegen, sich künftig für deren Belange einzusetzen. In den kommenden Jahren und Monaten sollte Moon die USA immer wieder bitten, Kim Jong Un bei der Lockerung von Sanktionen entgegenzukommen und südkoreanische Investitionen in Nordkorea zuzulassen, die gegen die Resolutionen des UN-Sicherheitsrats sowie US-Gesetze verstießen. Nach Meinung der Kim-Geschwister jedoch hatte er sich noch immer nicht genügend angestrengt: Aus Kim Yo Jongs späteren Propaganda-Schmähungen, in denen sie Moon als »ängstlichen Hund«, »erstklassigen Idioten« und »in Amerika aufgezogenen Papageien« bezeichnete, sprach ihre Enttäuschung über sein Versagen.

Die so besondere Gesandte trug sich ins Gästebuch des Blauen Hauses ein. Anstatt einen bestimmten Titel oder Rang anzugeben, setzte sie über ihren Namen nur die Worte »Hochrangige Delegation der Demokratischen Volksrepublik Korea«. Dann schrieb sie in der berühmten Handschrift der Paektu-Blutlinie, in der die Wörter in einem 45-Grad-Winkel aufzusteigen scheinen, folgende Botschaft: »Ich wünsche mir, dass Pjöngjang und Seoul in den Herzen unserer Landsleute näher zusammenrücken und das schnelle Vorankommen einer Zukunft der Wiedervereinigung und des Wohlstands.«

Kim Yong Nam, der offizielle Delegationsleiter, trug sich ebenfalls ins Gästebuch ein. »Das Bemühen um Solidarität und die Überzeugung im Streben nach Wiedervereinigung muss der lang gehegte Traum der koreanischen Nation sein«, schrieb er.

Auf den ersten Blick klingen beide Botschaften wie banale Allgemeinplätze. Doch beide enthielten deutliche Forderungen. Bei Kim Yo Jongs Botschaft handelte es sich im Wesentlichen um einen Spendenaufruf: Seoul möge bitte ihre Regierung subventionieren, so wie es frühere südkoreanische Regierungen auch getan hatten. Kim Yong Nams Appell war eher ideologischer Natur: Dass »Solidarität« und »Überzeugung« in Bezug auf das edle Ziel der nationalen Wiedervereinigung – sprich Unterwerfung unter Nordkorea – die Bürger frei machen würde.

Moon konnte seine Freude darüber, die erste Vertreterin der Paektu-Blutlinie im Blauen Haus zu empfangen, kaum verbergen. Doch die Gäste hielten alle Trümpfe in der Hand. Kim Yo Jong saß am längeren Hebel, konnte überzogene Forderungen stellen und sogar, wenn sie wollte, einfach mittendrin hinausspazieren, so wie sie es wegen der Sitzordnung bei der Eröffnungsfeier angedroht hatte. Heute aber offenbarte die Sondergesandte dem südkoreanischen Präsidenten, dass die blaue Mappe mit der Aufschrift »Demokratische Volksrepublik Korea« ein offizielles Schreiben ihres Bruders enthielt, und legte es feierlich vor sich auf den Tisch. Ihr Gastgeber beugte sich erwartungsvoll nach vorn, so weit, dass er nur noch wacklig auf der Stuhlkante hockte, Kim Yo Jong jedoch lehnte sich zurück und blickte, anstatt ihrem aufgeregten Gegenüber in die Augen zu schauen, nur leicht hinab. Täuschen Sie sich nicht: Sie sah gelangweilt aus.

Dieser Schnappschuss war sinnbildlich für Kim Yo Jongs Arroganz und zeigte, wie sie die Machtverhältnisse im Raum einschätzte. Viele Südkoreaner und Beobachter in aller Welt kommentierten dieses Bild. »Nasenloch-Augen«, so nannte man es in Taiwan: Sie sah andere nicht mit den Augen, sondern (hochnäsig, entlang der Nase) von oben herab an.[5] Die Verachtung der Prinzessin für den südkoreanischen Staatschef war für jeden Laien offensichtlich.[6]

Kim Yo Jong, Präsident Moon (Mitte) und Kim Yong Nam posieren im Blauen Haus vor dem eigens in Auftrag gegebenen Kunstwerk mit dem chinesischen Schriftzeichen *tōng*, was so viel wie »gegenseitiger Fluss« bedeutet.

»Kim Yo Jong stützte ihre Ellbogen auf die Armlehne des Stuhls, was zeigte, dass sie in Gegenwart von Moon Jae In nicht den geringsten Wert auf korrekte [ostasiatische] Etikette legte«, beobachtete die japanische Psychologin Ayako Sato. »Und selbst ihr Lächeln Moon Jae In gegenüber war unecht.«[7]

Moon jedoch, noch immer sichtlich in Hochstimmung, ließ sich nicht beirren. Als Kim Yo Jong ihm die blaue Mappe überreichte, schenkte sie ihm endlich ein spitzlippiges Lächeln und schüttelte ihm die Hand, wobei er Blick und Kopf leicht senkte – eine traditionelle koreanische Geste des Respekts gegenüber einem Älteren oder Vorgesetzten. Das Erscheinungsbild war, wie schon am Vorabend, ungewöhnlich.

Doch Moons übertriebene Gastfreundschaft gegenüber Kim Yo Jong gipfelte in einer überaus bedenklichen Geste. Er hatte eine

Überraschung parat: eine eigens für den Anlass angefertigte Leinwand, vor der er sich zu zweit mit Kim Yo Jong und zu dritt mit ihr und Kim Yong Nam ablichten ließ. Auf der Leinwand war ein großes chinesisches Schriftzeichen zu sehen, *tōng*, was so viel bedeutet wie »gegenseitiger Fluss« *oder* »gegenseitige Kommunikation«*, geschrieben in schwarzer Tusche und kunstvoll-kalligraphischer Handschrift. Das Wort ist ein Homophon zu einem anderen chinesischen Schriftzeichen, das für »besitzen« steht.** Fügt man *tōng* noch das Wort »eins« hinzu, so bedeutet das Kompositum »Wiedervereinigung«.

Rechts neben dem fließenden chinesischen Schriftsymbol prangte ein mit Tusche gezeichneter Umriss der koreanischen Halbinsel und darunter die folgende Beschriftung:

> Wenn »Wiedervereinigung« der Endzustand ist, dann ist »gegenseitiger Fluss« der Prozess. Einen neuen Weg aus einer Sackgasse zu finden und die Entschlossenheit, einen Pfad zu schlagen, wo es keinen gibt, ist dringend erforderlich, um die Teilung zu überwinden und den Pfad zur Wiedervereinigung zu beschreiten. Kommunikation und Dialog, ständiger Austausch und Verständnis sind Gehalt und Methode des »gegenseitigen Flusses«. »Gegenseitiger Fluss« bringt »Wiedervereinigung« hervor. Strebe nach »Wiedervereinigung« durch »Gegenseitigkeit«.***

* 通

** 統

*** ›통(統)이 완성이라면 통(通)은 과정입니다. 막다른 데서 길을 찾고 길 없는 데서 길을 낼 결심이 분단 극복과 통일로 가는 길에서는 더욱 절실합니다. 소통과 대화, 꾸준한 교류와 이해가 通의 내용이 자 방법입니다. 通은 統입니다. 通으로 統을 이루게 되기를.‹

Wie das Blaue Haus später bekannt gab, hatte Moon seinen Gästen die Bedeutung des außergewöhnlichen Schriftzeichens für »Gegenseitigkeit« erklärt, als ob sie diese nicht längst kannten. Er wünsche sich, sagte er, dass der Norden und der Süden künftig weiter miteinander kommunizieren und zusammenarbeiten. Anschließend erzählte er seinen Gästen, wie sehr er den Kalligraphen der speziellen Schrift, Shin Young Bok, bewundere.
Tatsächlich hatte Kim Yong Nam dies bereits am Vorabend in Moons Rede beim olympischen Empfang gehört:

> Shin Young Bok, ein geschätzter koreanischer Intellektueller, hat einmal gesagt, dass der ursprüngliche Kern der Freundschaft darin liege, sich zum Schutz gegen die Kälte des Winters eng aneinanderzuschmiegen und seine Körperwärme mit dem Nächsten zu teilen. Ich bin sicher, dass die Freundschaft, die uns alle, die wir heute hier aus sämtlichen Ecken der Welt zusammengekommen sind, verbindet, in der Kälte der Gangwon-Provinz weiter gefestigt werden wird.[8]

Und Moon fuhr fort: »Den kleinen Schneeball, den wir gerade in Händen halten« – die zerbrechliche Chance auf Frieden – »wir müssen ihn formen, gemeinsam und vorsichtig. Mein Volk und ich werden die Freundschaft, die uns die Welt nach Pyeongchang gesandt hat, nie vergessen. Ich werde es Ihnen mit einer friedlichen koreanischen Halbinsel vergelten.«[9]

Die Bedeutung mag so gut wie allen anwesenden ausländischen Gästen entgangen sein, aber zumindest ein nordkoreanischer Besucher, Kim Yong Nam, wusste von Moons besonderer Vorliebe für Shin Young Bok, die unter Eingeweihten allgemein bekannt war. Wer aber war Shin Young Bok überhaupt?

Shin war ein begnadeter Künstler, Gelehrter, Ökonom und Universitätsprofessor, dessen unverwechselbare Schreibkunst in Südkorea weite Kreise ansprach. So ziert die Schriftart »Shin Young Bok« beispielsweise das Etikett einer beliebten *Soju*-Marke – eines preiswerten alkoholischen Getränks namens »Cheo-eum Cheoreom« (»Wie beim ersten Mal«), das in den 40000 Lebensmittelgeschäften des Landes allgegenwärtig ist – die bei weitem höchste Pro-Kopf-Dichte der Welt, etwa ein Geschäft pro 1275 Personen.

Außerdem wurde Shin im Jahr 1968 wegen Spionage für den Norden verhaftet und verurteilt. Er erhielt die Todesstrafe, die später in lebenslänglich umgewandelt wurde, und kam nach zwanzig Jahren hinter Gittern 1988 auf Bewährung frei, nachdem er einen Eid abgelegt hatte, in dem er dem Norden öffentlich abschwor. Jahre später widerrief er diesen Eid. »Ich habe meine Ideologie nie aufgegeben oder meine Genossen verraten«, sagte er[10] und lobte die »Autonomie« Nordkoreas, während er den »Verlust der koreanisch ethnischen Autonomie« und die »Satellitisierung« des kapitalistischen Südens anprangerte, sprich dass dieser ein Satellitenstaat der imperialistischen Vereinigten Staaten geworden sei.[11]

Was viele außerhalb Südkoreas jedoch nicht wissen, ist, dass Moon und seine engsten Mitarbeiter früher einmal Aktivisten waren, die gegen die autoritären Regimes in ihrem Land protestiert, den US-Imperialismus der achtziger Jahre gegeißelt und die antiimperialistische Haltung Kim Il Sungs gepriesen hatten. In seinen Memoiren schrieb Moon zum Beispiel, er habe »Euphorie« verspürt, als er ein Buch von Ri Young Hee, einem prominenten linksgerichteten Reporter und Gelehrten gelesen habe, in dem dieser völlig korrekt die Niederlage der USA im Vietnamkrieg prophezeite.

Selbst wenn Kim Yo Jong nicht mit Shin Young Bok – diesem Mann aus vergangenen Tagen – vertraut gewesen wäre, hätte Kim Yong Nam ihr sicher von Moons Anspielung auf ihn am Vorabend erzählt und sich über Moons Verbundenheit mit einem seriösen südkoreanischen Intellektuellen, der so große Stücke auf ihren Großvater hielt, freuen können. Und es hätte sie besonders gefreut, zu erfahren, was ihr Großvater von Shin gehalten hat: Nach dem Fall Südvietnams im Jahr 1975 hatten die kommunistischen Sieger, Pjöngjangs Quasialliierte, drei in Saigon gestrandete südkoreanische Beamte als Geiseln genommen. Danach forderte Kim Il Sung, Seoul solle Shin auf die Liste für einen Gefangenenaustausch setzen; das heißt, im Gegenzug für die Freilassung pro-nordkoreanischer Gefangener wie Shin würde Kim Hanoi dazu überreden, die Südkoreaner gehen zu lassen. Doch Kim bekam seinen Wunsch nie erfüllt. 1980 ließ Vietnam die Südkoreaner einseitig frei.

Noch am selben Tag veröffentlichte das Blaue Haus die Nachricht Kim Jong Uns an Moon. Der nordkoreanische Führer »bitte Präsident Moon, Nordkorea zu einem Zeitpunkt seiner Wahl zu besuchen«, hatte Kim Yo Jong dem südkoreanischen Staatschef mitgeteilt. »Wenn Sie den Vorsitzenden Kim treffen und sich mit ihm über eine Vielzahl verschiedener Themen austauschen, werden die Nord-Süd-Beziehungen einen Sprung nach vorn machen können, und das Gestern wird Geschichte sein. Ich hoffe, dass Sie beim Aufschlagen eines neuen Kapitels der Wiedervereinigung eine Hauptrolle spielen und viele Spuren für die Nachwelt hinterlassen werden.«

»Lassen Sie es uns verwirklichen«, erwiderte Moon, »indem wir die Voraussetzungen dafür schaffen.« Die »frühzeitige« Aufnahme von »Gesprächen zwischen Nordkorea und den USA«, fügte er hinzu, »ist für die weitere Entwicklung der Nord-Süd-Beziehungen von entscheidender Bedeutung«. Kim Yo Jong wird dies so verstanden haben, dass es für die Aufhebung der Sanktionen der USA und der UN, die Bargeldtransfers und Joint Ventures mit ihrer Regierung untersagten, unerlässlich war, die USA mit ins Boot zu holen. Moon erklärte, er sei von der Idee eines Gipfeltreffens mit Kim Jong Un sehr angetan, was niemanden überraschte, da er schon während der Kanonade nordkoreanischer Raketenstarts im letzten Jahr dafür plädiert hatte. Kim Yo Jongs Auftrag bestand darin, Moon mit einem Gipfeltreffen mit ihrem Bruder zu ködern, um die Trump-Regierung zu einer möglichen Aufhebung der Sanktionen zu bewegen. Moon, das wusste sie, würde gewiss sein Bestes geben.

Ganze zwei Stunden und fünfundvierzig Minuten lang gastierten die Parteien im Blauen Haus des Präsidenten, plauderten, posierten für Fotos, aßen zu Abend und unterhielten sich über die Themen Frieden und die Wiedervereinigung Koreas. Im Blauen Haus jedenfalls wurde Kim Yo Jongs Besuch von beiden Seiten einstweilen als durchschlagender Erfolg gewertet.

Um Viertel vor zwei verließen die Nordkoreaner das präsidiale Anwesen und kehrten zum Skybay Hotel an der Ostküste zurück, das als einziges Hochhaus die Skyline von Gangneung dominiert und dessen gläserner Schimmer sich im Japanischen Meer und im Gyeongpo-See bricht.

Später am Tag zeigte sich Kim Yo Jong in der Eishalle, um am ersten Olympiaabend ihre Fraueneishockeymannschaft anzufeuern. Anschließend erschien sie zum Dinner in einem zweiteiligen Ensemble mit schmuckloser kastanienbrauner Jacke und einer schwarzen Handtasche mit Goldkette. Keine Ringe oder Armreifen, auch keine Halskette – nur der Anstecker mit den strahlenden Gesichtern ihres Vaters und Großvaters. Im Vergleich zum Lunch war der Gastgeber beim Dinner rangmäßig weit weniger interessant: Wiedervereinigungsminister Cho Myoung Gyon, der sie am Vortag bereits in der Flughafenlounge begrüßt hatte.

Nach dem Essen besuchte Kim Yo Jong die Vorrunden im Eisschnelllauf. Im Anschluss saß sie hinter der »Armee der Schönheiten« – dem nordkoreanischen Cheerleader-Kontingent – auf der Tribüne und verfolgte zusammen mit ihrem Genossen Kim Yong Nam, IOC-Präsident Bach und Präsident Moon zu ihrer Rechten die deftige 8:0-Niederlage des gesamtkoreanischen Fraueneishockeyteams gegen die Schweiz.[12] Sie war zwar nicht unbedingt ins »südliche Korea« gereist, wie man im Norden sagt – »südlich« im Sinne des südlichen Gebiets der gesamten koreanischen Halbinsel, die ihre Familie angeblich regiert und über die sie eines Tages tatsächlich herrschen möchte –, nur, um mit anzusehen, wie nordkoreanische Sportler deklassiert werden, doch sie setzte eine tapfere Miene auf und lächelte auf der Tribüne natürlicher als in der VIP-Loge am Vorabend. Für viele war dies ein Grund mehr, die »bescheidene« Prinzessin anzuhimmeln.

Zwei Wochen später sollte Kim Yong Chol, Nordkoreas einstiger Spionagechef und Drahtzieher bei der Versenkung der *Cheonan* und dem massiven Cyberangriff auf die Sony Pictures im Jahr 2014, als Kopf der nordkoreanischen Delegation zur Abschlussfeier der Olympischen Spiele reisen, was für einige Kontroversen sorgte.

Warum aber schickte Kim Jong Un nach dem gefeierten Besuch der Schwester eine so umstrittene Persönlichkeit nach Südkorea? Wohl kaum, weil er keine anderen fähigen Beamten zur Verfügung hatte. Der Grund war denkbar simpel: um Südkorea noch abhängiger von seiner Großzügigkeit zu machen. Je mehr bittere Pillen Kim Jong Un das Nachbarland zu schlucken zwingt, desto abhängiger wird Südkorea – psychologisch gesehen – von der nächsten Wohltat des Obersten Führers. Man könnte es »Seoul-Syndrom« nennen: Mit seiner »betörenden Mischung aus Gangstertum und Anmache bringt der nordkoreanische Tyrann Seoul in der Regel dazu, die Geldbörse zu zücken«.[13] Zumindest war Kim Jong Uns Entscheidung, wie die *Associated Press* feststellte, ein »zaghafter – und recht unverschämter – Versuch, abzuschätzen, wie weit Moon gehen würde, um dem Norden in seinem Bestreben, die Feindseligkeit zwischen den Rivalen zu verringern, entgegenzukommen«.[14] Der Plan der Kim-Geschwister, bei dem Jong Un den *bad cop* und Yo Jong den *good cop* gab, war damals noch in einem Frühstadium. Die Zeit für einen schlagartigen Rollentausch, der ihre Gegner überrumpeln würde, sollte erst noch kommen.

Am letzten Abend ihres Besuchs wurde Kim Yo Jong von Im Jong Seok bewirtet, Moons Stabschef, der in den achtziger Jahren wegen seiner Beteiligung an gewalttätigen Pro-Nordkorea-Protesten im Gefängnis saß. Sie trafen sich in einem Hotel gegenüber dem koreanischen Nationaltheater in Seoul, wo Kim Yo Jongs letzter Programmpunkt anstand: eine musikalische Wohlfühlvorstellung der nordkoreanischen Samjiyon-Band, bei der auch ausgewählte südkoreanische Musiker mitwirkten – ein angemessenes Finale ihrer fabelhaften Reise. Als sie bei der Veranstaltung eintraf, hatte sie ihren schlichten grauen Blazer gegen einen cremefarbenen samt passender Bluse und goldenem Knopf getauscht: Die südkoreanische Presse verfolgte jeden ihrer Schritte, jede ihrer Regungen sowie ihre Garderobenwahl.

Als sie nachts mit der Maschine ihres Bruders wieder heimflog, waren erst zwei Tage der Spiele vorüber. Doch die Spiele von Pyeongchang galten für Süd- wie auch für Nordkorea bereits als riesiger Erfolg. Sie kam, sie sah, sie lächelte und ebnete damit den Weg für die internationale Lockvogeltaktik ihres Bruders, die bald folgen sollte.

Zwei Tage später, am 13. Februar, veröffentlichten die nordkoreanischen Staatsmedien das Foto einer strahlenden Kim Yo Jong, auf dem sie mit beiden Händen den linken Arm ihres Bruders umfasste. Rechts von Kim Jong Un stand Kim Yong Nam, wie immer leise lächelnd. Der Große Führer hielt liebevoll das Handgelenk des Neunzigjährigen. Links und rechts standen die beiden anderen hochrangigen Funktionäre, die an der Reise in den Süden teilgenommen hatten, Choe Hwi und Ri Son Gwon.

Es hieß, Kim Jong Un sei über die Stippvisite seiner Schwester in den Süden hocherfreut gewesen, und auch auf dem Foto strahlte er über beide Wangen. Binnen weniger Tage und ohne große Mühe hatten sich die beiden von einem geächteten Geschwisterpaar in einen König und seine Prinzessin verwandelt. Jetzt, wo sie Seoul an der Angel hatten, war es an der Zeit, sich nach fetterer Beute umzusehen.

KAPITEL 12

Eine koreanische *Komödie der Irrungen*

Am 27. April 2018 um 9.25 Uhr trat Kim Jong Un mit einem stattlichen Lächeln und seinem typischen schwarzen Mao-Anzug mit fünf Knöpfen aus dem Phanmun-Pavillon, dem zweistöckigen Gebäude auf der Nordseite der Militärischen Demarkationslinie (MDL) in der *Joint Security Area* genannten innerkoreanischen Grenzsiedlung. Der nordkoreanische Diktator auf Lebenszeit sollte heute sein erstes Gipfeltreffen mit dem gewählten Präsidenten Südkoreas, Moon Jae In, abhalten.

Millionen Menschen auf der ganzen Welt konnten verfolgen, wie der beleibte Führer mit seinem flotten breitbeinigen Gang und schwingenden Armen, flankiert von seiner Schwester und sechs weiteren hochrangigen Funktionären, die Stufen hinabstieg. Nur wenige Schritte südlich der MDL stand der südkoreanische Präsident Moon Jae In, der eben aus dem gegenüberliegenden Freedom House gekommen war, und wartete auf ihn. Als sich die nordkoreanische Entourage Moon näherte, wichen Kim Yo Jong und die anderen Funktionäre nach links und rechts zur Seite, damit die beiden Staatsoberhäupter aus Pjöngjang und Seoul vor den Augen der Weltöffentlichkeit zusammenstehen und sich über die MDL hinweg die Hände reichen konnten.

Das wäre wohl der Auftakt zum spektakulärsten, in nur vierundzwanzig Stunden bewerkstelligten Imagewandel eines Tyrannen in der Weltgeschichte gewesen – hätte man diesen Film nicht schon einmal gesehen. In wenigen Stunden verwandelte sich Kim Jong Un von einem durchgedrehten unbarmherzigen Diktator in einen durchweg anständigen Kerl. Doch auch, wenn es sich um das meistbeachtete Gipfeltreffen eines nordkoreanischen Staatschefs handelte, so war es weder einzigartig noch sonderlich spektakulär. Schon sein Vater hatte die Messlatte für sensationelle innerkoreanische Gipfeldiplomatie recht hochgelegt. Die erste dieser Begegnungen hatte im Jahr 2000 stattgefunden, die zweite 2007. Beide Male waren die Beobachter staunend Zeuge geworden, wie sich Kim Jong Il von einem exzentrischen grausamen Diktator in einen umgänglichen Staatsmann gewandelt hatte. Im Grunde aber hatte der Großvater bereits gezeigt, wie man es macht: 1972 war er unverhofft aus seinem Kokon gekrochen und hatte in rascher Folge Reporter der *New York Times* (Mai), der *Washington Post* (Juni) und einen Professor von der Harvard Law School (Juli) getroffen sowie im Laufe des Jahres mehrere japanische Journalisten und Politiker.[1]

Der größte Unterschied zwischen den magischen Verwandlungstricks der Vergangenheit und denen Kim Jong Uns bestand jedoch darin, dass er eine Schwester hatte, und während dieses eintägigen Gipfels, der nach 22.00 Uhr mit einem Bankett und einer Freilichtaufführung endete, wich Kim Yo Jong ihrem Bruder nie von der Seite und bezauberte sowohl die Delegierten Südkoreas als auch Millionen von Zuschauern.

Eine siebzigminütige nordkoreanische Dokumentation über Kim Jong Uns ersten innerkoreanischen Gipfel, eine Lobeshymne, die das Treffen als diplomatischen Sieg feierte, der (wie der Sprecher ehrfürchtig verkündete) einen »dramatischen Wandel auf der koreanischen Halbinsel« markiere, legte die Stellung seiner Schwester in der politischen Hierarchie offen. Sie war hier der Star.

Kein anderer Akteur außer ihrem Bruder strahlte ein derartiges Selbstbewusstsein aus, und ihre Amtskollegen aus dem Süden wurden zu Komparsen degradiert. Der mächtigste Mann und die mächtigste Frau Nordkoreas hatten die Kunst des Gipfelauftritts offenbar von ihrem Vater gelernt.

Kim Jong Un strahlte, als er auf Moon zuging. Dann schüttelte er Moons Hand. Dieser magische Moment, in dem die Hände der beiden koreanischen Staatschefs unmittelbar über der fünf Zentimeter hohen Ziegelsteinkante, die die eigentliche Grenze markierte, ineinander auf und ab wippten, strotzte nur so vor Jovialität – auch wenn zynischere Beobachter eingedenk früherer innerkoreanischer Gipfel vielleicht nur Plattitüden sahen. Kim legte seine Linke auf Moons Rechte, um noch mehr Herzlichkeit zu demonstrieren, bevor er ihn gut gelaunt aufforderte, die Trennlinie tatsächlich zu überschreiten – auf seine Seite, in den Norden. Einen Augenblick lang wirkte Moon überrascht, sichtlich überrumpelt von Kims spontaner Wendung. Vierzig Kilometer weiter südlich ging ein kollektives Luftanhalten durch das riesige Kintex-Pressezentrum, das mit Plakaten mit der Aufschrift »Frieden, ein Neuanfang« geschmückt war, und in dem rund 3000 südkoreanische und ausländische Journalisten auf einem Großbildschirm zuschauten. Kim führte Moon ein paar Schritte in sein Reich, worauf ein Gekreische anhob, das man sonst nur von Teenagerinnen kennt, wenn Jungkook von BTS, einer der größten Popgruppen der Welt, sein T-Shirt anhebt. Als Kim Jong Un und Moon Jae In händchenhaltend über die Grenze hin- und zurücksprangen, jubelte die Presse. Es war wie jene Szene in Shakespeares *Komödie der Irrungen*, in der einer der Dromio genannten Clowns, als er seinen lang vermissten Zwillingsbruder wiederfindet, verkündet: »Als Bruder und Bruder sah man uns ein in das Leben wandern, / Drum laß uns Hand in Hand auch gehn, nicht einer nach dem andern.«

Selbst altgediente Journalisten, die früher schon von solchen innerkoreanischen Rührstücken berichtet hatten, schienen angetan. »Diesmal kommt es mir wirklich anders vor«, sagte der Korrespondent einer großen amerikanischen Zeitung gegenüber dem Radiosender der BBC.

»Na ja, jedes Mal kommt es einem anders vor«, grollte ein anderer Experte in derselben Sendung (der Autor dieses Buches).

»Warum sind Sie so skeptisch und zynisch?«, wollte der Moderator wissen.

»Wenn einen das Schlägerduo Realität und Geschichte immer wieder abwechselnd verdrischt, wird man nun mal ein wenig desillusioniert.«

Aber Bedenkenträger waren in diesem Wohlfühlzirkus nicht willkommen. Im Pressezentrum stand man mit offenem Mund und in freudigem Unglauben vor dem Bildschirm. Viele waren gar den Tränen nahe. Die Menge, die das Spektakel auf einer großen Leinwand vor dem Rathaus von Seoul verfolgte, jubelte und klatschte. Männer und Frauen, Jung und Alt, applaudierten laut, sichtlich bewegt, und wischten sich die Tränen aus den Augen: Eine neue Ära des Friedens war angebrochen. Für die despotische, heimtückische Dynastie lief alles nach Plan.

Ein Junge und ein Mädchen aus Südkorea überreichten dem Ehrengast aus dem Norden einen kleinen Blumenstrauß, worauf Kim Yo Jong vortrat, ihn dem Bruder abnahm und einem Untergebenen überreichte. Dann schritten Kim und Moon, angeführt von einer Militärkapelle und flankiert von Wachen in farbenfrohen altertümlichen Militäruniformen und mit traditionellen Instrumenten und Waffen wie Speeren, Pfeil und Bogen, nebeneinander zum Freedom House auf der Südseite, direkt gegenüber dem Phanmun-Pavillon des Nordens. (Dass diese Ehrengarde Uniformen aus der Zeit vor der Teilung trug, sollte den Schock darüber ein wenig mildern, dass der Tyrann aus dem Norden kurz darauf seiner regulären Ehrengarde die Parade abnehmen würde.)

Kim muss die fast greifbare Anspannung gespürt haben, als er und Moon beieinanderstanden und sich fröhlich unterhielten, wobei Moon eindeutig den glücklicheren Eindruck machte. Jeder Schritt auf südkoreanischem Boden schien eine neue Phantasie zu nähren – von Frieden, Wiedervereinigung, Denuklearisierung, Familienzusammenführung, Tourismus, Joint Ventures, womöglich gar dem Friedensnobelpreis. Nur wenige Schritte neben dem roten Teppich, beinahe an der Seite ihres Bruders, ging Kim Yo Jong.

Die Prozession der beiden koreanischen Staatschefs, flankiert von den Wachen in altertümlichen Gewändern, endete vor dem Haus des Friedens, wo Soldaten der drei südkoreanischen Teilstreitkräfte sowie eine Militärkapelle in zeitgenössischer Uniform auf sie warteten.

Kim Jong Un stand selbstbewusst auf dem Podest, als hätte er diese Rolle schon einmal gespielt. Doch er atmete schon schwer, obwohl er erst rund 200 Meter, etwa eine halbe Runde auf einer Laufbahn, zurückgelegt hatte. Es war das erste Mal, dass man ihn in der Öffentlichkeit so außer Puste sah. Beide Männer standen mit offenem Mund da – Kim, um Luft zu holen, Moon, weil er seine Freude kaum fassen konnte.

So begann der »irre«, »fette« »Raketenmann auf Selbstmordmission«, wie Donald Trump ihn einst verhöhnte, seine wundersame Wandlung zum ganz normalen Staatsmann. Trotz der hochgesteckten Ziele des Gipfels – der Verhinderung eines Atomkriegs und der Schaffung eines dauerhaften Friedens – war es vor allem dieser Augenblick, der sie in greifbare Nähe zu rücken schien. Kim hatte immer noch den Finger auf dem Atomknopf, er betrieb noch immer Konzentrationslager für politische Gefangene und ergötzte sich an grausamen öffentlichen Hinrichtungen, und sein Vater und Großvater hatten das Familienhandwerk der strategischen Täuschung über Jahrzehnte hinweg verfeinert und perfektioniert – doch unter dem wolkenlosen Frühlingshimmel schien er, wenn auch etwas schnaufend, all diese Einwände mit seinem Lächeln und seiner Leutseligkeit hinweggefegt zu haben.

Beide Parteien hatten die gleiche Anzahl von Offiziellen in ihrem Gefolge: jeweils neun. Als Kim Yo Jong, die Vorletzte in der Reihe, Moon die Hand gab, schenkte sie ihm ein breites Lächeln und murmelte: »Es ist schön, Sie zu sehen.« Die Delegationen zogen weiter zum Eingang des Hauses, um sich zum ersten Mal zusammenzusetzen. Kim Yo Jong ging allein nebenher, selbstbewusst wie immer, mit emporgerecktem Kinn, und lächelte hin und wieder in die Kameras.

Der Sitzungssaal im Haus des Friedens war in letzter Minute umgestaltet worden: Den rechteckigen Konferenztisch hatte man durch einen ovalen Tisch mit einer Breite von genau 2018 Millimetern ersetzt, um das verheißungsvolle Jahr zu würdigen. Außerdem war ein neuer Teppich verlegt worden, dessen warmes Blau an die Vereinigungsflagge erinnerte, die das geeinte Korea zeigt[2], und als Hintergrund diente ein blau-violettes Gemälde des Berges *Kumgang*. Auf diesem Berg hatte die südkoreanische Hyundai Corporation ein unglückseliges Tourismusprojekt im Norden gestartet, wo im Juli 2008 eine 53-jährige Südkoreanerin, Park Wang Ja, von einem nordkoreanischen Wachmann in den Rücken geschossen und getötet worden war, weil sie sich bei ihrem Morgenspaziergang in eine Sperrzone verirrt hatte.[3] Dennoch ließen sich Moon und sein hoher Gast vor dem Bild ablichten und reichten sich die Hände.

Kim Yo Jong wich ihrem Bruder während der gesamten Veranstaltung nicht von der Seite und brachte ihm einen Stift, damit er sich in das Gästebuch eintragen konnte, in das er in seiner sorgfältigen aufsteigenden Berg-*Paektu*-Handschrift schrieb:

»Heute beginnt eine neue Geschichte. Ein Zeitalter des Friedens, an der Startlinie der Geschichte.« Bei der kurzen Plauderei vor den eigentlichen Unterredungen saß Kim Yo Jong direkt neben ihrem Bruder, wie auch bei den folgenden offiziellen Gesprächen, gleichrangig mit dessen einstigem Spionagechef Kim Yong Chol, der auf der anderen Seite Platz nahm. In den wenigen Minuten, in denen Kameras im Raum zugelassen waren, war sie die Einzige, die sich Notizen machte.

Anschließend fand eine geschlossene Gesprächsrunde statt, zu der das Blaue Haus später ausgewählte Inhalte bekannt gab. »Ich habe gehört, dass Sie wegen unserer häufigen Raketentests im vergangenen Jahr an den frühmorgendlichen Sitzungen des Nationalen Sicherheitsrats teilgenommen haben«, soll Kim Jong Un zu Präsident Moon gesagt haben. »Ich habe dafür gesorgt, dass Sie ab jetzt nicht mehr so früh geweckt werden«, erklärte Kim freundlich. Und um sich von einer menschlichen Seite zu zeigen, bediente er sich einiger Sprüche seines Vaters von den beiden vorangegangenen Nord-Süd-Gipfeln und bekundete sein Mitgefühl für die nordkoreanischen Emigranten im Süden: »Ich weiß, dass die Flüchtlinge aus dem Norden, die entflohenen Nordkoreaner, sowie die Bewohner der Insel Yeonpyeong, die in Angst vor dem Beschuss durch nordkoreanische Artillerie gelebt haben, ebenfalls große Erwartungen in unser heutiges Treffen setzen. Ich hoffe, dass unser Treffen hilft, den Schmerz der vergangenen Nord-Süd-Beziehungen zu heilen. Die Demarkationslinie, die ich sehe, ist nicht einmal so hoch. Wenn immer mehr Menschen diese Linie überschreiten, wird sie verschwinden.«

Womöglich hat das Blaue Haus diese edlen Worte des Mitgefühls veröffentlicht, um den nordkoreanischen Führer als vernünftigen Menschen zu zeigen, der endlich das Richtige tun möchte. Schon zwei Jahre später allerdings würde Kim Yo Jong die nach Südkorea

Geflohenen als »menschliche Abfälle« und »Bastardhunde« verunglimpfen.[4] Die Anspielung auf das tödliche Bombardement der Insel Yeonpyeong barg zudem eine gewisse Ironie: Schließlich war es Kim Jong Un gewesen, der im November 2010 den Beschuss angeordnet hatte, ebenso wie die Versenkung der südkoreanischen Korvette *Cheonan* Anfang des Jahres, wie ein übergelaufener nordkoreanischer Geheimagent berichtete.[5] Experten wussten längst, dass solche gewaltsamen Operationen gegen den Süden nicht ohne Befehl von ganz oben stattfinden konnten. Doch in der Heiterkeit des Augenblicks schien Moon alles zu schlucken.

Auf den von Moon geäußerten Wunsch, einmal den Berg *Paektu* zu besuchen, erwiderte Kim Jong Un bescheiden: »Wir sorgen uns, dass Sie aufgrund des schlechten Zustands unserer öffentlichen Verkehrsmittel Unannehmlichkeiten haben könnten. Meine Leute, die bei Ihnen in Pyeongchang waren, meinten alle, dass ihr Hochgeschwindigkeitszug [KTX] sehr schön sei. Sie, der an solche Annehmlichkeiten gewöhnt ist, zu empfangen, könnte, so fürchte ich, recht beschämend sein. Doch wir werden unser Bestes tun, um uns auf Ihren Besuch vorzubereiten, sodass Sie sich wohlfühlen.« Im Grunde war dies eine passiv-aggressive Retourkutsche für die herablassende Idee der Südkoreaner, Kim Yo Jong und ihrer Delegation die erhellende Erfahrung einer Fahrt mit der Hochgeschwindigkeitsbahn vom Flughafen in Incheon nach Gangneung angedeihen zu lassen. Ein gottgleicher Führer, der über Atomwaffen verfügt, ist nicht gerade neidisch auf einen nur auf Zeit gewählten Präsidenten, auch wenn dieser in einem hübschen Zug hockt.

Auch Kim Yo Jong kam unweigerlich in den Genuss der ausgetauschten Höflichkeiten, als Moon darauf verwies, dass sie aufgrund ihres letzten Besuchs »ein großer Star im Süden« geworden sei, was im ganzen Raum für herzhaftes Gelächter sorgte. »Ich bin im ersten Jahr meiner Amtszeit«, sagte Moon weiter. »Ich hoffe, dass wir in der mir verbleibenden Zeit das Tempo beibehalten können, mit dem wir in der Zeit nach der Neujahrsansprache des Vorsitzenden Kim bereits so weit gekommen sind.«

"Kim Yo Jongs Abteilung hat sich den ›*Manlima*-Geschwindigkeits-Wettbewerb‹ ausgedacht«, antwortete der Große Führer. »Lassen Sie uns dies als Tempo nehmen, mit dem wir die Wiedervereinigung von Nord und Süd erreichen.«

Bei *Manlima* handelt es sich um Kim Yo Jongs Abwandlung eines Slogans, mit dem ihr Großvater in den fünfziger Jahren die industrielle Entwicklung beschleunigen wollte – denn fortan sollte mit »*Chonlima*-Geschwindigkeit« gearbeitet werden. *Chonlima* ist ein mythisches Pferd, das am Tag 1000 *li* weit galoppieren konnte: *chon* bedeutet 1000, *li* ist ein traditionelles chinesisches Längenmaß von rund einem halben Kilometer und *ma* bedeutet Pferd. Das Zahlwort *man* steht für 10 000:[6] Als Leiterin der Propaganda- und Agitationsabteilung ihres Landes hatte Kim Yo Jong also einen weitaus ehrgeizigeren Slogan ersonnen, der auf 10 000 *li* pro Tag abzielte, sprich: zehnmal schneller. Alle brachen in zustimmendes Gelächter aus.

Nach dem Mittagessen, bei dem sich beide Seiten eine Auszeit gönnten, stieg Kim Jong Un aus seinem von dreizehn robust wirkenden Leibwächtern umringten Mercedes-Benz 600S Pullman Guard, um den freudestrahlenden In wiederzusehen und ihm erneut die Hand zu schütteln. Kim Yo Jong überreichte ihrem Bruder ein Paar weiße Handschuhe und half ihm dabei, sie anzuziehen, damit er vor den Augen der Weltöffentlichkeit nicht versehentlich einen davon fallen ließ; Präsident In streifte sie sich behände selbst über. Dann »pflanzten« die beiden Staatschefs eine Kiefer, wenn auch eine, die bereits 1953 gepflanzt worden war – im Jahr der Unterzeichnung des Waffenstillstands im Koreakrieg. Beide verteilten je drei Schaufeln Erde auf dem Boden neben dem Baum, eine Erdmischung vom *Paektu* im Norden und dem Berg *Halla* auf der Insel Jeju, der südlichsten Region Südkoreas. Die Zuschauer klatschten, ebenso wie, wenn auch nur kurz, die beiden Protagonisten; dann folgte noch mehr Händeschütteln. Yo Jong reichte ihrem Bruder eine blassgrüne Gießkanne mit einer besonderen Flusswassermixtur aus dem Taedong in Pjöngjang und dem durch Seoul fließenden Han, und beide Männer gossen liebevoll den Baum. Abgesehen von der kurzzeitigen Anstrengung des Schippens wirkte Kim Jong Un entspannter, so als wäre er der Gastgeber.

Nach der Enthüllung eines Gedenksteins mit der Inschrift »Frieden und Wohlstand pflanzen« folgte ein wohlchoreographierter Spaziergang über eine schmale, frisch blau angestrichene Holzbrücke, dann Tee und ein privates Gespräch an einem Picknicktisch, ganz ohne Mitarbeiter, um das Vertrauen zwischen den beiden Staatenlenkern zu unterstreichen, wie auch die Tatsache, dass sie eine Sprache sprechen. Was in diesen vierundvierzig Minuten gesagt wurde, ist zwar nie ganz öffentlich geworden, doch an einer Stelle erkannten professionelle Lippenleser, wie Moon das Wort »Kraftwerk« aussprach. Später gab Moon zu, dass der USB-Stick, den er Kim Jong Un bei ihrem Tête-à-Tête gegeben hatte, Informationen über die geplante Errichtung eines Kraftwerks und den Aufbau einer »neuen Wirtschaft« in Nordkorea enthielt, darüber hinaus jedoch wurde der vollständige Inhalt des Datenträgers nie enthüllt.

Im Januar 2021 wurde bekannt, dass das südkoreanische Ministerium für Handel, Industrie und Energie nur fünf Tage nach dem Gipfel von 2018 mit der Ausarbeitung von Plänen für den Bau von Kernreaktoren in Nordkorea begonnen hatte. Im Dezember 2019, in der Nacht vor einer Prüfung seiner Amtsräume, hatte ein Ministerialbeamter alle siebzehn unter dem Namen *pohjois* (finnisch für »Norden«) auf dem Computer des Ministeriums abgelegten

Dateien gelöscht. Nach Bekanntwerden der umstrittenen Angelegenheit wurden die Dateien wiederhergestellt und zugänglich gemacht. Der Bau einer Industrieanlage in Nordkorea – ganz zu schweigen von dem eines Atomkraftwerks – ohne die Genehmigung des Sicherheitsrates der Vereinten Nationen hätte einen Verstoß gegen die Resolution 2375 des Sicherheitsrates dargestellt, welche die »Schaffung, die Aufrechterhaltung und den Betrieb aller neuen und bestehenden Gemeinschaftsunternehmen« in Nordkorea untersagt. Ein Sprecher des Energieministeriums erklärte, dass es sich bei diesen Plänen lediglich um eine Idee für eine »innerkoreanische Zusammenarbeit im Energiesektor« handele, die lediglich intern erörtert worden sei, nicht um ein offizielles politisches Vorhaben. Zudem wies er darauf hin, dass eines der Dokumente die Schwierigkeiten des Plans benenne, der von den Atomverhandlungen zwischen den USA und Nordkorea abhinge.[7]

Nach rund fünfzig Minuten Freilufttheater zogen sich die Hauptakteure in das Haus des Friedens zurück, um eine Vereinbarung, die Panmunjom-Erklärung, zu unterzeichnen, und wieder war es Kim Yo Jong, die ihrem Bruder den Stift zum Unterschreiben brachte, bevor sie seinen Stuhl zurückzog, damit er aufstehen, Präsident Moon die Hand schütteln und die von beiden unterzeichneten Mappen austauschen konnte. Um eine Minute nach sechs verlasen die beiden Männer, nebeneinander vor dem Haus des Friedens stehend, ihre jeweiligen Erklärungen. »Es wird nie wieder Krieg auf der koreanischen Halbinsel geben«, verkündete Präsident Moon, bekräftigte gemeinsam mit dem Vorsitzenden Kim, dass »die Verwirklichung einer atomwaffenfreien koreanischen Halbinsel durch vollständige Denuklearisierung unser gemeinsames Ziel ist« und versicherte der Welt, dass die bisher nur minimalen »Maßnahmen zum Einfrieren von Atomwaffen«, die der Norden kürzlich ergriffen habe, »sehr wichtige Auswirkungen« hätten. Kim und er seien übereingekommen, eine »Erklärung zum Kriegsende« anzustreben, die zu einem »Friedensabkommen« führe, um »die internationale Ordnung rund um die koreanische Halbinsel grundlegend zu verändern«. Fortan, so schloss er, würde keine der beiden Seiten jemals wieder »feindselige Handlungen gegen die andere Seite zu Lande, zu See und in der Luft« unternehmen, und er und Kim würden sich regelmäßig treffen und häufig über eine »direkte Telefonleitung« miteinander sprechen.

Eine solche Kommunikation hat nie stattgefunden und war auch nie geplant. Wenn er in der richtigen Stimmung ist, mag der nordkoreanische Führer seine Nummer zwar herausgeben, aber mit Ausländern zu telefonieren, deren Amtszeit begrenzt ist, ist unter seiner Würde. Donald Trumps Geprahle im Juni 2018, nur wenige Tage nach seinem Treffen mit Kim Jong Un in Singapur, er habe dem Vorsitzenden Kim eine »sehr direkte Telefonnummer« gegeben, erwies sich als ähnlich fabulös.[8] Aber für den Augenblick lag Hoffnung in der Luft. »Wir werden niemals umkehren«, versicherte Moon der Welt.

Als er an der Reihe war, sprach der nordkoreanische Gast über die Blutsverwandtschaft zwischen den Völkern des Nordens und des Südens, »die sich vereinigen und glücklich zusammenleben sollten, anstatt sich wie Ausländer zu verhalten, denen wir die Stirn bieten und gegen die wir kämpfen müssen«. Ob dies beinhaltete, den Süden zu übernehmen oder von ihm geschluckt zu werden, seinem eigenen Volk grundlegende Freiheiten zu gewähren oder sie Moons Volk zu nehmen, ließ der Vorsitzende allerdings offen. Aber er und Präsident Moon kamen überein, »die Köpfe zusammenzustecken und eng miteinander zu kommunizieren und zusammenzuarbeiten, damit die heute vor den Augen der Menschen im Norden und im Süden und der Welt geschlossene Vereinbarung nicht wie frühere Nord-Süd-Abkommen endet, die kurz nach Beginn schon scheiterten und Teil einer beschämenden Geschichte wurden«. Der plötzlich so viel aufgeschlossenere nordkoreanische Staatschef klang als meinte er es wirklich ernst. Kim Jong Un schloss seine von mühsamen Schnaufern unterbrochene Rede mit einem seltenen Dank an die Pressevertreter, wiewohl mit »Presse« nach nordkoreanischer Definition weniger unabhängige Journalisten als staatliche Mitarbeiter gemeint sind, die die Parteilinie verbreiten. Kim Il Sung hatte den beiden Reportern der *New York Times*, mit denen er sich am 26. Mai 1972 in seinem Büro zu einem dreistündigen Gespräch getroffen hatte, diese Unterscheidung netterweise eingehend erklärt.[9] Die beiden Staatschefs nahmen keine Fragen entgegen.

Kim hatte guten Grund, zufrieden zu sein. Wie die beiden vorangegangenen Nord-Süd-Gipfelabkommen, die sein Vater 2000 und 2007 unterzeichnet hatte, begünstigte auch das von ihm geschlossene Abkommen einseitig die Demokratische Volksrepublik Korea.

Die alte Leier von der Wiederherstellung der »Blutsverwandtschaft der Nation« und der »unabhängigen, von den Koreanern selbst herbeigeführten Wiedervereinigung« feierte ein viel beachtetes Comeback. Seit 1995 hatte Kim Jong Il ethnische Koreaner als »Kim Il Sung *minjok*« (Kim-Il-Sung-Nation oder -Volk) definiert und die gesamte koreanische Halbinsel dementsprechend als »Kim Il Sung *Choson*« (Kim-Il-Sung-Korea). »Wir, die ethnische koreanische Nation« *(Minjok)*, wie es in der gemeinsamen Erklärung hieß, bedeutete für den Norden zweifellos Kim-Il-Sung-Kim-Jong-Il *Minjok*: ein Vorwand für den Norden, seine zensorische und in Zukunft auch rechtliche Kontrolle auf den Süden auszudehnen. Wenn auch nicht ganz unbedarft, so betrachten die Südkoreaner diese Formulierung dennoch als akzeptable rhetorische Beigabe.

Der Tag wurde sogar noch beschwingter, als Kim Jong Uns Frau Ri Sol Ju eintraf, in rosa Blazer und Rock und mit schwarzer Schleife am Hinterkopf, sowie Kim Jung Sook, Moons Ehefrau, in einem schicken hellblauen Ensemble, das den Farbton der blauen Vereinigungsflagge wieder aufgriff. Die Parteien begaben sich in den Festsaal, wo man noch mehr Jovialität, Kameradschaft und Wohlwollen verbreitete, und wo jede Abordnung eine weitere Begrüßungsrunde mit den Staatsoberhäuptern absolvierte, die am Eingang des Speisesaals auf sie warteten. Zahlreiche neue südkoreanische Dinnergäste erschienen und stellten sich an, um Präsident Moon, Kim Jong Un, Kim Jung Sook und Ri Sol Ju (in dieser Reihenfolge) die Hand zu geben. Als sie an der Reihe war, trat Kim Yo Jong ein wenig vor, um erst Moon die Hand zu schütteln und dann die ihres Bruders – und ganz beiläufig, nur für den Bruchteil einer Sekunde, huschte ein leises, beiläufiges Lächeln über ihr Gesicht. Als Kim Jong Un den Blick der Schwester erwiderte, senkte diese, noch immer lächelnd, rasch den Blick, fast, als wollte sie niemandem verraten, was sie gerade dachte – nämlich, dass der Tag ganz vorzüglich verlief …

Im offiziellen nordkoreanischen Dokumentarfilm über das Bankett hieß es anerkennend: »Die Seite des Südens bereitete viele thematisch ausgewählte Speisen zu, und die unsere hinterließ einen tiefen Eindruck, indem sie am Esstisch Pjöngjang-*naengmyon* (kalte Nudeln, die entweder in kalter Rinderbrühe oder mit Chilipaste serviert werden) aus dem *Okryu-gwan* anbot.« Die merkwürdige Geste der Gastgeber aus dem Süden, Köche dieses legendären Restaurants in Pjöngjang einzuladen, um für die Ehrengäste aus dem Norden Nudeln zuzubereiten, die sie jederzeit auch zu Hause essen konnten, stieß bei den verzückten Zuschauern im Süden dennoch auf Begeisterung. Die Nachfrage nach dem Gericht stieg in den nächsten Tagen sprunghaft an.

Der nordkoreanische Sprecher verlor jedoch kein Wort über die besondere Bedeutung anderer von den Gastgebern aufgetragener Köstlichkeiten, wie etwa die auf koreanische Art zubereiteten Kartoffelrösti, eine Schweizer Spezialität, für die Kim Jong Un während seines Schulbesuchs in Bern in den späten neunziger Jahren eine Vorliebe entwickelt hatte.[10] Als weitere Anspielung auf die Schulzeit der Kim-Geschwister standen zudem Schweizer Schokolade, Macarons, Mont Blanc (ein Dessert aus Maronenpüree und Schlagsahne) sowie Gruyère-Käse auf der Speisekarte, aber auch hier beschloss der Sprecher, das nordkoreanische Volk über das privilegierte Leben und die Ausbildung ihrer Herrscherfamilie im Ausland lieber im Ungewissen zu lassen.

Ein koreanisches Festessen ohne alkoholische Getränke wäre allerdings undenkbar. Neben Champagner und Wein wurden auch zwei landestypische Spirituosen gereicht: *Dugyeon-ju*, ein aus Reis destillierter Azaleenwein mit respektablen 18 Prozent Alkohol, und *Munbae-ju* (Wildbirnenschnaps), benannt nach seinem angenehmen Duft nach süß-herben koreanischen Birnen, mit einem Alkoholgehalt von über 20 Prozent. Diese dienten vor allem dem traditionellen koreanischen Trinkritual: Dem Ehrengast sagte der *Munbae-ju*, eine Spezialität, die erstmals vor über tausend Jahren in Pjöngjang gebrannt wurde, mehr zu, und er kippte ein Glas nach dem anderen davon, wobei die Südkoreaner freudig nachschenkten. Dabei hielten sie die Flasche stets mit beiden Händen, ein traditionelles Zeichen des Respekts und der hierarchischen Ordnung, doch freilich nahm der Oberste Führer das Getränk nicht mit zwei Händen entgegen, die traditionelle Geste der Bescheidenheit, sondern hielt sein Glas in *einer* Hand. Und natürlich leerte Kim Jong Un den Schnaps jedes Mal in einem Zug. So gut wie alle der dreißig anwesenden Südkoreaner schenkten Kim Jong Un ein Gläschen ein, und nicht ein einziges Mal lehnte der trinkfeste Diktator ab, bis selbst er rot im Gesicht wurde. Die Oberste Schwester unterdessen schenkte Präsident Moon und seiner Gattin ein, und zwar mit beiden Händen.

Kim Jong Un hatte einen nordkoreanischen Zauberkünstler mitgebracht, der, wie es hieß, in absoluter Bestform war. Sein Meisterstück war der Geldwäschetrick: Er bat das Publikum um einen südkoreanischen 500 000-Won-Schein, der damals etwa 45 Dollar wert war, und verwandelte ihn in eine 100-Dollar-Note, wobei er einen hübschen Gewinn erzielte. Diese magische Reinszenierung der tatsächlichen Fälschung von US-Währung durch den nordkoreanischen Staat (das US-Finanzministerium bezeichnete die nordkoreanischen 100-Dollar-Blüten lange Zeit als *supernotes* – die besten Fälschungen der Welt) erntete den größten Beifall des gesamten Abends. Kim Yo Jong, die am Haupttisch saß, wurde dabei gefilmt, wie sie in hemmungsloses Lachen ausbrach. Zu diesem Zeitpunkt ließ sich nicht mehr sagen, wer aus dem Norden und wer aus dem Süden kam.

Das Gipfeltreffen erfüllte nahezu mustergültig die drei aristotelischen Einheiten der antiken Dramentheorie: »Handlung« – das Gipfeltreffen; »Zeit« – das Geschehen dauerte keine vierundzwanzig Stunden; und »Ort« – ein einziger Schauplatz, die Grenzsiedlung. An nur einem Tag hatten die Obersten Geschwister Nordkoreas die ganze Welt zum Narren gehalten – oder zumindest einen Großteil davon leichtgläubiger denn je gemacht. Der denkwürdige Abend endete mit einem Open-Air-Konzert, das für die Nordkoreaner, die an Massenspektakel mit 100 000 Mitwirkenden gewöhnt sind, etwas langweilig gewesen sein muss. Kim Yo Jong war die Letzte, die aus dem Gebäude kam, um in dem improvisierten Sitzbereich im Freien Platz zu nehmen. Alle anderen, auch ihr Bruder, saßen längst, als sie lässig zu ihrem Platz hinüberschlenderte. Am Ende des Abends, als man sich zum Abschied noch einmal die Hand gab, starrten die wartenden Südkoreaner der First Sister Nordkoreas mit Wehmut und Verzückung hinterher, als sie an ihrem Bruder vorüberging und ihr Mona-Lisa-Lächeln für einen winzigen Moment zu einem vielsagenden Blick erstarrte. *Gut gemacht, Bruder,* schien sie zu denken. *Und jetzt, nach Washington …*

KAPITEL 13

Wer überTRUMPft wen?

Am Donnerstag, dem 8. März 2018, etwa sechs Wochen vor dem historischen innerkoreanischen Treffen an der Grenze, waren zwei hochrangige südkoreanische Gesandte im Weißen Haus eingetroffen, um Präsident Trump eine erfreuliche Nachricht zu überbringen. Drei Tage zuvor waren die beiden als Teil einer Delegation zu einem seltenen Dinner in Kim Jong Uns zentralen Regierungskomplex eingeladen worden – dem ersten solcher Treffen seit Jong Uns Machtübernahme im Jahr 2011.[1] Während des fast vierstündigen Essens hatte Kim Jong Un seinen verzückten Gästen, darunter Südkoreas nationaler Sicherheitsberater Chung Eui Yong, und der Leiter des *National Intelligence Service*, Suh Hoon, erklärt, die »Denuklearisierung der koreanischen Halbinsel« sei »der letzte Wunsch und die oberste Maxime seines Großvaters« gewesen.

Zurück in Seoul verkündeten die südkoreanischen Offiziellen tags darauf der Welt die wunderbaren Neuigkeiten – doch Chung und Suh beließen es nicht dabei. Sie reisten bis nach Washington, um ihren amerikanischen Amtskollegen gegenüber zu betonen, dass diese Botschaft von niemand Geringerem als Kim Jong Un persönlich stamme und ..., dass Kim ein Gipfeltreffen mit dem US-Präsidenten wünsche. Gewiss mussten diese Worte des Obersten Führers, gesprochen in Nordkorea, wahr und unanfechtbar sein. Jedenfalls wäre es doch kaum möglich, dass Kim Jong Il und Kim Jong Un sich derart dreist über den »letzten Wunsch« des Gründers ihrer Nation hinwegsetzen würden, oder etwa nicht? (Ungeachtet der Tatsache, dass sie seit über dreißig Jahren unverhohlen atomar aufrüsten.)

Vielleicht lag es am Jetlag, dass die Gesandten es versäumten, den unbedarften Amerikanern zu erklären, dass Kim Jong Un von einer »Denuklearisierung der koreanischen *Halbinsel*« gesprochen hatte und nicht etwa von einer »Denuklearisierung Nordkoreas«. Auch machten sie nicht deutlich, was dieser Satz, vor allem für Nordkorea, tatsächlich bedeutete. Alle drei nordkoreanischen Machthaber meinten mit dieser Standardphrase stets den vollständigen Abzug der US-Atomwaffen aus Südkorea (der 1991 erreicht wurde) sowie sämtlicher US-Truppen und strategischer Waffen aus der Region, einschließlich Japan, und darüber hinaus die Aufkündigung des Militärbündnisvertrags zwischen den USA und Südkorea. Kim Yo Jong selbst hat dies erst im August 2021 klargestellt: »Damit auf der koreanischen Halbinsel Frieden einkehrt, müssen die USA ihre Aggressionstruppen und die in Südkorea stationierten Kriegswaffen abziehen.«

Ebenso wenig erwähnten die Südkoreaner, dass kein Geringerer als Kim Jong Uns Vater Jong Il die abgedroschene »Kim-Il-Sungs-letzter-Wunsch«-Floskel schon mehr als einmal bemüht hatte: etwa 1994, als Pjöngjang die Urananreicherung vorbereitete, einstweilen aber seinen wichtigsten Plutoniumreaktor in Yongbyon im Austausch gegen Nahrungsmittel- und Energiehilfen im Wert von über 1,3 Mrd. US-Dollar vorübergehend stilllegte; oder im Jahr 2005, als Pjöngjang gerade seinen ersten, im darauffolgenden Jahr durchgeführten Atomtest plante; und ebenfalls 2009, als Pjöngjang sich bemühte, Jong Uns Glaubwürdigkeit unter Beweis zu stellen, indem es vier Monate später ein südkoreanisches Kriegsschiff torpedierte. Und auch im Juni 2013, schon mitten in der Ära Kim Jong Uns, hatte ein hochrangiger nordkoreanischer Funktionär erneut den letzten Wunsch des Staatsgründers beschworen – und das kurioserweise just vier Monate nach dem dritten Atomtest seines Staates, dem hundert Tage voller atomarer Drohgebärden vorangegangen waren.[2]

Aber egal: Als Donald Trump die frohe Kunde erhielt, dass der nordkoreanische Tyrann willens sei, sich von seinen Atomwaffen zu trennen und ihn unbedingt treffen wolle und Trump offenbar nichts von der Zweideutigkeit bezüglich Kim Jong Uns Bereitschaft zur »Denuklearisierung« wusste, willigte er auf der Stelle ein. Der US-Präsident sagte den Südkoreanern sogar, je früher, desto besser. Also legte man für diesen nie da gewesenen Gipfel zwischen den USA und Nordkorea rasch einen Termin fest, und zwar im Juni, gerade einmal drei Monate entfernt.

Die offizielle Verlautbarung erfolgte, typisch Trump, auf recht unkonventionelle Weise: Anstatt sie selbst oder durch sein Büro publik zu machen, ließ Trump einen der südkoreanischen Gesandten – Chung, den nationalen Sicherheitsberater – die Nachricht vor einem Pulk von Journalisten auf dem Rasen des Weißen Hauses verkünden, ohne dass ein US-Regierungsbeamter auch nur in der Nähe war. Chung verlas die eilig verfasste Exklusivmeldung auf Englisch, wobei er bekannt gab, er habe dem Präsidenten mitgeteilt, dass Kim Jong Un ihm Anfang der Woche *höchstpersönlich* gesagt habe, dass er sich »der Denuklearisierung verpflichtet fühle«.[3] *Wer* hier allerdings *wen* denuklearisieren würde, blieb unerwähnt.

Nachdem die Kim-Geschwister Südkorea und die USA auf diese Weise eingewickelt hatten, stand die nächste Station auf dem Programm: China. Am 7. Mai flogen Kim Jong Un und Kim Yo Jong in die nordostchinesische Stadt Dalian, um Präsident Xi Jinping zu treffen. Es war Kim Jong Uns zweiter Chinabesuch in knapp über fünf Wochen. Nach sechs Jahren unsozialer Abkapselung, in denen er sich seit seiner Machtübernahme 2011 geweigert hatte, auch nur ein Staatsoberhaupt zu treffen oder eine einzige Auslandsreise zu unternehmen, war Kim Jong Un Ende März 2018 samt Gattin im Privatzug nach Peking gefahren, nur einen Monat vor dem Gipfel mit dem südkoreanischen Staatschef, und als er bereits ein Treffen mit dem US-Präsidenten ausgehandelt hatte. Die Strategie stammte wieder einmal aus dem Drehbuch seines Vaters: Sechs Jahre lang hatte sich auch Kim Jong Il zurückgezogen, bevor er im Jahr 2000 schließlich als Inbegriff des geselligen Kosmopoliten die internationale Bühne betrat. Im Mai war er damals unangekündigt nach China gereist, um den chinesischen Präsidenten zu treffen, hatte im Juni dann den südkoreanischen, im Juli gleich den russischen und im Oktober die US-Außenministerin empfangen, bevor er im darauffolgenden Januar erneut nach China gereist war, um insbesondere die Städte der chinesischen Sonderwirtschaftszone zu besuchen. Leider haben sich die damit verbundenen Erwartungen von Frieden, Reformen und der Öffnung Nordkoreas – aus einer ganzen Reihe von Gründen – niemals erfüllt.

Dennoch war es durchaus sinnvoll, China, Nordkoreas einzigen Verbündeten und größten Wohltäter, für Kim Jong Uns Plan zu gewinnen, mithilfe multilateraler Friedensangebote die Sanktionen gegen sein Regime zu lockern und Zeit für den Bau größerer Bomben zu gewinnen – nicht zuletzt, weil sich Xi in den vergangenen sechs Jahren mit dem nordkoreanischen Führer doch recht unzufrieden gezeigt hatte. Im Februar 2013, zum chinesischen Neujahrsfest, hatte Kim Jong Un dem neuen Präsidenten seine ganz eigene Art von Glückwunschtelegramm zum Aufstieg in die Spitzenposition geschickt, und zwar in Form eines Atomtests – eine klare Botschaft an China, dass man den jungen nordkoreanischen Führer ernst nehmen sollte. »Das werde ich diesem Bengel heimzahlen«, sagte Xi kurz darauf zu Präsident Obama. Und revanchiert hat Xi sich anschließend tatsächlich – und zwar mit dem bis dato größten jährlichen Handelsvolumen zwischen China und Nordkorea aller Zeiten, das sich in jenem Jahr auf 6,5 Milliarden Dollar belief, was wieder einmal die alte Weisheit bestätigte, dass es sich für Pjöngjang stets lohnt, zu provozieren. Sowohl Washington als auch Peking setzen, wenn es um den abenteuerlustigen nordkoreanischen Oberbefehlshaber einer über eine Million Mann starken Armee ging, seit jeher eher auf Beschwichtigung als auf Bestrafung. Folglich war es auch bezeichnend, dass Xi im Jahr 2018 noch immer nicht Pjöngjang besucht hatte, während er schon 2014 in Seoul gewesen war. Aber die sechsjährige Eiszeit zwischen Peking und Pjöngjang endete just in dem Moment, als Kim Yo Jong in Seoul Furore machte.

In Dalian gaben sich die beiden Verbündeten die Hände, tauschten Höflichkeiten aus, posierten für Fotos und setzten sich zu Arbeitsessen und Gesprächen zusammen. Da die geopolitischen Karten durch das anstehende Treffen mit Trump neu gemischt waren, hatten der nordkoreanische wie der chinesische Staatschef gute Gründe, so rasch nach ihrem ersten Gipfeltreffen in Peking erneut zusammenzukommen. Schon im März war Kim von seinem Gastgeber mit allen militärischen Ehren und einem üppigen Bankett empfangen worden, bei dem Xi ihn auch von einer seltenen 200 000-Dollar-Flasche *Maotai* kosten ließ, einem traditionellen chinesischen Schnaps. Im Mai jedoch aßen Xi und Kim nicht nur gemeinsam: Sie unternahmen auch einen entspannten Strandspaziergang, und am nächsten Tag luden Präsident Xi und seine Frau Peng Liyuan die Kim-Geschwister zu einem Mittagessen in exklusiver »familiärer« Atmosphäre ein, wie es der Sprecher des nordkoreanischen Dokumentarfilms ausdrückte. Nun, da Kim Jong Un mit seinem nahenden, bis dato beispiellosen Gipfeltreffen mit dem US-Präsidenten den Druck auf China hochgefahren hatte, war es auch für Xi nun opportun, Kim die größtmögliche Gastfreundschaft zu gewähren und die nächsten Schritte gegenüber den USA gemeinsam zu planen.

Am Dienstag, dem 22. Mai, fast einen Monat nach dem historischen Treffen der beiden koreanischen Staatschefs in der Grenzstadt, traf der südkoreanische Präsident Moon mit Donald Trump im Weißen Haus zusammen und erklärte ihm, dass Kim Jong Un seiner Meinung nach zu trauen sei und er seine Atomwaffen aufgeben würde. Moon kehrte nach Hause zurück, ohne zu ahnen, dass Trump nur wenige Tage später einen Rückzieher machen würde.

Am 24. Mai sagte Trump das mit Spannung erwartete Treffen mit dem nordkoreanischen Staatschef, das am 12. Juni in Singapur stattfinden sollte, ab. Das skurrile, sehr höflich verfasste Schreiben begann mit den Worten: »Wir wissen Ihre Zeit, Ihre Geduld und Ihre Bemühungen in Bezug auf unsere jüngsten Diskussionen und Verhandlungen über ein von beiden Seiten seit Langem angestrebtes Gipfeltreffen sehr zu schätzen.« Die Abfuhr begründete Trump schließlich mit der »enormen Wut und offenen Feindseligkeit, die Sie in Ihrer jüngsten Erklärung zum Ausdruck gebracht haben«. Trump bezog sich dabei auf eine Verlautbarung der stellvertretenden nordkoreanischen Außenministerin Choe Son Hui, die Vizepräsident Mike Pence wenige Stunden zuvor als »politischen Dummkopf« bezeichnet hatte. Choe drückte damit ihren Unmut über Pence' jüngste Äußerungen in einer US-Nachrichtensendung aus, in der er Nordkorea aufgefordert hatte, dem Beispiel Libyens zu folgen und seine Atomprogramme schnell und ohne Vorbedingungen aufzugeben.

Pence hatte zwar nicht gemeint, dass Pjöngjang ebenfalls dem libyschen Vorbild folgen sollte, indem der tyrannische Machthaber in einem US-gestützten Aufstand gestürzt und umgebracht würde, nichtsdestotrotz sah Choe sich veranlasst, Anstoß daran zu nehmen und bezeichnete Pence' Äußerungen als »ignorant und dumm« sowie »unüberlegt und unverschämt«.

Die plötzliche Absage verblüffte sowohl Kim als auch Moon. Die beiden Männer mussten schnell eine Strategie entwickeln, um ihre Friedensmission fortzusetzen, egal, wohin sie führen würde. Keine achtundvierzig Stunden später, am Samstag, dem 26. Mai, empfing Kim Yo Jong also erneut Präsident Moon – zum dritten Mal binnen weniger als vier Monaten. Diesmal trafen sie sich auf ihrer Seite der militärischen Demarkationslinie, wo er aus seiner Limousine stieg, um nur neunundzwanzig Tage nach ihrem ersten Treffen zu einem hastig anberaumten Gipfel mit ihrem Bruder zu eilen.

Am Tag nach seiner Absage hatte Donald Trump, sprunghaft wie immer, allerdings erklärt, das Treffen in Singapur könne wie geplant am 12. Juni stattfinden. »Sie wollen es unbedingt machen«, sagte er. »Wir würden es gerne machen.« Doch er bestätigte das Treffen nicht. Der selbst ernannte große »Dealmaker« beschloss, alle im Unklaren zu lassen, was die beiden nervösen Koreaner veranlasste, ein spontanes Treffen abzuhalten.

Trump hatte recht. Kim Jong Un wollte das Gipfeltreffen unbedingt, um die USA in einen ergebnisoffenen und langwierigen Prozess von Atomverhandlungen zu verwickeln, der die USA und die UN dennoch dazu zwingen würde, die Sanktionen gegen ihn zu lockern. Vorherige Atomgespräche dieser Art hatten Pjöngjang finanzielle Schmeicheleien in Milliardenhöhe eingebracht, US-Dollar selbstverständlich. Fünf Tage nach seinem Ad-hoc-Treffen mit Moon gab sich Kim Jong Un folglich noch mehr Mühe und signalisierte seine Bereitschaft zu »Denuklearisierungsgesprächen«, indem er General Kim Yong Chol in die USA entsandte, um Donald

Trump zu besänftigen. Am 1. Juni stattet der ehemalige Geheimdienstchef dem US-Präsidenten im Weißen Haus einen Besuch ab – als erster offizieller Vertreter Nordkoreas seit knapp achtzehn Jahren. Im Gepäck hatte er einen warmherzigen Brief des Großen Führers, dessen übergroßer Umschlag wohl dem Ego des einstigen Reality-Show-Moderators schmeicheln sollte. Singapur war wieder angesagt.

Am Morgen des 10. Juni brachen Kim Jong Un und sein Gefolge auf gen Singapur. Die Verabschiedung durch seine hochrangigen Mitarbeiter und die versammelte Menge war angemessen bombastisch, und alle riefen donnernd »*Manse!*« (Hurra!) – der US-Präsident konnte ihrem unvergleichlichen Obersten Führer unmöglich gewachsen sein. Der Große Führer »hat das chinesische Privatflugzeug bestiegen«, verkündete der Sprecher des Staatsfernsehens, ohne weitere Details zu nennen. China hatte Kim Jong Un tatsächlich eine Privatmaschine zur Verfügung gestellt, eine Boeing 747 der Air China, die für gewöhnlich vom chinesischen Premierminister Li Keqiang benutzt wurde.[4] Die ungewöhnliche Flugroute südwärts Richtung Singapur war sogar sinnbildlich für die Unterstützung Chinas für Kim Jong Uns diplomatische Kampagne: Mehr als die Hälfte der Strecke verlief im chinesischen Luftraum über Binnenland statt über dem Meer. Um 14.36 Uhr Ortszeit landete das Flugzeug mit der chinesischen Flagge und der Aufschrift »Air China« auf dem Changi International Airport. Am Flughafen wurde der hohe Besuch sogleich vom Außenminister Singapurs Vivian Balakrishnan empfangen.[5]

Es war nicht Kim Yo Jongs erster Besuch im Stadtstaat. Schon im Februar 2011 war sie dort mit ihrem Bruder Jong Chol bei einem Eric-Clapton-Konzert gesehen worden. Kim Jong Un jedoch zeigte sich beeindruckt von der Stadt und sagte am nächsten Tag zu seinen Gastgebern: »Singapur ist sauber und schön, so wie man es kennt. Jedes Gebäude hat seine eigene architektonische Besonderheit. Ich hoffe, dass ich viel von Singapur lernen kann.« Er hatte guten Grund, sich seinen Gastgebern gegenüber wohlwollend zu zeigen. Die Regierung Singapurs hatte die 15-Millionen-Dollar-Rechnung für den Kim-Trump-Gipfel übernommen, einschließlich des Luxushotels der nordkoreanischen Delegation. Premierminister Lee Hsien Loong rechtfertigte die Ausgaben damit, dass es sich um einen »guten Zweck« handele, der das »Ansehen« seines Landes steigern würde.[6]

Als sich Kim Jong Uns Kolonne mit ihren über dreißig Fahrzeugen um 15.40 Uhr dem St. Regis Hotel näherte, spielten sich vor ungewohnter Kulisse altvertraute Szenen ab. Rund zwanzig nordkoreanische Leibwächter, die schon bereitgestanden hatten, umringten rasch Kims Limousine und joggten neben dem Mercedes her, bis er zum Stehen kam. Massen von Singapurern und ausländischen Besuchern, die darauf gewartet hatten, einen Blick auf den berühmten Nordkoreaner zu erhaschen, brachen in frenetischen Jubel aus. Das nordkoreanische Fernsehen lobhudelte angesichts der Szene, die der Große Führer wohl selbst als völlig unscheinbar empfunden hätte: »Obgleich schon zahllose Staatsoberhäupter hier zu Besuch waren, waren die Straßen Singapurs noch nie zuvor von einer solchen Welle ihn begrüßender Menschen gesäumt.« Damit hatte die Ansagerin mit Sicherheit recht.

In seiner geräumigen Suite lehnte sich Kim Jong Un bequem zurück, wandte sich an seine ranghöchsten Mitarbeiter, darunter seine Schwester, und murmelte nicht vernehmbare Anweisungen, wobei er zuckend mit der Hand wedelte. Kim Yong Chol, Ri Su Yong (der frühere Hauptbetreuer der Kim-Kinder in der Schweiz), Ri Yong Ho, Choe Son Hui und General No Kwang Chol standen stramm und hielten ihre Stifte und Notizbücher gezückt, um die tiefgründigen Gedanken des Großen Führers auf Papier zu ban-

Kim Yo Jong reicht ihrem Bruder einen Stift, um die gemeinsame Erklärung mit Donald Trump in Singapur zu unterzeichnen (2018).

nen. Yo Jong hingegen hörte einen Moment zu und schlenderte dann unbekümmert lächelnd durch das Zimmer. Kein anderer Staatsdiener ihres Landes wäre mit einem solchen Sakrileg ungestraft davongekommen.

Am nächsten Abend unternahmen Kim Jong Un und sein Team einen Spaziergang über die Aussichtsplattform des Marina Sands SkyPark im sechsundfünfzigsten Stockwerk eines Luxushotels. Kim Jong Un lächelte freundlich und quittierte die Worte seines Reiseführers ab und an mit einem Nicken, während die Menge dem nordkoreanischen Herrscher dabei zujubelte, wie er die nächtliche Skyline betrachtete. Seine Funktionäre dagegen wirkten im Scheinwerferlicht steif und sichtlich unbehaglich. Womöglich waren sie nervös wegen des bedeutsamen Gipfeltreffens tags darauf. Kim Yo Jong indes verhielt sich so, wie man es auch aus ihrer

Heimat kennt. Oft schlenderte sie allein umher, wobei sie ihr berühmtes leises Schmunzeln zeigte und gelegentlich die Arme hin und her schwang, als ob sie sich um nichts in der Welt sorge.

Am Morgen des Gipfels traf Kim Jong Un um 8.10 Uhr am Tagungsort ein, dem noblen Capella Hotel auf der Insel Sentosa. Donald Trump, der schon zwei Nächte zuvor nach Singapur geflogen war, kam kurz danach an. Um 9.00 Uhr standen sich die beiden Staatschefs vor der Weltöffentlichkeit gegenüber und gaben sich zum ersten Mal die Hand. Der routinierte Fernsehstar Trump legte seine linke Hand dabei für einen Augenblick auf Kims rechte Schulter, während er das Auf und Ab der Hände sichtlich dirigierte. In einem kurzen Moment der Unkonzentriertheit sah Kim zu ihm auf und blickte dem größeren Trump mit leicht offenem Mund in die Augen, anstatt einfach geradeaus zu schauen, ohne den Kopf oder die Augen überhaupt zu bewegen, auch wenn sein Blick dann wohl auf das Kinn des Amerikaners gefallen wäre. Doch er hatte sich sofort wieder unter Kontrolle. Als sich die beiden Männer anschließend den surrenden Kameras zuwandten, nahm Kim Jong Un wieder seine gewohnte *Tough-Guy*-Pose ein – Brust raus, Arme gerade und leicht nach vorn gestreckt –, und das joviale Lächeln verwandelte sich in einen strengen harten Blick.

Der historische Tag endete nach dem Lunch am Nachmittag mit der Unterzeichnung einer gemeinsamen Erklärung. Die Vereinbarung war eine abgeschwächte Version der vagen Absichtserklärungen der Vergangenheit. Nordkorea verpflichtete sich lediglich, »auf eine vollständige Denuklearisierung der koreanischen Halbinsel *hinzuarbeiten* [meine Hervorhebung]«, anstatt sich zur »Aufgabe aller Atomwaffen und bestehenden Atomprogramme« zu verpflichten (2005). Die Tatsache, dass beide Seiten diese »Unterzeichnungszeremonie« überhaupt abhielten, war vielsagend: Beide waren mehr am Anschein eines Fortschritts interessiert als an substanziellen Ergebnissen. Während Kim Yo Jong und ihr Pendant bei diesem Anlass, US-Außenminister Mike Pompeo, warteten, marschierten ihre Vorgesetzten Seite an Seite in den Raum. Kim Yo Jong zog den Stuhl zurück, auf dem ihr Bruder Platz nehmen sollte. Dann stellte sie sein Schreibetui auf den Tisch. Pompeo und sie hielten jeweils zwei Mappen in der Hand, eine mit dem Abkommen auf Koreanisch, die andere mit einer Version auf Englisch. Die US-Mappen waren dunkelblau, die nordkoreanischen kastanienbraun. Dann reichten sie die Mappen ihren jeweiligen Staatschefs zur Unterschrift und tauschten sie zur Gegenzeichnung aus. Nach der Unterzeichnung des letzten Dokuments gaben Trump und Kim Jong Un im Sitzen noch Erklärungen an die Presse ab. Während die Mappe der Gegenseite noch immer vor ihnen auf dem Tisch lag, schüttelten sie sich die Hände, lächelten in die Kameras, standen auf, schnappten sich die falschen Mappen und stiefelten unversehens damit hinaus und auf den Flur. In diesem historischen Moment, in dem die Kameras der Welt auf sie gerichtet waren, wollten weder Kim Yo Jong noch Mike Pompeo riskieren, den feierlichen Augenblick, in dem die beiden Staatenlenker Frieden und Ernsthaftigkeit ausstrahlten, durch ein hastiges Hineinstürmen ins Bild zum Austausch der Mappen zu ruinieren. Selbst draußen auf dem Gang trugen Trump und Kim weiterhin die falschen Mappen bei sich – es war das passend tölpelhafte Ende eines Spektakels, bei dem es mehr um Inszenierung als um Inhalt ging.

Die Welt mag gespannt vor den Bildschirmen gesessen haben, doch der so innig erwartete erste Gipfel zwischen den USA und Nordkorea erwies sich schließlich doch nur als Wiederholung früherer Gipfeltreffen mit einem Großen Führer in der Hauptrolle; die einzige Neuerung bestand darin, dass der Gegenspieler diesmal Amerikaner war. Der nordkoreanische Diktator schmiss die Show, indem er falsche Hoffnungen auf echten Frieden, Versöhnung, Reformen und Denuklearisierung weckte – alles Dinge, die er, jedenfalls dem Verständnis Außenstehender entsprechend, nie vorhatte, in die Tat umsetzen. Dennoch brachte er Donald Trump dazu, die gemeinsamen militärischen Verteidigungsübungen mit Südkorea für die nächsten Jahre auszusetzen und diese routinemäßigen Manöver sogar mit dem von Pjöngjang bevorzugten Ausdruck »Kriegsspiele« zu bezeichnen. Jetzt tat Trump diese Übungen plötzlich als »provokant« und »teuer« ab und meinte, die USA würden durch deren Aussetzung »ein Vermögen sparen«.

Wie alle drei früheren Nord-Süd-Gipfel, wurde auch dieses Treffen als Anlass genutzt, um die grausamen Menschenrechtsverletzungen Nordkoreas neu zu »kontextualisieren«, ja gar zu verteidigen. Noch im Januar hatte Trump Kim Jong Un in seiner Rede zur Lage der Nation als »grausamen Diktator« mit »verdorbenem Charakter« gebrandmarkt; nun war es demselben Diktator durch seine bloße Anwesenheit gelungen, seinen scharfen Kritiker am Ende des Tages nicht nur dazu zu bringen, das Thema Menschenrechte gänzlich fallen zu lassen, sondern ihn bei Trumps überlanger Solo-Pressekonferenz nach dem Gipfel auch noch als »sehr begabten Mann« und »sehr ehrenwerten, sehr klugen Mann« zu loben.[7] Von einem amerikanischen Reporter zu den Menschenrechtsverletzungen in Nordkorea befragt, antwortete Trump: »Ich glaube, die Lage dort ist schwierig. Sie ist aber auch an vielen Orten schwierig, nicht nur dort«, und stellte damit Nordkorea, das Gulags betreibt, moralisch auf eine Stufe mit weniger diktatorischen, ja sogar freien Gesellschaften, die ebenfalls mit Menschenrechtsproblemen zu kämpfen haben.

Auf dem Rückflug an Bord der Air Force One verharmloste Trump in einem Interview mit Bret Baier von Fox News Kim

Jong Un weiter. Als Baier ihn darauf hinwies, dass der nordkoreanische Diktator doch ein »Killer« sei, der »Menschen hinrichten lässt«, entgegnete Trump lediglich, Kim sei nun mal ein »harter Kerl«. »Hey«, so Trump weiter, »wenn du ein Land übernimmst, ein raues Land mit rauen Leuten, und du übernimmst es von deinem Vater, dann ist mir egal, wer du bist, was du bist, oder wie viele Privilegien du genießt – wenn du das mit siebenundzwanzig Jahren schaffst, dann bist du einer von zehntausend, die das hinbekommen.« »Er ist ein großartiger Verhandler«, gestand der US-Präsident zudem anerkennend ein, »doch ich glaube, wir verstehen uns.«

»Aber trotzdem hat er ein paar wirklich schlimme Dinge getan«, wandte Baier ein.

Der Präsident blieb hartnäckig. »Klar, aber viele andere Leute haben auch sehr schlimme Dinge getan. Ich könnte viele Länder aufzählen, in denen viele schlimme Dinge geschehen sind.«[8]

Sobald die Air Force One wieder auf amerikanischem Boden aufgesetzt hatte, twitterte Trump: »Gerade gelandet«, berauscht von seinen Großtaten wie ein aufgeregter Teenager, der gerade von seiner ersten Interrail-Reise zurückgekehrt ist – »eine lange Reise, aber wir alle können uns jetzt viel sicherer fühlen als am Tag meines Amtsantritts. Es gibt keine atomare Bedrohung durch Nordkorea mehr.« Die Amerikaner und der Rest der Welt, so versicherte er in einem weiteren Tweet, könnten »heute Nacht ruhig schlafen«.[9]

Der Gipfel von Singapur wartete noch mit einer Reihe anderer Kuriositäten auf, aus denen sowohl Angeberei als auch Selbstverliebtheit sprach. Die US-Abordnung hatte einen Videoclip vorbereitet, den sie der nordkoreanischen Delegation zeigte, und der Kim Jong Un dazu bewegen sollte, den Weg der Abrüstung und der wirtschaftlichen Reformen einzuschlagen. Als Paradebeispiel für eine glücklichere kapitalistische Zukunft enthielt der Clip unter anderem ein Szenario, in dem Wonsan, eine Stadt an der Ostküste Nordkoreas, wo sich die Kim-Familie gerne aufhielt, in ein Tourismuszentrum verwandelt wurde. Als Kinder wie auch als Erwachsene hatten die Kim-Geschwister viel Zeit in ihrem palastähnlichen Anwesen in Wonsan verbracht und müssen sich köstlich amüsiert haben, als Donald Trump seinem Verhandlungspartner Kim Jong Un – in Anwesenheit von dessen Schwester – vorschlug, ihm bei der Entwicklung ihres Landes zu helfen, indem er Hotels und Eigentumswohnungen am Strand von Wonsan bauen würde, wenn Kim im Gegenzug bereit wäre, sich von seinen Atomwaffen oder, wie der Nordkoreaner sie gerne nannte, seinem »kostbarsten Schwert« zu trennen.

In seinem Feuereifer, Kim unbedingt sein Geld-für-Raketen-Konzept zu verkaufen und damit Geschichte zu schreiben, spielte Trump ihm auch noch einen skurrilen vierminütigen Pseudo-Filmtrailer vor, den sein Nationaler Sicherheitsrat angeblich produziert hatte, um Kim zu zeigen, wie man mutige Entscheidungen trifft und eine bedeutende Persönlichkeit der Weltgeschichte wird. Auf seiner Pressekonferenz nach dem Gipfel präsentierte er ihn erneut und erklärte vor Hunderten von Journalisten, der nordkoreanische Staatschef habe ihn »geliebt«. Der Film begann mit einem nordkoreanischen Jungen und Mädchen, die über den Kim-Il-Sung-Platz rennen, gefolgt von schlaglichtartig aufblitzenden Bildern des Kolosseums in Rom, des Times Square in New York, der ägyptischen Pyramiden, der Chinesischen Mauer, des Taj Mahal, einer Nachtaufnahme des Namdaemun (»Großes Südtor«) in Seoul, dem Lincoln Memorial in Washington, D. C., und schließlich einer riesigen nordkoreanischen Flagge – wahrscheinlich, um damit Vorstellungen von Weltgeschichte und historischer Größe zu wecken. »Sieben Milliarden Menschen bevölkern den Planeten Erde«, verkündet der Erzähler in einem theatralischen Bariton. »Nur wenige der heute Lebenden werden einen bleibenden Eindruck hinterlassen. Und nur die Allerwenigsten werden Entscheidungen treffen oder Maßnahmen ergreifen, die … den Lauf der Geschichte verändern werden.«[10]

Als Videoreferat in einem Highschool-Klassenraum hätte der Film womöglich Beifall geerntet, doch die kitschige Optik und die abgeschmackten »Spezialeffekte« waren unfreiwillig komisch. So sah man beispielsweise eine alte Luftaufnahme, in der die Südhälfte Koreas hell erleuchtet ist, während der Norden weitgehend in Dunkelheit liegt – und dann mit einem Schlag auf wundersame Weise hell erstrahlt. Kim steht also eine strahlende Zukunft bevor, wenn er nur auf Trump hört. Der Oberste Führer hat mutige Entscheidungen zu treffen, so die zentrale Botschaft des Clips. Dann folgten Aufnahmen jener vier Mittelstreckenraketen, die Nordkorea am 5. März 2017 zeitgleich abgefeuert hatte – doch wie um eine glücklichere Zukunft heraufzubeschwören, wird das Filmmaterial so manipuliert, dass die Geschosse zurück in ihre Silos fliegen. »Die Welt wird zusehen, zuhören, warten, hoffen«, dröhnt der Erzähler dieser neuen, von Superhelden verwandelten Welt: »Wird sich dieser Staatsführer dafür entscheiden, sein Land voranzubringen und Teil einer neuen Welt zu sein? Wird er zum Helden seines Volkes werden? Wird er dem Frieden die Hand reichen und Wohlstand ernten, wie er ihn noch nie gesehen hat? Ein großartiges Leben – oder noch mehr Isolation? Für welchen Weg wird er sich entscheiden?«

Nun, der Weg, für den sich der echte Superheld von Nordkorea entscheiden würde, schien von Beginn an vorgezeichnet, ungeachtet des mehr als durchsichtigen Tricks eines geplanten Folgegipfels.

Doch auf der Pressekonferenz wurde Trump nicht müde, seine Vision eines florierenden Nordkoreas zu beschwören. »Zum Beispiel haben die da tolle Strände. Das sieht man immer, wenn sie ihre Geschütze Richtung Meer abfeuern, nicht wahr? Also sage ich: ›Junge, schau dir die Aussicht an. Wäre das nicht ein großartiger Hintergrund für Ferienwohnungen?‹ Und dann habe ich ihm erklärt: ›Wissen Sie, anstatt das zu tun, könnten Sie genau dort die besten Hotels der Welt stehen haben.‹ Betrachten Sie es doch mal im Hinblick auf den Immobilienmarkt.«[11]

Was der amerikanische Präsident nicht verstand, war, dass die Kim-Geschwister bereits erstklassige Freizeiteinrichtungen in Wonsan sowie Dutzende andere über ihr abgehalftertes Königreich verteilte Villen haben, und dass es ihnen nicht das Geringste ausmacht, dass die große Mehrheit ihrer Untertanen ein Leben voller bitterer Entbehrungen fristen muss. Tatsächlich gab es bereits Pläne für den Bau einer 400 km^2 großen internationalen Tourismuszone, die sich von Wonsan aus über 100 Kilometer südöstlich bis zum Berg *Kumgang* erstrecken sollte – wenngleich sich der Baubeginn verspätete und das Projekt selbst heute noch nicht abgeschlossen ist. Was auch immer Trump sich von alledem erhofft haben mag, die Kim-Geschwister jedenfalls wussten genau, dass der Tausch von Atomwaffen gegen Almosen ein mieses Geschäft wäre. Wieso sollten sie ihre Raketen und Atomwaffen für Baumaterial und Finanzhilfen aufgeben, wenn das Regime durch nukleare Nötigung in der Lage war, Bargeld, Lebensmittel und Treibstoff im Wert von zig Milliarden Dollar zu erpressen? Es wäre förmlich eine Beleidigung des Vermächtnisses des Vaters. *Herr Präsident*, mögen die königlichen Geschwister, als sie Trump in Singapur lauschten, gedacht haben, *was Sie da vorschlagen, ist unpatriotisch, ja geradezu respektlos.*

Während der Gipfeltreffen mit Moon und anschließend mit Trump wandelte Kim Jong Un sich jäh in einen vernünftigen Staatsmann, der versucht, das Richtige zu tun. Der junge nordkoreanische Herrscher wirkte selbstbewusst, lächelte stets freundlich und unterschrieb wohlklingende Erklärungen. Kim Yo Jongs unterstützende Rolle bezeugte sowohl ihre Nähe zum Bruder als auch, schlicht und ergreifend, ihren Einfluss.

Doch ihre Rolle und die Art von Beziehung, die sie mit ihrem Bruder verbindet, sind nicht selten missverstanden worden. Die Schwester, die ihrem behäbigerem, schwerfälligerem Bruder behände folgte, während die Kameras auf ihn gerichtet waren, huschte wiederholt ins Blickfeld und rasch wieder heraus, zog den Stuhl des Bruders für ihn zurück, wenn er am Signiertisch Platz nahm, stellte sein Mont-Blanc-Schreibetui vor ihm hin, damit er Gästebücher und gemeinsame Erklärungen unterschreiben konnte, und lief häufig unmittelbar hinter ihm von einem Veranstaltungsort zum nächsten – sie war sein Schatten und seine pflichtbewusste Helferin.

Indem sie jedoch die Mappe mit der Erklärung an sich nahm, nachdem Kim Jong Un sie unterzeichnet hatte, und sie mit ihren südkoreanischen und amerikanischen Amtskollegen tauschte, stellte sie sich auf eine Stufe mit Personen, die ihr in Wahrheit gar nicht ebenbürtig waren. US-Außenminister Mike Pompeo, mit dem sie die Mappen mit den Abschriften der gemeinsamen Erklärung tauschte, die ihr Bruder und Donald Trump unterschrieben hatten, war ihr ganz gewiss nicht ebenbürtig. Ganz gleich, welch hochrangige Positionen sie bekleiden mögen, sind sie, genau wie die Staatschefamtskollegen ihres Bruders, letztlich nur Funktionsträger mit begrenzter Amtszeit. Selbst der chinesische Präsident Xi, der die Kommunistische Partei Chinas dominiert und danach trachtet, seine Amtszeit auf unbestimmte Zeit zu verlängern, ist in gewisser Weise noch an institutionelle Kontrollinstanzen gebunden. Die Macht der Kim-Geschwister ist dagegen unumschränkt, allumfassend, unantastbar. So klein das Land im Vergleich zu dem von Xi oder Trump auch sein mag, währt die Herrschaft der Familie Kim dort jedoch ewig. Sie regieren ihr Land nicht nur: Sie besitzen es.

Drei Monate später wurde in Pjöngjang ein noch größeres Brimborium veranstaltet: Als Präsident Moon Mitte September 2018 zu Besuch kam, trumpften die Kim-Geschwister in Sachen Gastfreundschaft groß auf. Am Internationalen Flughafen von Pjöngjang umarmten sich die beiden Staatschefs herzlich. Kim Yo Jong geleitete das südkoreanische Präsidentenpaar über das Rollfeld, während die Einwohner Pjöngjangs ohrenbetäubend »Wiedervereinigung!« riefen.

Die große südkoreanische Delegation, zu der auch die Chefs der siebzehn größten Konzerne des Landes – darunter Samsung, Hyundai und LG – sowie religiöse Führer und Moon nahestehende Politiker gehörten, verbrachte den Nachmittag mit dem Besuch eines Kinderkrankenhauses, eines Theaters und einer Musikakademie in Pjöngjang, und nach dem abendlichen Festessen verließ Kim Jong Un, sichtlich zufrieden mit dem Verlauf der Gespräche und rotgesichtig vom ausgiebigen Trinken, freudig armeschwingend den Bankettsaal.

Das Ergebnis der Gespräche war die Erklärung von Pjöngjang vom 19. September sowie ein innerkoreanisches Militärabkommen, das im Wesentlichen eine Neuauflage jener gemeinsamen Erklärung darstellte, die Kim Jong Il im Jahr 2007 mit Roh Moo Hyun unterzeichnet hatte. Es überrascht kaum, dass auch Jahre später noch kein einziger Punkt umgesetzt worden ist. Das Vorhaben, aus dem Gebiet der *Northern Limit Line*, der De-facto-Seegrenze im Gelben Meer, eine »maritime Friedenszone« zu machen, die gemeinsame Fischereiaktivitäten von Norden und Süden möglich macht, erscheint heute noch so weit entfernt wie 2007. Zwei Jahre später, 2020, erschossen nordkoreanische Soldaten einen südkoreanischen Regierungsbeamten, der im Gelben Meer trieb, und verbrannten anschließend seine Leiche.

Doch die eigentliche Überraschung sparten sie sich bis zum Ende des Papiers auf.

Norden und Süden verständigten sich nämlich darauf, »militärische Feindseligkeiten in Konfliktregionen« wie der Grenze einzustellen; »ständige Kommunikation und enge Konsultationen« durchzuführen; zwei auf Eis liegende innerkoreanische Gemeinschaftsprojekte, die Kaesong-Industrieregion sowie das *Kumgang*-Tourismusprojekt, wiederzubeleben; »Eisenbahn- und Straßenverbindungen zwischen Ost- und Westküste« herzustellen; bei Umwelt- und Gesundheitsinitiativen zusammenzuarbeiten; eine »ständige Einrichtung für Familienzusammenführungen« zu schaffen und »Videotreffen und den Austausch von Videobotschaften zwischen getrennten Familien« durchzuführen; den Kulturaustausch zu vertiefen, wobei eine nordkoreanische Künstlergruppe im nächsten Monat Seoul besuchen soll; gemeinsam an künftigen Olympischen Spielen teilzunehmen; »gemeinsam den 100. Jahrestag des Tages der Unabhängigkeitsbewegung vom 1. März zu begehen«; »beim Prozess zur vollständigen Denuklearisierung der koreanischen Halbinsel eng zusammenzuarbeiten« – dem sehnlichsten Wunsch lebender und verstorbener nordkoreanischer Herrscher; und schlussendlich auch darauf, dass der Vorsitzende Kim Jong Un »Seoul zu einem baldigen Zeitpunkt besuchen« solle.*[122] Wie bei sämtlichen vorherigen Nord-Süd-Vereinbarun-

* Am 1. März 1919 begehrten die Koreaner gewaltlos gegen die japanische Kolonialherrschaft auf und erklärten Korea für unabhängig. Die japanischen Behörden schlugen die Proteste brutal nieder, wobei Tausende von Demonstranten getötet wurden. Obwohl die Bewegung damals von keinem souveränen Staat anerkannt wurde, wird das Ereignis in Südkorea heute als Nationalfeiertag begangen, weil es zur Gründung der Provisorischen

Präsident Moon und Kim Jong Un mit der Erklärung von Pjöngjang.

gen ist nichts von allem in Erfüllung gegangen, weil Pjöngjang Absprachen nach Belieben bricht und Seoul keine Möglichkeit hat, Pjöngjang zur Durchsetzung zu zwingen.

In dem Exemplar der Übereinkunft, das in Nordkorea blieb, steht Moons Unterschrift laut Protokoll rechts neben der von Kim Jong Un. Allerdings hatte Moon darin Jong Uns »Paektu-Stil« nachgeahmt, indem er seinen Namen in einem aufsteigenden 45-Grad-Winkel daruntersetzte (in dem Exemplar, das er mit nach Hause nehmen sollte, tat er dies nicht). Sollte dies ein Versuch gewesen sein, sich bei Kim einzuschmeicheln, so wird es sich als Bumerang erwiesen haben: Dem Großen Führer kann es kaum gefal-

Regierung der Republik Korea in China führte und den Geist des koreanischen Widerstands symbolisiert. In Nordkorea findet diese Freiheitsbewegung jedoch nur wenig Beachtung.

len haben, dass sich ein Staatschef aus dem Süden, auf Zeit gewählt und ihm daher unterlegen, erdreistet, den Schreibstil der heiligen Paektu-Familie zu imitieren.

Abends dann durften Moon und seine Spitzenbeamten den Massenspielen beiwohnen, wie zuvor, im Oktober 2007, bereits der südkoreanische Präsident Roh. Doch Kim Jong Un ging in seiner Gastfreundschaft noch um einiges weiter: Am 19. September erhielt Moon Jae In als erster Präsident der Republik Korea die Gelegenheit, in Nordkorea eine Rede zu halten, und zwar vor 150 000 Zuhörern in Pjöngjang. Kim Jong Un neben sich, erhob sich Moon von seinem Platz und sprach. Es war ein Abend für die Geschichtsbücher: Während der gesamten Rede stand Kim Yo Jong dicht hinter Moon, ihren stählernen Blick unverwandt auf seinen Hinterkopf gerichtet.

Moon stellte sich der Menge als »Präsident des Südens« vor, nicht der »Republik Korea«, wie sein Land offiziell heißt, und würdigte den »unbeugsamen Mut« seines Amtskollegen, mit dem dieser »den Stolz des ethnischen koreanischen Volkes auch in schweren Zeiten« verteidige. Auch wenn diese Wortwahl durchaus problematisch war – implizierte sie doch, dass der derzeitige Oberste Führer in einer Zeit regiert, die für seine Bürger nicht *noch* paradiesischer war als die des Vaters –, so gestaltete sich der Rest der Rede doch versöhnlicher.

Am nächsten Morgen lud man die Gesandten aus dem Süden zu einem Ausflug auf den sagenumwobenen Berg *Paektu* ein. Beim Treffen von Roh Moo Hyun mit Kim Jong Il im Jahr 2007 hatte der nordkoreanische Staatschef unerwartet gefragt: »Warum sollten die Leute aus dem Süden denn erst nach Pjöngjang fliegen müssen, um dann wieder in eine Maschine zu steigen, die zum Berg fliegt? Wieso lassen wir sie nicht direkt von Seoul zum *Paektu* fliegen?« Die unscharfe Vision einer besseren Zukunft war geboren: Direktflüge zwischen Seoul und Samjiyeon, der mit einem Flughafen ausgestatteten Hauptstadt am Fuße des *Paektu*-Vulkans, die sich zu einem touristischen Drehkreuz für Südkoreaner entwickeln sollte. Es klang zu schön, um wahr zu sein. Doch wie verlockend! Zahlungskräftige Südkoreaner würden den Berg endlich mit eigenen Augen sehen können. Nordkorea würde die Einnahmen einstreichen. Gewöhnliche Nordkoreaner würden freie südkoreanische Touristen sehen und ihnen ähnlicher werden wollen, und langsam – so Südkoreas lang gehegter Wunschtraum – würde sich der Norden durch seine großzügige Hilfe und Investitionen öffnen … Es dauerte eine Weile, bis die Südkoreaner merkten, dass der nordkoreanische Führer es nicht ernst gemeint hatte. Er weigerte sich, das Thema erneut zu diskutieren.

Der Sohn jedoch, jung und ausgebildet in der Schweiz, war vielleicht anders. Am 20. September 2018 geleitete er Moon und seine Entourage tatsächlich auf den heiligen Berg. Als die Südkoreaner um 8.15 Uhr auf dem Flughafen Samjiyeon landeten, erwartete sie der Vorsitzende samt Gattin schon, beide gehüllt in lange schwarze Mäntel. Die Südkoreaner, ganz ohne Mäntel angereist, waren auf das kalte Klima, das in Samjiyeon Mitte September herrscht, nicht vorbereitet. Moons Ehefrau bibberte. Der Ausflug auf den *Paektu* war eine Last-Minute-Überraschung für die Moon-Delegation, ein einmaliges Erlebnis, das die Südkoreaner nie vergessen würden. So wie sein Vater unvermittelt eine Flugverbindung zwischen Seoul und Samjiyeon vorgeschlagen hatte, hatte ihnen Kim Jong Un ganz plötzlich einen Gruppenbesuch auf den Berg angeboten – die »Wiege der Revolution«, wie man ihn in Nordkorea nennt. Mit dem Unterschied, dass der Sohn nicht nur von einem Besuch in ferner Zukunft gesprochen hatte. Er nahm die Südkoreaner tatsächlich mit auf seine Bergtour. Für die Südkoreaner wurden Wintermäntel aus dem Süden eingeflogen.

In dem nordkoreanischen Dokumentarfilm über den Besuch waren die Südkoreaner außer sich vor Freude, während sie lachend und mit breitem Grinsen die erhabene Landschaft um sich herum betrachteten. Einer nach dem anderen hockten sie sich an einen Bach und kosteten das kalte Wasser. Der Erste, der in die Knie ging und eine Handvoll Wasser trank, war der Geheimdienstchef des Landes. Moon und die anderen füllten ihre Plastikflaschen mit dem kostbaren Wasser des *Paektu*. Die ersten Paare posierten für Fotos. Moon tippte Kim Jong Un an die linke Hand und reckte dessen Arm empor, und der Große Führer ließ ihn gewähren. Außenministerin Kang Kyung Wha zeigte Kim Jong Un, wie man das sogenannte Fingerherz macht, eine Handgeste, die als Sinnbild für den weltweiten Aufstieg südkoreanischer Popkultur in den letzten Jahren gilt. Der nordkoreanische Führer lächelte breit und versuchte es. Völlig hingerissen baten die Südkoreaner den nordkoreanischen Staatschef, Fotos mit ihnen zu machen, bis sich eine lange Schlange gebildet hatte und ein irritierter Kim Jong Un auf einmal sagte: »Das reicht.« Und währenddessen, am Rand des Bildes, sichtlich froh, nicht beim munteren Treiben mit den Fingerherzen mitmachen zu müssen, stand Kim Yo Jong und beäugte mit ihrem typischen Mona-Lisa-Grinsen die freudetrunkenen Südkoreaner.

Nach dem Mittagessen wurde die südkoreanische Gesandtschaft auf dem Flughafen von Samjiyeon verabschiedet – der Abschluss eines Staatsbesuchs, bei dem sich Kim Jong Un als vollendeter Gastgeber gezeigt hatte. Als Moon zwei Stunden später in Seoul ankam, strahlte er übers ganze Gesicht, während die wartenden Offiziellen ihm zujubelten und sich freudig abklatschten. Es war die triumphale Heimkehr eines Helden.

Nur wenige sahen damals schon die dunklen Wolken, die bald am Horizont heraufziehen würden. Das zweite Gipfeltreffen zwischen Kim Jong Un und Donald Trump in Hanoi im darauffolgenden Februar endete ergebnislos und warf das gemeinsame Vorhaben Nord- und Südkoreas zurück, die Vereinigten Staaten zur Aufhebung der Sanktionen gegen das Kim-Regime zu bewegen.

Die Sanktionen blieben zwar in Kraft, doch ihre Durchsetzung wurde seit Kim Yo Jongs Besuch in Südkorea bereits laxer gehandhabt. Um Präsident Trump zu einem ersten Treffen mit Kim in Singapur zu bewegen, hatte Pjöngjang in der ersten Jahreshälfte 2018 mit einigen symbolischen Gesten guten Willen gezeigt, wie etwa mit der Sprengung des Eingangs eines alten unterirdischen Nuklearstandorts, der vorübergehenden Abschaltung einer Atomanlage und der teilweisen Schließung einer Raketenabschussbasis. Alle drei Rüstungsanlagen öffneten nach und nach wieder. Was sich jedoch nicht wieder öffnete, waren die Herzen der nordkoreanischen Geschwister. Nachdem sie sich in Pjöngjang und auf dem *Paektu* vor Gastfreundschaft förmlich überschlagen hatten, waren sie nun sichtlich verstimmt. Ganz gleich, wie sehr Moon sich bemühte, ihnen zu schmeicheln und die Hand zu reichen, würden sie ihn bald vor aller Welt verhöhnen und beleidigen. Von März 2020 bis März 2023 würden Moon, sein Nachfolger sowie die USA im Schnitt alle sechs Wochen Zielscheibe von Kim Yo Jongs Beschimpfungen werden. Die Häufigkeit dieser Verlautbarungen und die Schärfe der Beleidigungen deuteten aber mehr auf einen Plan hin als auf einen Wutausbruch. Vorerst jedoch würde sie gegen ihre Gegner, Südkoreaner wie Amerikaner, kräftig austeilen.

KAPITEL 14

Der Aufstieg: die Prinzessin vom Berg *Paektu*

Wie ihr Bruder ist auch Kim Yo Jong oft missverstanden worden. Allein aufgrund der Tatsache, dass er in der Schweiz die Schule besucht hatte, betrachteten viele Kim Jong Un als potenziellen Reformer. Seine ersten großen Auftritte auf internationaler Bühne im Jahr 2018, bei denen er strahlend lächelte und großen Staatsmännern der Welt die Hand gab, riefen ähnliche Erwartungen hervor. Vielleicht, aber nur vielleicht, erfüllte er sie diesmal ja tatsächlich?

Seine Schwester weckte ganz ähnliche Phantasien, vor allem im Jahr 2018, einem Erfolgsjahr für beide Kim-Geschwister. Zunächst verlieh sie den Olympischen Spielen in Pyeongchang Glanz und Glamour. Dann stand sie bei den vielen Gipfeln treu an der Seite ihres Bruders – den Treffen mit Moon Jae In im April, Xi Jinping im Mai, Moon abermals im Mai, Donald Trump im Juni und schließlich mit Moon im September in Pjöngjang.

Viele Beobachter waren der Meinung, Kim Yo Jongs Rolle beschränke sich im Wesentlichen auf die einer Art »Sekretärin«.[1] Auf der 69-stündigen Zugfahrt von Pjöngjang nach Hanoi im Februar 2019 zum zweiten Treffen mit Donald Trump – eine Entfernung von über 4500 km – wurden die Kim-Geschwister mitten in der Nacht bei einem nächtlichen Zwischenstopp gefilmt, als sie in der chinesischen Stadt Nanning in der Provinz Guangxi, etwas mehr als 200 km von der vietnamesischen Grenze entfernt, allein neben dem Zug standen. Der nordkoreanische Führer raucht eine Zigarette, während seine Schwester ihm mit beiden Händen einen kristallenen Aschenbecher hinhält. »Unterwürfig« nannten manche diese Szene.

Doch was Yo Jong da tat, war alles andere als unterwürfig. Sie war einfach nur sie selbst: die einzige Person in Kim Jong Uns Gefolgschaft, die sein volles Vertrauen genoss und sich ihm jederzeit unaufgefordert nähern konnte. Ihre Rolle war nicht die einer liebedienerischen Sekretärin, sondern die einer selbstbewussten, aufmerksamen und fürsorglichen Mutterfigur. Sie sorgte dafür, dass ihr Bruder ja keine Zigarettenstummel mit DNA-Spuren hinterließ, die von ausländischen Geheimdiensten ausgewertet werden könnten. Niemand außer seiner Frau hat einen so unmittelbaren Zugang zum Obersten Führer – doch die nordkoreanische First Lady spielt politisch keine Rolle. In Sachen Staatsführung jedoch besitzt kein anderer Mensch einen derart leichten Zugang zum Großen Führer wie seine liebe kleine Schwester.

Als der Zug am 26. Februar um die Mittagszeit in Hanoi ankam, stieg Kim Yo Jong als Erste aus, in Stöckelschuhen und einem schwarzen Zweiteiler. Sie schaute sich um, »sondierte die Lage«, ging wieder in den Zug und geleitete ihren Bruder anschließend hinaus. Als Kim Jong Un Blumen überreicht wurden, hastete sie rasch nach vorn und schob General Kim Yong Chol beiseite, um ihrem Bruder den schweren Strauß abzunehmen. Später am selben Tag wurde sie in Hanoi dabei gesichtet, wie sie das Sofitel Legend Metropolitan Hotel in Augenschein nahm, wo das Gipfeltreffen und das Dinner mit Donald Trump stattfinden sollten. Außerdem wurde sie fotografiert, als sie im Vorfeld des offiziellen Besuchs ihres Bruders die nordkoreanische Botschaft begutachtete.

Wenn man sieht, wie die nordkoreanische »First Sister« eifrig Tagungsorte inspiziert und sich um ihren Bruder kümmert, könnte man sie beinahe als eine Art »Veranstaltungsmanagerin« oder »Protokollbeauftragte« einstufen – was sie gewiss auch wäre, würde sie nicht der Paektu-Familie angehören. Denn Kim Yo Jong ist viel mehr. Schließlich sind Jong Uns Staatsgeschäfte, einschließlich der Auslandsbesuche, eine Familienangelegenheit, die sie mit dem vollen Vertrauen des Chefs managt und vorantreibt.

In Hanoi jedoch mussten die Kim-Geschwister einen unerwarteten Rückschlag hinnehmen. Ihre altbewährte Familientaktik des »Ködern-und-Absahnens« funktionierte nicht mehr. Sie waren so weit mit dem Zug angereist und hatten erwartet, dass Donald Trump alles für einen Pfifferling herschenken – sprich die Aufhebung aller US- und UN-Sanktionen als Gegenleistung für die übliche Farce des Abschaltens des Hauptreaktors in Yongbyon – würde, und sie sich anschließend in aller Ruhe zurücklehnen und eine angenehme, wenn nicht gar triumphale Zugfahrt nach Hause genießen könnten. Der gleiche alte Trick hatte bei ihrem Vater schon 1994, 2005, 2007 und 2008 prächtig funktioniert: Dafür, dass Nordkorea den Reaktor ein paar Jahre oder gar nur Monate stilllegte, hatten Trumps Vorgänger großzügig gespendet: Treibstoff und Lebensmittel im Wert von über 1,3 Milliarden Dollar – während Südkorea noch einmal das Zehnfache herausgerückt hatte. Die Nahrungsmittelhilfe wurde wieder aufgenommen, die Finanzsanktionen aufgehoben, und 2008 wurde Nordkorea von der Liste Terror unterstützender Staaten des US-Außenministeriums gestrichen (obwohl Trump das Land nach Otto Warmbiers Tod im Jahr 2017 wieder draufsetzte).

Als man Nordkorea dabei ertappte, dass es schwindelte, etwa, indem es nach dem Abkommen zur Denuklearisierung von 1994 Uran anreicherte oder während der Sechs-Parteien-Gespräche Mitte der zweitausender Jahre Kernmaterial an Libyen und Syrien weitergab, begnügten sich die Amerikaner lieber weiter mit Geschenken, als eine Gegenreaktion zu riskieren, die etwa dazu führen könnte, dass Pjöngjang mit kleinen, aber tödlichen Angriffen auf den Süden eine Eskalation vorantreibt. Selbst als sich herausstellte, dass Nordkorea in Syrien einen Atomreaktor gebaut hatte, der mit dem in Yongbyon beinahe identisch war, hatten die Amerikaner klein beigegeben. Die Bush-Regierung, durch den Einmarsch im Irak 2003 politisch angeschlagen, hatte sich geweigert, Israel bei einer Militäroperation gegen den Reaktor zu unterstützen, und nach monatelangen internen Überlegungen hatte Israel diese schließlich im Alleingang unternommen. Am 6. September 2007 zerstörten acht Kampfjets der israelischen Luftwaffe den Reaktor vollständig.[2] Syrien, als Unterzeichner des Vertrags über die Nichtverbreitung von Kernwaffen (NVV), beschloss anschließend, lieber nicht zu protestieren, um nach diesem schwerwiegenden Verstoß gegen das Verbot der Zusammenarbeit mit Nordkorea bei der Nukleartechnik nicht noch weiter ins Visier der Staatengemeinschaft zu geraten.

In Hanoi würde Donald Trump sicherlich denselben Weg von Hilfsleistungen und Beschwichtigung einschlagen – und vielleicht würde er ja sogar noch weiter gehen? Immerhin war er der erste und einzige US-Präsident, der dem nordkoreanischen Führer die Hand geschüttelt und sich danach vor der ganzen Welt damit gebrüstet hatte. Solche Spektakel weckten Erwartungen auf einen dauerhaften Frieden. Ja, es gab sogar Gerüchte, Trump könne den Friedensnobelpreis erhalten. Der amerikanische Präsident schien besonders anfällig für Schmeicheleien, und wie die japanischen und südkoreanischen Staatschefs vor ihm, hatte auch Kim Jong Un dick aufgetragen, so dick, dass Trump nur wenige Monate zuvor sogar davon gesprochen hatte, er habe sich in den nordkoreanischen Herrscher geradezu »verliebt«.[3]

»Die perfekte Liebesaffäre«, sagte einst George Bernard Shaw, »ist jene, die man ausschließlich per Briefpost führt«, und Anfang 2019 hatten Kim Jong Un und Donald Trump ihre Beziehung seit Monaten durch zahlreiche anhimmelnde Briefe gefestigt. In einem Brief an Trump vom 20. September 2018 schrieb Kim ihm von Moons »überzogenem Interesse« an der Frage der »Denuklearisierung«, welches er bedauerlicherweise für »unnötig« erachtete. Dann fütterte er Trumps Ego, indem er schrieb, das Thema sei »unsere Angelegenheit«, über die er lieber direkt mit dem US-Präsidenten verhandeln wolle.[4] Zugegeben, Dreiecksbeziehungen sind stets eine komplexe Angelegenheit – zwischen Nationen wie auch zwischen Menschen. Sich Trump gegenüber jedoch dermaßen herablassend über Moon zu äußern, und das nur einen Tag, nachdem er diesen und seine Frau so herzlich auf den *Paektu* geführt hatte, lässt vermuten, dass seine überschwängliche Gastfreundschaft reine Formsache gewesen war und Kim es im Grunde nur auf Trump abgesehen hatte. Wer weiß, vielleicht ging der US-Präsident gar so weit, einen Friedensvertrag mit Nordkorea zu unterzeichnen, der den Abzug aller amerikanischen Truppen aus Südkorea vorsah?

Das größte Hindernis stellte jedoch Trumps Nationaler Sicherheitsberater John Bolton dar, der seit Anfang 2001 wiederholt das Missfallen Nordkoreas auf sich gezogen hatte.[5] Bolton, berüchtigt für seinen harten Kurs gegenüber Nordkorea und Iran, hatte Trump gedrängt, die Verhandlungen platzen zu lassen, falls Kim Jong Un sich weigern würde, sämtliche Atomanlagen offenzulegen und abzuschalten. Doch das lehnte Kim in seinen Gesprächen mit Trump stets ab und forderte vom US-Präsidenten stattdessen die Aufhebung aller seit 2016 gegen sein Regime verhängten Sanktionen, was etwa 90 Prozent der damals bestehenden Strafmaßnahmen ausmachte. In seinen 2020 erschienenen Memoiren schildert Bolton, dass er und sein nationales Sicherheitsteam Trump wiederholt davor gewarnt hätten, zum dritten Mal auf den Yongbyon-Bluff hereinzufallen. Um ein »Debakel« zu verhindern, zeigte Bolton Trump bei einer Vorbereitungssitzung im *Situation Room* des Weißen Hauses am 12. Februar einen Film, »der mit Nachrichtenausschnitten von Carter, Clinton, Bush und Obama begann, die alle sagten, sie hätten große Fortschritte in Bezug auf Nordkorea erzielt«.[6] Bei einem zweiten Briefing drei Tage später präsentierte Bolton seinem Chef dann »einen Ausschnitt aus einem nordkoreanischen Propagandafilm, der zeigte, dass die Koreaner noch immer an strammen Kriegsspielen beteiligt waren«, obwohl die USA und Südkorea im Zuge der Absprachen bei Trumps erstem Treffen mit Kim in Singapur ihre routinemäßigen Verteidigungsübungen eingestellt hatten. Trump verlangte eine Kopie des Videos.[7] Ein fehlerhaftes Abkommen scheitern zu lassen, sei, wie Bolton dem Präsidenten wiederholt einschärfte, das geringste aller potenziellen Übel.

Als Trump Ende des Monats in Hanoi eintraf, war seine Stimmung alles andere als ausgelassen. Daheim in Washington stand sein langjähriger ehemaliger Anwalt und Ausputzer Michael Cohen, der gerade wegen illegaler Wahlkampffinanzierung, Steuerhinterziehung und Falschaussage zu drei Jahren Haft verurteilt worden war, kurz davor, seinen ehemaligen Boss bei einer Anhörung vor dem Kongress schwer zu belasten – am selben Tag, an dem Trump in Vietnam mit Kim zusammentreffen sollte. Cohens einleitende Worte gaben den Ton vor: »Ich schäme mich, weil ich weiß, was Mr Trump ist. Er ist ein Rassist. Er ist ein Hochstapler. Er ist ein Betrüger.«[8] Die Anhörung sorgte landesweit für Aufsehen. Nach einem kurzen Abendessen mit Kim Jong Un blieb der US-Präsident bis »weit in die Nacht« auf, und verfolgte die Anhörung in Fernsehen. Am Morgen, erinnert sich Bolton, »sagte er die vorbereitenden Briefings ab«.[9]

Trumps Einzelgespräch mit Kim Jong Un begann um 9 Uhr morgens, und vierzig Minuten später, so Bolton in seinen Erinnerungen, kamen ihre jeweiligen außenpolitischen Berater, Außenminister Mike Pompeo und General Kim Yong Chol hinzu. »Kim Jong Un mochte die Hitze und die Feuchtigkeit nicht, und so gingen sie in einen treibhausähnlichen Bau im Innenhof, der als Café diente und zweifellos klimatisiert war ... Seine Schwester stand stoisch draußen in der Hitze, während die Amerikaner natürlich dort hingingen, wo es klimatisiert war.«[10]

Womöglich war es Michael Cohen, der Kim unwissentlich seinen Triumph vermasselt hat. Cohens Aussage hatte Trump zweifellos irritiert, und der amerikanische Präsident konnte es kaum erwarten, Hanoi wieder zu verlassen.

Am Ende gab keiner von beiden nach – weder Donald Trump noch Kim Jong Un. Die beiden Seiten schafften es nicht einmal, eine nichtssagende gemeinsame Erklärung abzugeben, da sie seit Singapur keinerlei Fortschritte erzielt hatten, nicht einmal kosmetische. Präsident Trump, sichtlich müde und frustriert, sagte die geplante feierliche Unterzeichnung ab. Er sagte sogar das geplante Mittagessen ab. Nach der Pressekonferenz stieg er in sein Flugzeug und flog wieder nach Hause. Damit ließ er Kim praktisch im Regen stehen, da dessen Reiseplan einen längeren Vietnamaufenthalt vorsah. Auch wenn Trump es womöglich nicht beabsichtigt hatte, so erweckte sein abrupter Abgang nun den Eindruck, der Oberste Führer habe schlichtweg zu viel Zeit. Es war mit Sicherheit die größte öffentliche Demütigung, die der nordkoreanische Machthaber jemals erlitten hatte.

Die Stimmung auf der langen Zugfahrt nach Pjöngjang war wenig freudig. Triumphierend jedenfalls konnte sie nicht gewesen sein. Für alle Beamten, in deren Adern kein Paektu-Blut floss, muss es ein fast 70-stündiges Herumtappen auf rohen Eiern gewesen sein, wenn nicht noch schlimmer. Nach seiner Rückkehr tat Kim Jong Un, was große Staatsführer nun einmal tun, wenn die Dinge nicht so laufen wie erwartet: Er bestrafte seine Untergebenen. (Sein Großvater gab seinem Außenminister Pak Hon Yong, einem weithin geachteten koreanischen Kommunisten, die Schuld daran, dass der Koreakrieg mit einer Teilung statt mit einem Sieg geendet hatte, brandmarkte ihn als US-Spion und ließ ihn hinrichten). Einen Monat später tauchten in südkoreanischen Zeitungen Berichte auf, wonach General Kim Yong Chol zu mehreren Monaten Zwangsarbeit verurteilt worden sei. Kim Hyok Chol, der nachrangige Kontaktmann für die Verhandlungen mit den USA, der Trump zusammen mit Kim Yong Chol am 17. Januar im Weißen Haus besucht hatte, soll zusammen mit vier weiteren Mitarbeitern der »Abteilung Einheitsfront«, die für Spionageabwehr und Propagandaoperationen gegenüber dem Süden zuständig ist, exekutiert worden sein, wobei es dafür weder eine Quelle noch eine offizielle Bestätigung gibt. Weil sie es versäumt hatte, dem amerikanischen Präsidenten Kim Jong Uns »Last-Minute-Angebot« zu überbringen, als dieser schon auf gepackten Koffern saß, wurde Berichten zufolge sogar die Dolmetscherin des gedemütigten Großen Führers in ein Gefangenenlager verfrachtet.[11]

Selbst Kim Yo Jong mied einige Monate die Öffentlichkeit. So begleitete sie ihren Bruder bemerkenswerterweise nicht in den Fernen Osten Russlands, wo er Ende April 2019 sein erstes Gipfeltreffen mit Präsident Wladimir Putin abhielt. Wieder reiste er mit dem Zug an, diesmal zur Staatlichen Universität des Fernen Ostens in Wladiwostok – eine verkraftbare Strecke von gerade einmal 700 Kilometern im Vergleich zu den 4500 Kilometern nach Hanoi.

Doch anders als noch in Vietnam, war Kim bei dieser Reise anscheinend in schlechterer Verfassung. Er wirkte nicht nur fülliger, als er am 25. April um kurz nach 14 Uhr aus dem Wagen stieg und langsam ein paar Schritte auf den wartenden Putin zugehen musste, er atmete auch schon schwer. Auf den Videobildern sieht man, dass die Schöße seines schwarzen Mao-Anzugs nach dem Aussteigen zerknittert und hochgerutscht sind. Doch niemand in der nordkoreanischen Delegation wagte es, sich dem Großen Führer zu nähern, um seine Kleidung zu richten. Als er seine Schwester am dringendsten brauchte, war sie nicht da.

Zu allem Überfluss zog Putin, auch wenn er dem Nordkoreaner ein ordentliches Essen bot, noch eine Variante der Trump-in-Hanoi-Nummer ab: Nachdem er sich von Kim Jong Un verabschiedet und ihn noch bei Tageslicht seiner Wege geschickt hatte, hatte Putin auf einmal keine Zeit mehr für den Gast. Er hatte Dringenderes zu erledigen. Genauer gesagt musste er nach Peking, wo tags darauf das »Neue-Seidenstraße«-Forum für internationale Zusammenarbeit tagte. Am nächsten Morgen sollte Kim zu einer Kranzniederlegung im Hauptquartier der Pazifikflotte erscheinen, allerdings ohne den russischen Präsidenten an seiner Seite. Wie man es von dem schmollenden Großen Führer kennt, kam Kim über zwei Stunden zu spät, möglicherweise weil er verkatert war. Den für den Nachmittag geplanten Besuch eines Aquariums und das abendliche Ballett (während der russische Machthaber 1200 Kilometer entfernt mit Xi Jinping und Regierungschefs aus aller Welt zusammentraf) sagte Kim ab, stieg wieder in seinen Zug und fuhr nach Hause.[12] Die Rückfahrt war gewiss nicht für alle Mitreisenden ein Vergnügen.

Im Juni erschienen Kim Jong Un und Kim Yo Jong zu einem kurzen, in letzter Minute anberaumten Treffen mit Trump in Panmunjom, dem Ort von Kims großem Sieg über Moon im Jahr zuvor, wobei Kim Yo Jong ihre gewohnte Rolle als Schatten ihres Bruders wieder aufnahm. Kim war so gnädig, Trump über die

Demarkationslinie in sein Reich treten zu lassen, sodass Trump sich später damit brüsten konnte, als erster US-Präsident in der Geschichte Nordkorea »besucht« zu haben. Tags zuvor, bei einem Staatsbesuch in Japan, hatte Trump in einem Tweet die Idee lanciert, Kim dort zu treffen: »Wenn ich dort bin [in Südkorea], und wenn der Vorsitzende Kim von Nordkorea dies liest, würde ich ihn an der Grenze / DMZ treffen, nur um ihm die Hand zu geben und Hallo(?) zu sagen!«[13] Kim schluckte den Köder, da er ohnehin nichts dabei verlieren konnte, sich einmal mehr als friedliebender Staatsmann zu präsentieren. Vor den offiziellen Gesprächen stellte Trump den Nordkoreanern seine Tochter Ivanka vor, die ihn auf der Reise begleitete. Es war das erste Mal, dass sich die beiden Frauen, die »First Sister« Nordkoreas und die »First Daughter« der USA, begegneten.

Das Treffen brachte keine nennenswerten Ergebnisse, und nach diesem fürs Fernsehen inszenierten Fototermin widmete sich der nordkoreanische Machthaber wieder ernsthaft seiner Lieblingsbeschäftigung: dem Abschießen von Raketen. Zwischen dem 4. Mai und dem 28. November feuerte Nordkorea an dreizehn verschiedenen Tagen Kurzstreckenraketen ab, fünf davon allein im August. Während die Welt gebannt auf die Raketen starrte, beförderte Kim Jong Un seine Schwester im Oktober weiter – mit einem von Symbolik und Familienwahrzeichen strotzenden Besuch auf dem Berg *Paektu*. Der Ausflug ließ erahnen, dass ihr eine noch bedeutendere offizielle Rolle in der Regierung zukam als gedacht, blieb außerhalb Nordkoreas allerdings fast unbemerkt.

Einige Jahre zuvor, Ende November 2013, hatte Kim Jong Un bei einem Besuch der Revolutionären Kampfgedenkstätte von Samjiyeon, einer nationalen Pilgerstätte am Fuße des *Paektu* nahe der chinesischen Grenze, jene unsterblichen Worte gesprochen:

> Um die großen Aufgaben der *Juche*-Revolution [Unabhängigkeit] und der *Songun*-Revolution [Vorherrschaft des Militärs] über Generationen hinweg fortzuführen und zu vollenden, müssen wir das Leben unserer Partei und unserer Revolution mithilfe der Paektu-Blutlinie ewig am Leben erhalten, die Tradition der Revolution unaufhörlich fortsetzen, weiterentwickeln und konsequent an ihrer Reinheit festhalten.

Aber was wollte er damit sagen? Im Klartext bedeutet es, dass Staat und Partei »von der Paektu-Blutlinie am Leben erhalten werden müssen« und von niemandem sonst.[14]

Kim Jong Un hielt diese nebulöse Mahnrede einige Monate nach seiner Überarbeitung der »Zehn Prinzipien für die Errichtung eines monolithischen ideologischen Systems«.[15] Die höchste schriftliche Instanz des Landes ist weder die Verfassung noch die Satzung der Partei der Arbeit Koreas – es sind diese »Zehn Prinzipien«. Im Jahr 1974 von Kim Jong Il für seinen Vater erarbeitet, stehen sie über sämtlichen Gesetzestexten und werden nur noch von den persönlichen Weisungen, schriftlichen oder mündlichen, des Obersten Führers übertroffen. Abgesehen von der Ironie, dass sich ein Regime, das nahezu fanatisch das Christentum verfolgt, ungeniert die Idee der Zehn Gebote zu eigen macht, ging es bei diesen Prinzipien in ihrer ursprünglichen Form fast ausschließlich um den Personenkult um Kim Il Sung. Im Jahr 2013 hatte Kim Jong Un sie überarbeiten lassen und unter dem abgewandelten Titel »Zehn Prinzipien für die Errichtung eines monolithischen Führungssystems« veröffentlicht. Wie das Original läuft auch die revidierte Fassung auf eine einzige Botschaft hinaus: »Wir müssen alles für den Großen Führer und seine Nachkommenschaft geben.« Indem er darin seinen Vater (neben seinem Großvater) zum ewigen

Co-Führer ernannte, untermauerte Kim Jong Un auch seine eigene Legitimität, wobei die Namen des Staatsgründers und seines Sohnes nebeneinander in acht der zehn Gebote vorkommen, sowie an vielen anderen Stellen des Textes. Vor allem aber findet sich in der überarbeiteten Version jene bedeutungsschwangere Passage über die unvollendete Revolution, die von der »Paektu-Blutlinie« vollendet werden muss:

> Wir müssen die große Errungenschaft der *Juche*-Revolution und der *Songun*-Revolution, eingeleitet vom großen Genossen Kim Il Sung und angeführt von den Genossen Kim Il Sung und Kim Jong Il, von Generation zu Generation weitergeben, sie vererben und vollenden.

Die Ernennung Kim Yo Jongs, die eben dieser Paektu-Blutlinie entstammt, zur Stellvertreterin und Thronfolgerin Kim Jong Uns war ein Prozess, der im Jahr 2019 begann, wenige Monate bevor die Welt von einer Pandemie heimgesucht wurde. Den Anfang bildete eine prachtvolle Inszenierung: eine Prozession auf weißen Pferden über den legendären Berg höchstselbst.

Am 16. Oktober 2019 vermeldete die staatliche Nachrichtenagentur, Kim Jong Un sei am Vortag »im ersten Schnee« des Winters auf einem weißen Pferd zum Gipfel des *Paektu* geritten: »ein großartiges Ereignis von schwerwiegender Bedeutung in der Geschichte der koreanischen Revolution«, so die KCNA. Diese Verlautbarung könnte sich künftig in der Tat als schicksalhaft erweisen.

Das beeindruckende Bild des nordkoreanischen Führers, der, unkonventionell wie immer, in einem langen, doppelreihigen Wintermantel auf einem Schimmel den heiligen Berg hinaufgaloppiert, sorgte international für Aufsehen und so manchen Spott. Was bei dem Gehöhne in der Regel jedoch unterging, war die Tatsache, dass er nicht allein war. Neben ihm ritt seine Schwester: Es war nicht weniger als ihre symbolische Erhebung in den Stand einer Würdenträgerin der Paektu-Blutlinie. Zuerst galoppierten die Kim-Geschwister zu zweit durch die unteren Ausläufer des *Paektu* – Yo Jong, wie bei diplomatischen Gipfeltreffen, direkt hinter ihrem Bruder –, bevor sie in Begleitung einer Handvoll hoher Funktionäre weiter die Berghänge hinaufritten. Kim Yo Jongs einzigartige Stellung in der Dynastie wurde damit in der staatlichen TV-Berichterstattung wiederholt hervorgehoben, wenn auch nur visuell.

Noch deutlicher wurde dies nur sieben Wochen später, am 3. Dezember, als der Große Führer mit seiner Frau Ri Sol Ju und einem weitaus größeren Gefolge, auch diesmal zu Pferd, auf den *Paektu* zurückkehrte. Sie besuchten die »Schlachtfelder«, Denkmäler und Blockhütten der Revolution am Fuße des Berges und ließen die aufgebauschte Geschichte vom Widerstand des ersten Großen Führers gegen das Kaiserliche Japan auf sich wirken. Diesmal aber war Kim Yo Jong nirgends zu sehen. Doch der zweite Besuch ihres Bruders in weniger als zwei Monaten, nun *ohne* seine Schwester, machte ihre Berufung nur noch deutlicher – denn was wäre, wenn er aus irgendeinem Grund eines Tages scheitern würde?

Vor dieser ersten öffentlichen Pilgerreise auf den Berg, bei der die Geschwister entweder nebeneinanderritten oder die Schwester dem Bruder den Rücken freihielt, hatte der nordkoreanische Staat noch nicht einmal offiziell bestätigt, dass die beiden überhaupt blutsverwandt sind.

Von den fünfundzwanzig offiziellen Fotos, die von dem Ausritt veröffentlicht wurden, ist Kim Yo Jong auf sechs zu sehen. Auf zwei davon sind allein Bruder und Schwester im Bild. Beide zeigen Kim Yo Jong, wie sie direkt hinter ihrem Bruder reitet, während sie lässig die Zügel in der Rechten hält.[16]

In den Aufnahmen des Staatsfernsehens gibt es eine Einstellung, in der die ganze Gesellschaft in einer Reihe hintereinanderreitet, mit Kim Jong Un ganz an der Spitze und seiner Schwester, die lächelnd direkt in die Kamera blickt, unmittelbar hinter ihm.[17] Auf einem anderen Bild reitet die Schwester breit lächelnd gleich hinter ihrem Bruder einen bewaldeten Hügel hinauf.[18] Ihre olivgrüne, militärisch anmutende Kleidung samt Barett erscheint dem Anlass angemessener als der zweireihige Pelzmantel des Bruders. Wie ihr Bruder scheint auch sie sich in der subalpinen Umgebung, umringt von blitzenden Kameras, sichtlich wohlzufühlen. Diese Fotos zeigen Yo Jong als die Person, die Kim Jong Un am nächsten steht, und zwar nicht allein aufgrund ihrer buchstäblichen Nähe zum Obersten Führer, sondern ebenso, und weit bezeichnender, aufgrund der sichtlichen Vertrautheit und Zuneigung zwischen den königlichen Geschwistern.

Doch ein Bild überragt in seiner Bedeutung alle anderen. Es weist Kim Yo Jong inoffiziell und doch unmissverständlich eine herausragende, völlig einzigartige Stellung zu. Dabei handelt es sich um eine Frontaleinstellung der Kim-Geschwister, direkten Nachkommen von Kim Il Sung und Angehörigen der »Paektu-Blutlinie«, in der sie rittlings auf ihren stattlichen Pferden in langsamem Schritt auf einem Untergrund aus weichem weißem Schnee über den »Heiligen Berg der Revolution« reiten, wie die Sprecherin des Staatsfernsehens verkündet. »Auf dem heiligen *Paektu*«, intoniert Ri Chun Hee, die berühmteste nordkoreanische Nachrichtensprecherin mit ehrfürchtigem Beben in der Stimme,

> »der sich majestätisch erhebt und den stolzen Geist unseres Vaterlandes in sich trägt, das stürmisch vorwärtsstrebt und dabei außergewöhnliche Taten vollbringt, die die Welt in Staunen versetzen; die legendären Bilder und besonderen Zeichen, die der

> große Mann von unübertroffener Größe so bedeutungsvoll geprägt hat, haben Himmel und Erde erbeben lassen.«[19]

Warum aber war dieses malerische Bild bedeutender als die anderen? Weil darauf zu sehen ist, dass die beiden Pferde, auf denen Nordkoreas mächtigste Geschwister reiten, am Kopfhalfter einen fünfzackigen silbernen Stern tragen – das zentrale Symbol der Dynastie sowie der Nationalflagge. Keinem anderen Mitglied der Gesellschaft wurde dieses Privileg zuteil – nicht einmal Kim Jong Uns Ehefrau Ri Sol Ju bei ihrem Ausritt im Monat darauf. Auch Yo Jongs charakteristisches gebieterisches Lächeln, stets mit geschlossenen Lippen, ist darauf zu sehen. Diese Darstellung Kim Yo Jongs, hoch zu Ross, ausgestattet mit den Insignien der Dynastie, neben dem Obersten Führer auf dem heiligen Berg der Revolution, barg eine geradezu revolutionäre Bedeutung. Als das letzte Foto des Beitrags ausgestrahlt wurde – Kim Jong Un, der in heldenhafter Pose die Vorderbeine seines Pferdes hochreißt –, ging Ri Chun Hees Kommentar sogar noch weiter. Diese Pilgerreise werde, so die Moderatorin, »unsterblich bleiben als historisches Unterfangen, das den vollständigen Sieg unserer Revolution beschleunigt«. Damit wurde Kim Yo Jong stillschweigend in die offizielle *Paektu*-Erzählung heldenhafter Führerschaft aufgenommen:

> Die tiefe Bedeutung und die heiligen Zeichen, die der Große Genosse Kim Jong Un geprägt hat, als er leibhaftig auf dem Rücken eines weißen Pferdes auf den Gipfel des *Paektu* ritt, werden in einem prächtigen Glanz erstrahlen, der Nordkorea zu einem mächtigen sozialistischen Staat erheben wird, um den uns die ganze Welt beneidet und der unsterblich werden wird als historisches Unterfangen, das den *vollständigen Sieg unserer Revolution* beschleunigt [meine Hervorhebung].[20]

Kim Yo Jong mit ihrem Bruder auf dem *Paektu*. Der fünfzackige Stern am Kopfhalfter ihres Pferdes unterstreicht ihre Bedeutung.

Bislang hat noch keine nordkoreanische Regierungsstelle erklärt, dass es sich bei Kim Yo Jong um die Schwester des Obersten Führers handelt. Die Eliten in Pjöngjang wissen es natürlich. Und auch das einfache Volk ist durchaus in der Lage, zwischen den Zeilen zu lesen, d. h. viele haben die Symbolik dieser und anderer Bilder sicher schon gedeutet, ganz zu schweigen von Kim Yo Jongs fast dreißig drastischen schriftlichen Erklärungen. Kim Jong Uns Macht und Privilegien sind heilig und unantastbar. Und sein göttliches Anrecht auf die Macht kann im Streben nach dem Sieg der Revolution an seine Schwester weitergegeben werden, denn auch sie wurde als Angehörige der heiligen Paektu-Blutlinie mit dem Recht geboren, wenn nötig, Königin zu werden.

KAPITEL 15

Hunger als Waffe: eine Familientradition

Westliche Reisende, die Ende des 19. Jahrhunderts den Fernen Osten besuchten, betrachteten Korea als wunderliches »Land der Einsiedler«. Denn abgesehen von seinen traditionellen Beziehungen zum mächtigen Nachbarn China verfolgte Korea vergeblich eine Politik der Selbstisolierung. Damit unterschied sich Korea deutlich von Japan, das Mitte des 19. Jahrhunderts von den Vereinigten Staaten durch eine Mischung aus Drohungen und Diplomatie »geöffnet« worden war. Rund zwei Jahrzehnte später schien Japan – zur Freude vieler Amerikaner und Europäer – viele fremde Sitten und Gebräuche des Westens übernommen zu haben, selbst was Kleidung und Haartracht anbelangte. Bei Korea hingegen, das weiter in seinen überkommenen Gepflogenheiten und der Ablehnung aller Veränderungen verharrte, schien die Lage aussichtslos.

Sowohl Korea als auch Japan zogen ihre Lehren aus dem Ansturm des Westens auf Chinas Küstenstädte, bei dem die westlichen Mächte ab Mitte des Jahrhunderts fieberhaft versuchten, sich dort Einflusssphären zu sichern, nachdem Großbritannien, der damals mächtigste Staat der Welt, China zur rangniederen Macht erklärt hatte. Über weite Strecken seiner Geschichte war China die fortschrittlichste Nation der Welt gewesen – das Reich der Mitte, umgeben von weniger bedeutenden Randstaaten, die Chinas materieller und vermeintlich moralischer Überlegenheit Tribut zollten. Im 19. Jahrhundert aber war das Land in anhaltende innenpolitische Wirren versunken und zunehmend von ausländischen Mächten ausgebeutet worden. Von diesen Entwicklungen verunsichert, bemühte sich Korea standhaft, nicht in die vom Westen dominierte diplomatische Arena hineingezogen zu werden. Gleichwohl verunsichert, beschloss Japan hingegen, sich den fremden Einflüssen zu stellen und westliches Wissen und westliche Praktiken zu übernehmen. Während Japan versuchte, seine Macht dadurch zu stärken, war Korea bestrebt, das sich als letzte Bastion der traditionellen chinesischen Weltordnung betrachtete – einer regionalen Ordnung, die auf den konfuzianischen Grundsätzen der Hierarchie zwischen Staaten fußte –, der Außenwelt zu trotzen.

Amerikaner und andere ausländische Reisende, die nach Nordostasien kamen, entwickelten ein Faible für Japan, vor allem wegen seiner so schlichten und asymmetrischen Ästhetik. Die Sehnsucht der Europäer nach japanischer Kunst war unter dem Begriff des »Japonismus« bald schon weit verbreitet. Bei Korea hingegen lag die Sache völlig anders. Wie China wirkte auch Korea rückwärtsgewandt. Die koreanische Führung war intern zerstritten, derweil weite Teile des Landes von zahlreichen Bauernaufständen heimgesucht wurden. Koreas glücklose Elite schien hin- und hergerissen zwischen dem Wunsch nach Veränderung und der Aversion dagegen. Viele Außenstehende wussten nicht einmal genau, ob das quasiisolierte und weltabgewandte Korea überhaupt ein unabhängiger Staat oder ein bloßer Vasall Chinas war. Was allen jedoch gleich ins Auge sprang, war der eklatante Gegensatz zwischen Japan und Korea bezüglich ihrer nationalen Mentalität und Politik, was Korea schließlich auch den wenig schmeichelhaften Beinamen »Land der Einsiedler« bescherte.[1]

Mittlerweile verwendet man diesen Namen für Nordkorea. Für

den Großteil seiner Geschichte wurde Nordkorea von Außenstehenden herablassend als »Einsiedlerkönigreich« bezeichnet. Wie jenes koreanische Königreich, das 1910 zur japanischen Kolonie wurde, neigt auch die 1948 von Kim Il Sung begründete Dynastie zu relativer Isolation und einem ausgeprägten Desinteresse gegenüber der Welt jenseits seiner unmittelbaren Nachbarländer – zumindest bis in die frühen siebziger Jahre. Diese verbreitete Vorstellung eines isolierten Landes, im Falle Nordkoreas wie in dem des Vorgängerreiches, beruht sowohl auf Fakten als auch auf einer gehörigen Portion Phantasie. Einerseits trifft die Bezeichnung »Land der Einsiedler« auf das heutige Nordkorea weit weniger zu als auf die koreanische Yi-Dynastie (1392–1910), da Erstere schließlich diplomatische Beziehungen zu über 160 Staaten unterhält. Andererseits legt Nordkorea eine unter den Industrienationen dieser Welt nie da gewesene Verachtung für konventionelle diplomatische Gepflogenheiten an den Tag. Ob es um so banale Dinge wie die Pflege offener Kommunikationskanäle mit anderen Staaten, die Einhaltung internationaler Normen und Abkommen oder den Verzicht auf staatlich geförderte Verbrechen wie den Einsatz akkreditierter Diplomaten für illegalen Drogenhandel geht: Nordkorea hat sich stets derart unorthodox und selbstbezogen verhalten, dass man es durchaus als »einsiedlerisch« bezeichnen könnte. Kein anderes Land mit vergleichbarer militärischer Macht, territorialer und bevölkerungsmäßiger Größe und regionaler Bedeutung verdient wohl den Namen eines »Einsiedlers« mehr als die Demokratische Volksrepublik Korea.

Und wenn sich der Paektu-Clan am liebsten in einen Schleier des Geheimnisvollen hüllt – schließlich soll das nordkoreanische Volk nichts von dem extravaganten Lebensstil der königlichen Familie oder der Verkommenheit ihres Regimes wissen –, dann deshalb, weil Nordkorea sowohl ein Land des Mysteriösen wie des Mangels ist. Die elenden Bedingungen, unter denen die große Mehrheit des Volkes lebt, wie auch die extreme Intransparenz des Regimes sind voll und ganz beabsichtigt. Denn das nordkoreanische Volk ist dazu verdammt, nahezu vollständig vom Staat abhängig zu sein und sein Leben in ständiger Hoffnung auf wenigstens vorübergehende Linderung der täglichen Not zu fristen.

Der Staat entscheidet, wer lebt und wer stirbt. So war es seit jeher: Machterhalt durch Niedertracht und Täuschung, gelegentlich gemildert durch Phasen der Entspannung. Der Staat verbirgt das Leid des Volkes gewissenhaft vor der Außenwelt (»Es gibt nichts, worum wir andere beneiden müssten«, ist eine verbreitete Parole), verfälscht systematisch Fakten und geschichtliche Ereignisse und gaukelt Beobachtern im In- und Ausland vor, dass glücklichere Tage mit vollen Bäuchen und ohne Atomwaffen unmittelbar bevorstünden.

Für Kim Jong Il war die große nordkoreanische Hungersnot, die Mitte bis Ende der neunziger Jahre womöglich über 10 Prozent der nordkoreanischen Bevölkerung – vielleicht mehr als drei Millionen Menschen – das Leben kostete, kaum mehr als eine kleine Unannehmlichkeit. Ursächlich dafür waren weder Überschwemmungen noch US-Sanktionen (wie das Regime behauptet), sondern die Einstellung der Subventionen der UdSSR (nach deren Zusammenbruch im Dezember 1991) und Chinas, das im August 1992 seine Beziehungen zu Südkorea normalisierte. Anstatt sein eigenes Geld für die Einfuhr von Nahrungsmitteln auszugeben, verwendete Kim Jong Il es lieber für die Entwicklung von Massenvernichtungswaffen, den Kauf von Kampfjets und das teuerste Mausoleum der Welt, das er für seinen Vater bauen ließ. Offiziell wird die Hungersnot in Nordkorea *Gonan-ui haeng-gun* genannt, der »Marsch durch das Leid« – ein Name, der, wie Professor Sandra Fahy, eine führende Expertin für Menschenrechte in Nordkorea, anmerkt, den patriotischen Widerstand im Angesicht von Entbehrungen beschwört.[2] Für die Kim-Familie und ihre Führungsriege allerdings geriet der Hunger zu einem nützlichen Instrument ihrer arglistigen Staatspolitik, ja gar zu einem finanziellen Glücksfall. Natürlich litt keiner der Privilegierten in Pjöngjang Hunger, doch als die Leichenberge in den Provinzen täglich wuchsen, sah Kim Jong Il im Massensterben seines Volkes tatsächlich eine Geschäftsgelegenheit – eine Chance, sich selbst noch weiter zu bereichern.

Kim Jong Il schämte sich nicht, andere für seine Verbrechen verantwortlich zu machen, und setzte Hunger als Waffe gegen die Außenwelt ein. Während er seinem eigenen Volk etwas antat, was die Vereinten Nationen im Jahr 2014 als »den unmenschlichen Akt des wissentlichen Herbeiführens anhaltenden Hungers« brandmarkten[3], presste er der internationalen Gemeinschaft so viel Nahrungsmittelhilfe ab, wie er nur konnte. Natürlich leitete er die Hilfslieferungen an die Teile der Gesellschaft um, die am wenigsten betroffen waren: seine Regierung und das Militär. In einer Rede, die er im Dezember 1996, auf dem Höhepunkt der Hungersnot, an der Kim-Il-Sung-Universität hielt, erklärte Kim Jong Il:

> In einer sozialistischen Gesellschaft sollte das Ernährungsproblem mit sozialistischen Mitteln gelöst werden. Wenn die Partei es dem Volk überlässt, das Ernährungsproblem selbst zu lösen, dann werden nur die Bauern und Kaufleute profitieren, was Egoismus hervorruft und die soziale Ordnung einer klassenlosen Gesellschaft zum Einsturz bringt. Dann verliert die Partei ihre Basis im Volk und wird einen Zusammenbruch erleben wie in Polen und der Tschechoslowakei.[4]

Auch in den Jahren nach der Hungersnot führte Kim Jong Il seine kriminellen Machenschaften fort: Lebensmittelknappheit und allgegenwärtiger Hunger wurden für ihn zu einem lukrativen Mittel der Geldbeschaffung. Im Laufe der folgenden zehn Jahre erhielt sein Land aus Südkorea, den Vereinigten Staaten und von den Vereinten Nationen kostenlose Nahrungsmittel im Wert von vielen Hundert Millionen Dollar. Doch trotz all dieser Hilfen stellten UN-Organisationen jedes Jahr fest, dass rund ein Drittel bis die Hälfte der nordkoreanischen Bevölkerung – etwa acht bis zwölf Millionen Menschen – an Unterernährung litt. Ende der zweitausendzehner Jahre, über zwei Jahrzehnte nach dem Ausbruch der Hungersnot Mitte der neunziger Jahre, ermittelten die Ernährungsorganisationen der Vereinten Nationen noch immer einen gleichbleibenden Getreidemangel von rund 1,36 Millionen Tonnen jährlich.[5] Es scheint, als hätten die nordkoreanischen Behörden bei ihrer Planung des jährlichen Staatshaushalts diese konstante Fehlmenge mit Absicht eingeplant, damit andere sie ausgleichen können.[6] Aus Angst, die nordkoreanische Führung zu verärgern, was in der Vergangenheit nur weitere Beschränkungen der in Nordkorea tätigen Hilfsorganisationen zur Folge hatte, haben die Geberländer das Regime nur selten wegen dieses grotesken wiederkehrenden Phänomens zur Rede gestellt. Weder UN-Institutionen noch souveräne Staaten haben das Kim-Regime bislang nachdrücklich dazu angehalten, seine Prioritäten bei den Staatsausgaben neu zu ordnen und mehr Nahrung zu importieren. Stattdessen haben sie sich weitgehend mit diesen abstrusen Normen arrangiert, die von Kim Jong Il einst aufgestellt und von seinem Sohn fortgeführt wurden.

Aufgrund des allgegenwärtigen Hungers, von dem UN-Angaben zufolge jährlich weit über 40 Prozent der 25 Millionen Einwohner betroffen sind, gehört die Demokratische Volksrepublik Korea zu den fünf Ländern der Welt, in denen Unterernährung bezogen auf die Gesamtbevölkerung am weitesten verbreitet ist. Im jüngsten

UN-Bericht zur *Situation der Nahrungssicherheit und Ernährung in der Welt* (2022), aus dem der Autor dieses Buches eine Rangfolge zusammengestellt hat, steht Nordkorea mit einem Anteil von 41,6 Prozent Unterernährten in der Bevölkerung dennoch an weltweit vierter Stelle. An der Spitze liegt die Zentralafrikanische Republik (52,2 Prozent), gefolgt von Madagaskar (48,5 Prozent) und Haiti (47,2 Prozent).[7] Im Bericht für 2019, dem letzten vor der Pandemie, nimmt Nordkorea mit einem noch höheren Prozentsatz von Unterernährten (47,8 Prozent) ebenfalls den vierten Platz ein – hinter der Zentralafrikanischen Republik (59,6), Simbabwe (51,3) und Haiti (49,3).[8] Unter den Staaten dieser traurigen Top-Ten-Liste ist Nordkorea das einzige Land, das industrialisiert, urbanisiert, vollständig alphabetisiert ist und weder von Aufständen noch einem Bürgerkrieg heimgesucht wurde. Kein anderes Land unter den Top Ten – oder gar den Top Fifty – genießt die wirtschaftlichen Vorteile einer industrialisierten, urbanisierten und alphabetisierten Gesellschaft mit einer De-facto-Friedenswirtschaft. Kein anderes dieser Länder verfügt über so sündhaft teure Militärtechnik wie Atomwaffen und Interkontinentalraketen.

Das nordkoreanische Volk mag bitterarm sein, das Regime jedoch ist reich. Um die jährliche Nahrungsmittellücke von 1,36 Millionen Tonnen zu schließen, wären jährliche Ausgaben zwischen 200 und 400 Millionen Dollar erforderlich, je nach Art des erworbenen Getreides und den Weltmarktpreisen für Mais, Reis, Weizen usw. Das Kim-Jong-Un-Regime gibt jährlich weit über 1,3 Milliarden Dollar allein für den Bau ballistischer Raketen aus.[9] Dabei setzt es den chronischen Hunger seines Volkes sowohl als Speer wie auch als Schutzschild ein, sprich als Mittel, um der internationalen Gemeinschaft kostenlose Lebensmittel abzupressen und die eigene Führung gegen Kritik aus dem Ausland zu verteidigen.

Die nordkoreanische Regierung und ihre Apologeten aus dem

Ausland behaupten, die Sanktionen der USA und der UN sowie das schlechte Wetter und der Klimawandel seien für die andauernde Hungerkrise verantwortlich – ein Narrativ, das sogar Pjöngjang-freundliche südkoreanische Regierungen seit Anfang der zweitausender Jahre gern wiederholt haben. Doch die Fakten sprechen eine völlig andere Sprache, belegen sie doch unter anderem, dass es bis 2006, mehr als zehn Jahre *nach* Beginn der Hungersnot, überhaupt keine UN-Sanktionen gegen Nordkorea gab; dass die US-Sanktionen gegen Nordkorea erst 2016, über *zwanzig Jahre* nach Ausbruch der Hungersnot, als man endlich ein auf Nordkorea zugeschnittenes Sanktionsgesetz verabschiedete, tatsächlich wirksam wurden; und dass die durch den Klimawandel verursachten Missernten auf wundersame Weise jedes Jahr und ohne Ausnahme exakt an der Nord- und Südgrenze Nordkoreas enden, jenseits derer kaum jemand hungrig zu Bett geht.

Die Hungersnot, der mindestens 600 000 und womöglich sogar über drei Millionen Menschen zum Opfer fielen, war menschengemacht und wurde auch von Menschen aufrechterhalten: Sie war die unmittelbare Folge von Kim Jong Ils Politik des »vorsätzlichen Aushungerns«, wie eine UN-Studie aus dem Jahr 2014 eindringlich und wiederholt behauptet.[10] In dem Bericht wird festgestellt, dass die nordkoreanische Regierung auf höchster Ebene »Verbrechen gegen die Menschlichkeit … gegen die hungernde Bevölkerung begangen hat, insbesondere in den neunziger Jahren. Diese Verbrechen resultierten aus Entscheidungen und politischen Maßnahmen, die das Recht der Bevölkerung auf Nahrung verletzt haben und zur Aufrechterhaltung des herrschenden politischen Systems angewandt wurden, wohl wissend, dass diese Entscheidungen den Hunger verschärfen und den Tod großer Teile der Bevölkerung verursachen würden.«[11]

In den Hungerjahren zwischen 1996 und 2000 gingen Kim Jong Un, sein Bruder und seine Schwester in der Schweiz zur Schule. Sie reisten mit gefälschten ausländischen Pässen und Unmengen von Bargeld durch die Welt. Regelmäßig kamen sie nach Hause und wohnten in den vielen abgelegenen prunkvollen Palästen ihres Vaters. Aus eigener Erfahrung kennen sie nichts als überbordenden Luxus, höchste Privilegien und eine kulthafte Verehrung, die für Außenstehende fast schon peinlich anmutet. Während ihre nordkoreanischen Mitbürger hungern und ein Leben unter extremen Entbehrungen und Staatsterror fristen müssen, mussten sie niemals Angst vor Hunger, Armut, Aufständen oder auch nur der leisesten Kritik des eigenen Volkes fürchten. Schließlich ist ihr Land der erfolgreichste – der am weitesten perfektionierte – totalitäre Staat in der Geschichte.

Darüber hinaus haben sich die Kim-Machthaber nie ernsthafte Sorgen um einen bevorstehenden US-Angriff machen müssen, wenngleich sie dies einem in- und ausländischen Publikum als Rechtfertigung für Unterdrückung und atomare Aufrüstung gern glauben machen wollen. Noch einmal: Seit dem Waffenstillstand von 1953 haben Pjöngjangs Gegner das Land oder seine Streitkräfte kein einziges Mal unprovoziert angegriffen, obwohl es in diesem Zeitraum über 2000 nordkoreanische Attacken, Überfälle und Infiltrationen auf und in Südkorea gab, die viele Dutzend amerikanischer sowie Hunderte südkoreanischer Menschenleben forderten.

Dann aber drohte eine bis dato unbekannte, ernst zu nehmende und tödliche Gefahr: die Covid-19-Pandemie.

Es war die größte Bedrohung, der Kim Jong Un jemals gegenüberstand – ja, tatsächlich war es die tödlichste Bedrohung für einen obersten nordkoreanischen Machthaber seit dem Koreakrieg, den Kim Il Sung vom Zaun gebrochen hatte. Im Mai 2022 räumte

Kim Jong Un zum ersten Mal die Ausbreitung des Coronavirus in seinem Land ein und sprach von einem historischen »großen Umbruch«.[12] Könige und Adlige können zwar niemals einer Hungersnot zum Opfer fallen, doch selbst ein gottgleicher Diktator könnte unerwartet dem sich rasant ausbreitenden Virus erliegen. Und tatsächlich, Kim Jong Un hatte guten Grund, sich wegen der Pandemie Sorgen zu machen. In der ersten Märzwoche 2020 führte Südkorea nach China die Weltrangliste der täglich bestätigten Coronafälle an.[13] Gefangen zwischen diesen beiden Hochinfektionsländern, schottete sich der krankhaft fettleibige Machthaber ab, während er (wie wir im nächsten Kapitel sehen werden) die Stellung seiner Schwester innerhalb der Regierung rasch aufwertete.

Das öffentliche Gesundheitssystem Nordkoreas war marode, und Paranoia erfasste die königliche Familie, die »lebenden Götter«, zu denen sich die Kims gegenüber ihrer von Informationen abgeschirmten Bevölkerung stilisieren. Bereits am 22. Januar 2020 ließ Kim Jong Un eine alte Familientradition wieder aufleben: die hermetische Abriegelung seines Landes. Die Nordgrenzen des Landes zu China und Russland wurden geschlossen, da Kim, der die Eindämmung der Krankheit eine Angelegenheit des »nationalen Überlebens« nannte, alles tat, um sich selbst und seine Gefolgsleute in Pjöngjang zu schützen, indem er die bereits bestehenden Maßnahmen, die Unbefugte von der Hauptstadt fernhalten sollten, massiv verstärkte.

Ganz gleich, wie sehr sein Volk litt oder hungerte: Der Schutz seiner eigenen Gesundheit verlangte, dass die Grenzen dicht blieben, sodass sich der Staat in einen diplomatischen Winterschlaf begab und keine regulären außenpolitischen Kontakte pflegte. Einige Wochen später erließ Kim Jong Un die Weisung, auf jeden zu schießen, der die Grenze übertritt. Dieser Schießbefehl wurde schließlich sogar auf Säugetiere und Vögel ausgeweitet.[14]

Kims Angst vor Ansteckung übertraf bei weitem die Sorge um das Wohlergehen seines Volkes. Die Südgrenze des Landes zu Südkorea war recht sicher – gilt sie doch als die am stärksten befestigte Landgrenze der Welt. Die nördliche Grenze zu China war es nicht. Auf Kosten seines Volkes verhängte Kim Jong Un im Mai 2020 einen Einfuhrstopp für alle Handelsgüter aus China. Schließlich konnte das Regime nicht riskieren, sich einen Covid-Ausbruch einzuschleppen, der bis nach Pjöngjang gelangte.

Es gab sogar Grund zu der Annahme, dass das Kim-Regime trotz – oder gerade wegen – des Leids seiner Bevölkerung gestärkt aus der hermetischen Abschottung hervorgehen würde. Die Abkehr von der Außenwelt und der Verzicht auf sämtliche Importe und Hilfsangebote würde im Ausland humanitäre Bedenken schüren, die sich, wie wir gesehen haben, für gewöhnlich in einen Zustrom von Hilfsgeldern verwandelten und die nordkoreanische Staatskasse wieder auffüllten.

Also griffen Kim Jong Un und seine Schwester erneut auf die erprobte Methode ihres Vaters zurück – Abschottung und Armut. Die Grenzen wurden geschlossen und die Menschen sich selbst überlassen. Kim lehnte ausländische Hilfe ab, sowohl in Form von Nahrungsmitteln als auch in Form von medizinischer Unterstützung, kostenlose Corona-Impfstoffe inbegriffen. Erst im September 2022, fast drei Jahre nach Ausbruch der Pandemie, deutete er an, dass er womöglich ausländische Impfstoffe für sein Volk akzeptieren würde.[15]

Berichten zufolge kam es in Nordkorea während der Corona-Pandemie abermals zu hungersnotähnlichen Zuständen, die in den Städten nahe der südkoreanischen und chinesischen Grenze bis ins Jahr 2023 anhielten – Gegenden, in denen es normalerweise ausreichend Nahrungsmittel gibt, die durch die Maßnahmen Pjöngjangs nun aber ausblieben.[16] Im April 2021 bemühte Kim

Jong Un wieder die von seinem Vater ersonnene Losung »Marsch durch das Leid« und sprach von »vielen Hindernissen und Schwierigkeiten, die vor uns liegen«.[17] Einige Monate später forderte er sein Volk auf, »den Gürtel enger zu schnallen« und in den nächsten vier Jahren – bis 2025 – weniger zu essen.[18]

Anfang 2023 tauchten Berichte aus Kaesong auf, einer relativ wohlhabenden Stadt direkt hinter der Nord-Süd-Grenze, wonach dort jeden Tag Dutzende von Menschen auf den Straßen verhungern würden.[19] An einem kalten klaren Tag Ende Januar stand der Autor dieses Buches mit einigen Kollegen in der *Joint Security Area* an der Grenze und spähte auf die karge Landschaft von Kaesong und Umgebung. Sir John Scarlett, der ehemalige Chef des britischen Geheimdienstes, fragte den Autor dieses Buches, was ihm gerade durch den Kopf gehe: »Allein aufgrund der unglücklichen Fügung, nördlich der Grenze geboren zu sein, erben die Menschen in Nordkorea Hunger, Elend und Unterdrückung, während Leute wie ich, die südlich dieser abscheulichen Grenze zur Welt gekommen sind, in Wohlstand und Freiheit leben. In Nordkorea werden nicht nur Macht und Privilegien vererbt, sondern auch Hunger, Diskriminierung und Versklavung – und das über viele Generationen hinweg.«

Wie sein Vater hält auch Kim Jong Un gewisse Teile seiner eigenen Bevölkerung, die unterste »feindliche Klasse«, in Notzeiten für entbehrlich. Die strikte Durchsetzung der Grenzschließungen führte zwangsläufig auch zu einem deutlichen Rückgang der Zahl nordkoreanischer Flüchtlinge, die den Weg nach Südkorea suchten: von 1047 im Jahr 2019 auf gerade einmal 229 im Jahr 2020 – die bei weitem geringste Zahl seit über zwei Jahrzehnten. Im darauffolgenden Jahr sank diese Zahl sogar noch weiter, auf 63.[20] Im Jahr 2022 flohen etwa ähnlich viele aus dem Land, 42 im September und 69 bis zum Jahresende. Auch Kim Jong Il hatte in den Hungerjahren den Grenzübertritt weiter erschwert, allerdings längst nicht derart obsessiv und effizient.

Trotz der katastrophalen Lage oder vielmehr in dem Versuch, sie noch zu verschärfen, warnte die *Rodong Sinmun* in einem Kommentar vom 22. Februar davor, Hilfe von »Imperialisten« anzunehmen, da diese die Hilfsleistungen lediglich dazu verwenden würden, Empfängerländer »auszuplündern und zu unterwerfen«.[21] Die Parteizeitung nannte Wirtschaftshilfe ein »vergiftetes Geschenk« und rief das Land zur ökonomischen Eigenständigkeit auf, jener brotlosen, weltfernen Staatsideologie aus den fünfziger Jahren. Indem sie das hungernde nordkoreanische Volk erneut aufforderte, den Gürtel enger zu schnallen, sandte sie wieder eine klare Botschaft an potenzielle Geberländer und -organisationen: *Wenn wir euch schon gestatten, uns zu helfen, dann tut gefälligst, was man euch sagt!*

Auch wenn sie noch immer auf seine alten Tricks zurückgreifen: Indem Sohn und Tochter in den letzten Jahren den Grenzübertritt massiv erschwert und zugleich die Entwicklung von Atomraketen vorangetrieben haben, ließe sich beinahe behaupten, dass die beiden ihren Meister – ihren Vater – übertroffen haben.

KAPITEL 16

Die schlimme Schwester

Im März 2020 war die traute Herzlichkeit der Gipfeltreffen längst Geschichte. Für die Kim-Geschwister war es an der Zeit, ihren ganz eigenen perfiden Plan zu schmieden, mit dem sie den Süden zähmen wollten. All die persönlichen Begegnungen, bei denen sie in einer so kurzen Spanne von nur sechzehn Monaten zusammen gegessen, getrunken und gelacht hatten – von Kim Yo Jongs Besuch in Südkorea im Februar 2018 bis zum kurzen Treffen mit Donald Trump in Panmunjom im Juni 2019 – bedeuteten jetzt nur noch den Südkoreanern etwas, die sich weiterhin verbissen an die Hoffnung klammerten, dass diese Flitterwochen ewig währen würden. Im Grunde aber hat die nordkoreanische Königsfamilie nur Verachtung für ihre glühenden südkoreanischen Verehrer übrig. Sie spielt mit ihnen nach Belieben, doch sobald die Südkoreaner ihre Schuldigkeit getan haben, werden sie gedemütigt und abserviert.

Anfang 2020 wartete Nordkoreas Chefpropagandistin nur auf einen Vorwand, um Präsident Moon zu attackieren, der bald am häufigsten zur Zielscheibe ihrer Anfeindungen werden sollte. Ihre Erklärung vom 3. März 2020, die erste unter ihrem eigenen Namen, richtete sich sowohl gegen Seoul als auch gegen Washington, war aber speziell auf Moon gemünzt. Wenn im Ton auch weniger schrill als einige ihrer späteren, vulgäreren Beleidigungen, vernahm man hier jedoch zum ersten Mal die für sie so typische Mischung aus Häme und Sadismus.

Der Vorwand für Kim Yo Jongs Zorn war eine Erklärung des Blauen Hauses, in der es sein »tiefes Bedauern« über Artillerieübungen (mit scharfer Munition) der nordkoreanischen Armee am Vortag zum Ausdruck brachte. Diese Äußerung des Präsidenten tat Kim Yo Jong als »vollkommen töricht« und das Werk eines »dreijährigen Kindes« ab. Der letzte Satz von Kims Erklärung, der von der staatlichen nordkoreanischen Nachrichtenagentur KCNA ins Englische übersetzt worden war, lautete: »*It could be a little awful comparison, but it is a frightened dog barking noisier just like someone.*« (»Es könnte ein kleiner schrecklicher Vergleich sein, aber es ist ein verängstigter Hund, der lauter bellt, als jemand.«) Die Übersetzung ist nicht nur unidiomatisch und grammatikalisch falsch, sie transportiert auch nicht den beabsichtigten Sarkasmus. In Wahrheit spottet Kim Yo Jong nämlich: »Es tut mir ja so leid, diesen Vergleich anzustellen, aber es heißt, ein ängstlicher Hund belle lauter als ein furchtloser. Genau wie jemand, den ich kenne …«[1] Im koreanischen Original endete der letzte Satz mit einer Auslassung, die keinen Zweifel daran ließ, wen sie damit meinte.

Dass ihre Antwort nur vierundzwanzig Stunden nach Moons Erklärung seines »tiefen Bedauerns« kam, legt nahe, dass sie den Text wahrscheinlich bereits vorbereitet hatte, um ihn im Falle einer so unverschämten Kritik hervorzuholen. Die eigentliche Absicht wird jedoch darin bestanden haben, Moon einen Pflock ins Herz zu treiben: ihm zu zeigen, dass sie nach all ihren herzlichen, ja festlichen Begegnungen, bei denen Moons eilfertige Höflichkeit fast in Unterwürfigkeit ausartete, haargenau weiß, wie sie ihn quälen kann.

Drei Monate später verkündete Kim Yo Jong in einer ihrer drei Erklärungen in jenem Juni (in der gestelzten englischen Übersetzung ihrer Agentur): »In Ausübung der mir vom Obersten Führer, unserer Partei und dem Staat verliehenen Befugnis habe ich den für Angelegenheiten des Feindes zuständigen Abteilungen die Anweisung gegeben, die nächste Aktion entschlossen durchzuführen.«[2] Gleich im nächsten Satz stellte sie klar, was sie mit dieser »nächsten Aktion« meinte und um welchen Feind es sich in diesem Fall handelte – Südkorea. Sie würde die Sprengung des innerkoreanischen Verbindungsbüros nördlich der Grenze in Kaesong anordnen, das ausschließlich mit südkoreanischen Geldern von mehr als 15 Millionen Dollar errichtet und unterhalten wurde.

»In Kürze wird eine tragische Szene des völlig eingestürzten nutzlosen Nord-Süd-Verbindungsbüros zu sehen sein«, drohte sie mit ihrer verqueren Syntax. Drei Tage später, am 16. Juni, machte sie ihre Drohung wahr: In einer dramatischen Explosion, die auf Video aufgezeichnet wurde, brach das vierstöckige Gebäude zusammen und riss Teile eines nahe gelegenen, noch höheren Gebäudes mit sich, das ebenfalls von Südkorea gebaut worden war. Sie war eine Frau, vor der man sich fürchten und der man gehorchen musste.

Obwohl sie erst dreiunddreißig war, bewies Kim Yo Jong, dass sie bereits die dunklen Künste der psychischen Manipulation, strategischen Täuschung, vorgetäuschten Friedensangebote, Geiselnahme, Folter und gezielten Diffamierung zur Durchsetzung der Interessen ihrer Familie vorzüglich beherrschte. Am Tag, nachdem sie das Verbindungsbüro in die Luft sprengen ließ, überzog sie den südkoreanischen Präsidenten mit einer geradezu epischen Tirade: »Dreist, schamlos, falsch, reuelos, abscheulich, Schmeichler, oberflächlich, töricht, unverzeihlich, haarspalterisch, gibt vor, taubstumm zu sein, unverschämt, kriecherischer Bettler, unterwürfig, devot, gefühllos, erbärmlich, Lakai der USA, flatterhaft, Kloake, verkommen, Idiot, geisteskrank aussehend, Kind, Schwindler, widerlicher Verräter.«

Ironischerweise hatte dieser Wutausbruch, den sie zum Abschluss ihrer fast 2000 Wörter umfassenden Suada kryptisch als »Wortbomben«-Taktik bezeichnete, zur Folge, dass ausländische Regierungen ihr gegenüber nun viel ablehnender gegenüberstanden und sie nicht länger als die gewiefte, vor Selbstbewusstsein strotzende Nummer zwei im Staat betrachteten, die sie war, sondern lediglich als vulgär, großmäulig und lächerlich. Doch da sie eine junge Frau war, neigten viele dazu, es ihr nachzusehen, zu vergeben und zu vergessen. All dies kam ihr zugute: Die nordkoreanische Führung von oben herab zu behandeln, hieße, sie auf fatale Art zu unterschätzen, weil aber diese Schimpfkanonade von Kim Yo Jong ausging, würde man ihr weniger Bedeutung beimessen, als wenn es die Worte ihres Bruders gewesen wären.

Als noch beachtlicher – wenn auch auf unheilvolle Weise – und symptomatisch für die Machtdynamik zwischen Pjöngjang und Seoul erwies sich Kim Yo Jongs schriftliche Erklärung vom 4. Juni 2020, in der sie von Südkorea verlangte, endlich ein Gesetz zu erlassen, das das Versenden von Propagandaflugblättern über die Grenze unter Strafe stellt. (Sie zielte dabei auf jene nordkoreanischen Emigranten ab, die, nachdem sie im Süden Fuß gefasst hatten, zu Aktivisten geworden waren und Luftballons voller Anti-Pjöngjang-Propaganda über die Grenze fliegen ließen. In ihren Worten waren diese Aktivisten »menschlicher Abschaum, der es kaum Wert ist, Mensch genannt zu werden«.) Die Drohung klang wie die Lösegeldforderung einer Terroristin: Südkorea »sollte lieber tun, was es tun soll, wenn es nicht die schlimmste Phase erleben will«.[3] Dies war die erste ihrer schriftlichen Verlautbarungen, die in der *Rodong Sinmun* veröffentlicht wurde, der vor allem für die inländische Leserschaft bestimmten Parteizeitung. Womöglich wollte Kim Jong Un sein Volk damit auf den rasch wachsenden

Einfluss seiner Schwester einstimmen. Auch ihre Erklärung vom 13. Juni, in der sie sich auf ihre »vom Obersten Führer, unserer Partei und dem Staat verliehene Macht« berief, erschien in der Parteizeitung, und weitere Artikel voller Warnungen an den Süden sollten noch im selben Monat folgen.

Die Ballons waren für das Regime im Grunde nur ein geringes Ärgernis. Neben Flugblättern enthielten sie für gewöhnlich Bibeln, Zahnbürsten, Zahnpasta, Seife, Socken, Bargeld, Reis, Mundschutzmasken und andere Dinge, die im Norden Mangelware waren. Doch boten sie dem Regime einen perfekten Vorwand, um der Welt zu zeigen, wie paranoid Pjöngjangs oberste Gottheit war. Vor allem gaben sie Kim Yo Jong die Gelegenheit, Südkorea daran zu erinnern, dass in den beiden gemeinsamen Erklärungen von 2018, die Moon mit ihrem Bruder unterzeichnet hatten – der Erklärung von Panmunjom im April und dem militärischen Abkommen im Anhang der Erklärung von Pjöngjang im September –, »beide Seiten übereingekommen sind, alle feindseligen Handlungen einschließlich des Verstreuens von Flugblättern in den Gebieten entlang der Militärischen Demarkationslinie zu untersagen« – ein ungeheuerlicher Fehler des südkoreanischen Präsidenten.

Drei Tage, nachdem sie Seoul aufgefordert hatte, die freie Meinungsäußerung unter Strafe zu stellen, hatte sie bereits die Massen mobilisiert und das Volk aufgewiegelt. Überall in ihrem Land kam es zu Großkundgebungen gegen Südkorea und die Überläufer aus dem Norden. Studierende in adretten weißen Hemden scharten sich zu Tausenden zusammen und schwenkten Transparente mit Forderungen wie »Sperrfeuer« und »Gebt uns den Marschbefehl!«. Junge Burschen und Mädchen schwangen die geballten Fäuste und schwenkten Plakate mit der Aufschrift: »Lasst uns sogenannte ›Überläufer, Landesverräter und menschlichen Abschaum in Stücke reißen!«. Frauen mittleren Alters reckten die Fäuste gen Himmel und verlangten: »Lasst uns alle Gruppen von Verrätern, die sich selbst zugrunde richten, verbrennen!« »Lasst uns die Marionettengruppe, die eine ewig unverzeihliche Sünde begangen hat, totprügeln!«, hieß es auf einem anderen Plakat, und es war klar, dass es sich bei der »Marionettengruppe«, an die alle dabei dachten, um Südkorea handelte. »Wenn ihr es wagt, wahllos zu bellen, werden wir euch totschlagen«, prangte in weißen Buchstaben auf roten Bannern vor dem blauen Frühsommerhimmel.

Nur wenige Tage nach Beginn der landesweiten Kampagne Kim Yo Jongs schien ganz Nordkorea, ein Land, das in Sachen Massenmobilisierung in der Welt wohl seinesgleichen sucht, kriegsbereit zu sein und nur auf den Angriffsbefehl zu warten. Schließlich hatte sie bereits am 13. Juni damit gedroht: »Wenn ich auch nur den geringsten Hinweis auf unseren nächsten Plan fallen lasse, über den die südkoreanischen Behörden beunruhigt sind, wird dem Generalstab unserer Armee die Befugnis übergeben, die nächste Aktion gegen den Feind durchzuführen.«

In einem Land, in dem das Wort des Obersten Führers dem Wort Gottes gleicht, in dem »[a]lle Wasser der ungestümen See … nicht fähig [sind], das geheiligte Oel von einem gesalbten Könige wegzuwaschen«[4], waren die Worte Kim Yo Jongs, als Stellvertreterin ihres Bruders, die Worte des Herrn, des Obersten Führers, und somit heilig. Kein anderer hoher Funktionär hätte innerhalb weniger Tage die gesamte Nation so aufpeitschen können.

Die Schwester hatte die Kampflinie abgesteckt, nun war der Bruder an der Reihe.[5] Am 24. Juni verkündete die KCNA, dass der Große Führer beschlossen habe, die von ihm und seiner Schwester angedachte Militäraktion vorerst »auszusetzen«. Der *Bad-Cop*-Bruder hatte seine *Even-Worse-Cop*-Schwester also im Zaum gehalten: Das was das Spiel, das die Kim-Geschwister mit dem Süden trieben. Der Frieden war fürs Erste gewahrt. Ohne es offiziell zu verkünden, hatte Kim Jong Un seine Schwester zur »Stellvertretenden Lieben Führerin« befördert. Von nun an waren ihre Worte seine Worte, denen allein er selbst noch widersprechen konnte.

Am 4. Juni um 6.14 Uhr morgens wurde Kim Yo Jongs Diktat an den Süden veröffentlicht. Um 10.30 Uhr berief das Blaue Haus eine außerplanmäßige Pressekonferenz ein, in der es hieß: »Wir halten nach wie vor an der Überzeugung fest, dass die Panmunjom-Erklärung vom 27. April sowie die militärischen Vereinbarungen zwischen dem Süden und dem Norden vom 19. September eingehalten werden müssen.« Das Ministerium für Wiedervereinigung ging noch einen Schritt weiter. Um 10.40 Uhr verkündete der Ministeriumssprecher: »Wir erwägen Maßnahmen zur grundlegenden Korrektur von Aktivitäten, die zu Spannungen im Grenzgebiet führen. Wir treffen Vorbereitungen zur Überarbeitung unserer Gesetze.« Mit beängstigender Eilfertigkeit hatte das für die Beziehungen zu Nordkorea zuständige Ministerium Kim Yo Jong binnen weniger Stunden signalisiert: *Jawohl, Ma'am. Ihr Wunsch ist uns Befehl. Wir werden die Gesetze ändern und unsere eigenen Bürger mundtot machen.*

Um 14.00 Uhr erklärte das südkoreanische Verteidigungsministerium: »Das Abwerfen von Flugblättern durch zivilgesellschaftliche Gruppen gefährdet das Leben und das Eigentum der Bewohner des Grenzgebiets und muss daher aufhören.« Dreißig Minuten später warnte das Blaue Haus die südkoreanische Bevölkerung: »Das Verschicken von Flugblättern nach Nordkorea richtet nur Schaden an und bringt nichts«, und: »Die Regierung wird auf Handlungen, die die Sicherheit gefährden, entschlossen reagieren.«[6]

Am nächsten Tag begann man bereits damit, ein neues Gesetz auszuarbeiten und Unterstützung dafür zu organisieren. Mitte Dezember 2020 schließlich wurde das Gesetz von der Pro-Moon-

Partei und ihren Verbündeten mit einer Dreifünftelmehrheit in der Nationalversammlung verabschiedet. Der Gesetzesvorschlag wurde mit 187 zu 0 Stimmen angenommen, wobei sich die Abgeordneten der Opposition aus Protest der Stimme enthielten.[7] Die Moon-Anhänger klatschten sich in der Nationalversammlung triumphierend ab. Nur wenige Stunden später, am 14. Dezember, gab der US-Kongressabgeordnete Michael McCaul eine Erklärung heraus: »Das Gesetz der südkoreanischen Nationalversammlung zur Bekämpfung von Flugblättern gibt Anlass zu Besorgnis ... Eine vielversprechende Zukunft für die koreanische Halbinsel beruht darauf, dass Nordkorea mehr so wird wie Südkorea – und nicht umgekehrt.«[8]

Das neue Gesetz wurde von Kritikern wie Befürwortern irreführend als »Anti-Flugblatt-Gesetz« bezeichnet – eine unglückliche Fehlbenennung. Gewiss, ursprünglich hatte Kim Yo Jong ein Verbot von Flugblättern gefordert. Doch war Südkorea in seinem Eifer, es ihr recht zu machen, noch viel weiter gegangen.

Vordergründig zielte das Gesetz auf jene Aktivisten ab, die Flugblätter mithilfe von Ballons über die Nord-Süd-Grenze in den Norden schicken, und sieht eine Höchststrafe von drei Jahren Gefängnis und 30 Millionen Won (etwa 27 000 Dollar) Geldstrafe vor. Die Reichweite des Gesetzes ist jedoch viel größer und sein Zweck auf perfide Weise heimtückisch. In Wahrheit verbot das neue Gesetz nämlich das Versenden sämtlicher Gegenstände, die auch nur einen minimalen Tauschwert besitzen, einschließlich jener Dinge, mit denen Aktivisten für gewöhnlich die Ballons zudem noch spickten, von Bibeln über Zahnpasta bis hin zu Dollarnoten. Im Grunde verbot es alles außer Gegenständen, die sich nur sehr schwer zu Geld machen ließen, wie etwa Strandkiesel oder Zigarettenstummel. Wie der britische Parlamentarier Lord Alton anmerkte, hätte man es eigentlich »das Knebelgesetz der Republik Korea« nennen sollen.[9]

In der ganzen Welt sorgte das Gesetz für heftige Gegenreaktionen. Sowohl die Vereinten Nationen als auch Menschenrechtsorganisationen, Politiker und Experten aus sechzehn Ländern äußerten ihre Bedenken und forderten Präsident Moon und seine Partei auf, das Gesetz nicht zu verabschieden. Und nach der Verabschiedung forderten sie Südkorea auf, es wieder aufzuheben. Der amerikanische Kongressabgeordnete Chris Smith bezeichnete die neue Regelung als »dämlich« und Südkoreas Regierungspartei als »illiberal«. Im April 2021 berief Smith eine Kongressanhörung zum umstrittenen Knebelgesetz ein. Die Anhörung wirkte in der Tat befremdlich, endete sie doch damit, dass der US-Kongress öffentlich seine Besorgnis über Menschenrechtsverletzungen im *anderen* koreanischen Staat zum Ausdruck brachte. Trotz alledem zeigten sich Moon und seine Partei (die der Verbesserung der Beziehungen zum nördlichen Nachbarn weiterhin Vorrang einräumten) noch immer fest entschlossen, Kim Yo Jongs Befehle zu befolgen.

Seit sie 2017 an die Macht gekommen war, hatte die Moon-Regierung die Mittel für Nichtregierungsorganisationen (NGOs), die Menschenrechtsverletzungen des nordkoreanischen Staates untersuchen, gekürzt. Im Jahr 2020 begann die Regierung mit der Überprüfung dieser Gruppen und entzog zwei prominenten, von nordkoreanischen Emigranten geführten Organisationen die Betriebsgenehmigung – den von den Brüdern Park Sang Hak beziehungsweise Park Jung Oh geleiteten Gruppen *Fighters for Free North Korea* und *KuenSaem*. Park Sang Hak galt schon seit langem als Zielscheibe von Moons Anhängern in der Regierung und der Presse. Park ist ein bekannter wortgewandter Aktivist, der seit September 2011 unter Polizeischutz steht, nachdem er nur knapp einem von Nordkorea initiierten Mordanschlag mit einer vergifteten Nadel entgangen war. Damals hatten südkoreanische Geheimagenten Park gerade noch rechtzeitig an der U-Bahn-Station abgefangen, wo er seinen mutmaßlichen Angreifer treffen sollte – ein ehemaliges Mitglied der nordkoreanischen Spezialkräfte, das 1995 in den Süden übergelaufen war.[10] Der Attentäter, An Hak Young, gab bei seiner Verhaftung an, er sei von nordkoreanischen Agenten für den Auftrag rekrutiert worden. Diese hätten ihm »Geld und ein besseres Leben für seine Familienmitglieder, die noch im Norden leben« geboten.[11] Das von der DVRK versprochene Blutgeld betrug 10 000 US-Dollar.[12]

Im Jahr darauf, am 31. Juli 2012, drohte eine mächtige nordkoreanische Regierungsstelle mit Sang Haks Ermordung; unter Nennung seines und der Namen dreier anderer prominenter Kritiker des Kim-Regimes kündigte Nordkorea an, es werde die Aktivisten »gnadenlos bestrafen«. In derselben Erklärung forderte Pjöngjang Südkorea und die Vereinigten Staaten auf, »sich offiziell für die abscheulichen, politisch motivierten, staatlich geförderten Terrorakte gegen die Würde des Obersten Führers zu entschuldigen und die Drahtzieher mit aller Härte zu bestrafen«.[13] Die Regierungen in Seoul und Washington waren damals so vernünftig, der Forderung Nordkoreas nicht nachzukommen. Nach Einführung des Knebelgesetzes indes war die Lage eine völlig andere: Bald wurde Park Sang Hak zur Zielscheibe sowohl seiner eigenen Regierung als auch jenes repressiven Regimes, dem er entflohen war.

Ende April 2021 gab Park bekannt, er habe gerade Luftballons mit 500 000 Flugblättern, 5000 Dollarscheinen und 500 Broschüren über die wirtschaftliche Entwicklung Südkoreas über die Grenze Richtung Nordkorea schweben lassen. Es war der erste vorsätzliche Verstoß gegen das Knebelgesetz.

Wie zu erwarten, lief Kim Yo Jong erneut dagegen Sturm. Am 2. Mai verkündete sie:

> Wir betrachten die vom menschlichen Abfall im Süden begangenen Taten als ernsthafte Provokation gegen unseren Staat und behalten uns entsprechende Maßnahmen vor. Welche Entscheidung wir auch immer treffen und welche Maßnahmen auch immer wir ergreifen mögen, die Verantwortung für die Folgen liegt voll und ganz bei den Behörden des südlichen Koreas, die es versäumt haben, den dreckigen menschlichen Abschaum angemessen in Schach zu halten.[14]

Die *Rodong Sinmun* veröffentlichte pflichtbewusst ihre Botschaft und ließ ihr Volk einmal mehr wissen, wer für die Politik ihres Landes gegenüber dem Süden zuständig war.

Kim Yo Jongs Drohung hatte eine ganze Reihe von Maßnahmen der »Behörden des südlichen Koreas« zur Folge. Noch am selben Tag forderte der Chef der südkoreanischen Polizeibehörde öffentlich eine »rasche und eingehende Untersuchung« von Parks jüngster Ballonaktion. Vier Tage später führte die Polizei mithilfe eines Durchsuchungs- und Beschlagnahmungsbefehls eine Razzia in Parks Büro durch.[15] Am 10. Mai um 11 Uhr morgens erklärte Moon in der Ansprache zum vierten Jahrestag seiner Präsidentschaft: »Es ist niemals wünschenswert, die innerkoreanischen Beziehungen zu erschweren und dabei gegen innerkoreanische Vereinbarungen und geltende Gesetze zu verstoßen. Ich kann nur betonen, dass die Regierung gezwungen ist, geltende Gesetze strikt durchzusetzen.« Zwei Stunden später wurde Park Sang Hak von der Staatspolizei vorgeladen und sechs Stunden lang verhört. Am 28. Januar 2022 klagte man ihn an – wegen des Versands von Flugblättern, Dollarscheinen und Broschüren an seine Landsleute im Norden, eins der am schlimmsten geknechteten Völker dieser Erde.[16]

Im Jahr 2012 hatte Nordkorea tatsächlich damit gedroht, die Büros von Zeitungen und Fernsehsendern in der Seouler Innenstadt, die den Zorn des Kim-Regimes auf sich gezogen hatten, zu bombardieren. Womöglich war es die Erinnerung an diese Terrordrohungen aus Pjöngjang, die die Regierung Moon dazu bewog, die Schließung privater Radiosender, die in den Norden sendeten, nicht völlig auszuschließen. Das fortgesetzte Katzbuckeln der südkoreanischen Führung sollte Kim Yo Jong ermutigen, weitere Gewaltdrohungen gegen südkoreanische Bürger auszusprechen, die ihre despotische Familie in Druck-Erzeugnissen oder Radiosendungen kritisierten.

Das Jahr 2020 markierte in Korea den Beginn einer schönen neuen Welt, in der Nordkoreas »First Sister« ganz beiläufig erreicht hatte, was keinem ihrer rechtmäßigen Vorgänger je gelungen war: die Ausweitung der Zensur ihres repressiven Staates auf die gesamte koreanische Halbinsel. Das Knebelgesetz war ein immenser Triumph für Nordkorea wie auch für Kim Yo Jong persönlich, sodass ihr Ansehen dementsprechend wuchs.

Hätte Kim Jong Un selbst befohlen, die Meinungsfreiheit über seine Grenzen hinweg zu kriminalisieren, die Reaktion des Südens wäre wohl kaum so rasch erfolgt. Die Südkoreaner waren längst daran gewöhnt, dass nordkoreanische Machthaber – bisher ausnahmslos Männer – Drohungen und dreiste Forderungen an den Süden richteten. Die herrschsüchtige Prinzessin aber brauchte nur einmal mit dem Finger zu schnippen, und die südkoreanische Regierung erfüllte ihre Wünsche mit einer Tatkraft und Tücke, ganz zu schweigen von Menschenrechtsverletzungen, wie man es selten, wenn überhaupt, in einer fortschrittlichen Demokratie beobachten konnte. Sie hatten einen – wenn auch nicht totalen, aber doch bedeutsamen – Sieg über sich selbst errungen und dabei gelernt, die Schwester noch mehr zu lieben.

KAPITEL 17

Sie nennen sie »Teufelsweib«

Während sie ihre Zensurmaßnahmen auf Südkorea ausweitete, machte sich Kim Yo Jong daran, auch die Vereinigten Staaten ins Visier zu nehmen.

In ihrer bisher längsten schriftlichen Erklärung vom 10. Juli 2020 (2843 Wörter in der offiziellen englischen Übersetzung) erklärte sie, dass, wenngleich eine »Denuklearisierung« nicht unmöglich sei, man bilaterale Gespräche nun aber von dem »Abzug der Feindseligkeiten« der USA abhängig machen würde – im nordkoreanischen Sprachgebrauch ein Codewort für den Abzug aller US-Truppen und -Waffen aus Südkorea und der Region.[1] Obwohl sie die Tür für Verhandlungen weiterhin offen ließ, sagte sie, dass bis Ende des Jahres keine weiteren »Gipfelgespräche« mehr stattfinden würden. Die angeführten Gründe waren vielfältig: Da in den USA in diesem Jahr gewählt würde, wären derart öffentlichkeitswirksame diplomatische Ereignisse »nur für die USA notwendig«, für ihr Land aber »nicht profitabel«; die DVRK würde bei den Gesprächen am Ende »nur wieder Zeit verlieren«, da die USA »nicht einmal den Mut haben, eine neue Herausforderung zu wagen« (sprich ihre Truppen aus Südkorea abzuziehen, Nordkorea aber seine Atomwaffen zu lassen). Und, ach ja, es gab noch einen weiteren Grund, wieso ihr Bruder in diesem Jahr nicht mehr mit

Trump zusammentreffen sollte: »... weil [der nationale Sicherheitsberater John] Bolton, der menschlicher Abschaum ist, dies vorhergesagt hat.«

Nachdem sie damit die Messlatte für künftige bilaterale Gespräche und Gipfeltreffen erheblich höher gelegt hatte, setzte sie zum Schluss noch eine letzte Spitze. Bezug nehmend auf die Feierlichkeiten zum US-Unabhängigkeitstag, die sie »vor ein paar Tagen im Fernsehen gesehen« habe, bat sie Präsident Trump, ob er ihr ab jetzt nicht immer eine DVD der Feiern zum vierten Juli schicken könne. Sie habe, fügte sie hinzu, »die Erlaubnis vom Genossen Vorsitzenden«, solche Aufnahmen »persönlich zu beschaffen«. Während die ausländischen Experten dies als Friedensgeste deuteten – als ob die königlichen Geschwister im Zeitalter gestreamter Blockbuster nichts lieber täten, als es sich mit einem Video von Menschenmengen, die das Sternenbanner schwenken, auf dem Sofa gemütlich zu machen –, war es natürlich ihre eigene unverwechselbare Mischung aus Sarkasmus und Rüpelhaftigkeit.

Ihre Verlautbarung erschien nur sechs Tage, nachdem ihre offizielle Regierungszeitung *Rodong Sinmun* den 4. Juli 2017, als Nordkorea seine erste Interkontinentalrakete abgefeuert hatte, demonstrativ zur »Vierter-Juli-Revolution« erklärt hatte. An jenem glorreichen Tag vor drei Jahren bezeichnete Kim Jong Un den bahnbrechenden Raketenstart als »Geschenkpaket« für die »amerikanischen Bastarde«.[2] Es gab also längst eine Tradition der Verunglimpfung des US-Nationalfeiertags, und dass Kim Yo Jong Videos vom amerikanischen Unabhängigkeitstag ansprach, war gewiss eine höhnische Retourkutsche für Trumps herablassendes Verhalten gegenüber ihrem Bruder, dem der US-Präsident in Singapur ja einen Videoclip über einen möglichen Wiederaufbau Nordkoreas vorgeführt hatte, falls Kim seine Atomwaffen abgeben würde.

Nur sechs Tage zuvor hatte die stellvertretende Außenministerin Choe Son Hui, eine erfahrene US-Verhandlerin, die fließend Englisch spricht (und die den Gipfel von Singapur beinahe zum Scheitern gebracht hätte, als sie Trump mit ihrer Wutrede gegen seinen Vize Pence verärgert hatte), klargestellt, ihr Land habe »bereits einen detaillierten strategischen Zeitplan ausgearbeitet, um die langfristige Bedrohung durch die USA in den Griff zu bekommen«, und dass sie es nicht für nötig halte, auf einen neuerlichen »seichten Trick« der USA hereinzufallen, die »auf ihrer feindseligen Politik gegenüber Nordkorea beharrten«.[3] Was die Kim-Geschwister im Grunde damit sagen wollten, war, dass sie trotz der Präsidentschaftswahlen im November von Donald Trump vorerst die Nase voll hatten.

Der zynische Humor der Schwester, der sämtliche ihrer bisherigen schriftlichen Äußerungen prägt, ist ein neues Phänomen in der nordkoreanischen Propaganda. Sicherlich gab es unter ihrer Leitung zuvor auch grobe rassistische, sexistische und homophobe Verunglimpfungen – doch Vulgarismen mit so höhnischem Unterton und direkt von einer führenden Persönlichkeit, das war Kim Yo Jongs Alleinstellungsmerkmal. Es lässt Rückschlüsse auf ihre Persönlichkeit und ihre Ziele zu: andere zu demütigen, zu täuschen und ernst genommen zu werden.

In Nordkorea begann das Jahr 2021 mit einem großen Parteikongress, dem achten in der Geschichte des Landes und dem zweiten unter Kim Jong Un. Im Laufe der mehrtägigen Veranstaltung verlieh Kim Jong Un sich selbst den Titel des Generalsekretärs, den er ursprünglich seinem Vater vorbehalten hatte, als er im April 2012 offiziell zum Führer seines Landes aufgestiegen war.

Doch er machte sich noch ein weiteres Geschenk: Als treuer Familienmensch, der sich im Gegensatz zu seinem Vater und Großvater in der Öffentlichkeit gern in Begleitung seiner Frau zeigt, schuf der selbst ernannte Generalsekretär auch den Posten eines »ersten Parteisekretärs«, der als sein ranghöchster Stellvertreter dienen würde. Diese Person würde für den Fall, dass es seinen Amtsgeschäften nicht mehr nachkommen könnte oder, Gott bewahre, eines vorzeitigen Todes sterben würde, seine Rolle übernehmen und die Macht festigen. Im Grunde schloss er damit eine Lebensversicherung für sich und seine Familie ab. Von ihrem Ausritt auf den *Paektu* Ende 2019 an bis zu ihren zahlreichen Erlassen und Maßnahmen des Jahres 2020 (als sie auch die mächtige Abteilung für Organisation und Führung leitete, wodurch sie wichtige Staatsbeamte, militärische Befehlshaber inbegriffen, einstellen, entlassen und verschwinden lassen konnte) war klar, dass es nur eine Kandidatin für die Große Führerin in spe geben konnte, diese namenlose Stellvertreterin, die die Partei, den Staat und womöglich eines schönen Tages gar die ganze koreanische Halbinsel erben könnte: die »First Sister«.

Nach einer Verschnaufpause in der zweiten Jahreshälfte 2020 setzten Anfang 2021 die Beschimpfungen und persönlichen Angriffe in Richtung Südkorea wieder ein – sogar heftiger als zuvor. Im Januar nannte Kim Yo Jong Präsident Moon und seine Beamten »eine echt ulkige Truppe«, die »schwer zu verstehen« sei und bezeichnete sie sogar als »Idioten erster Güte«, die wohl »das Gelächter der Welt« auf sich ziehen wollten.[4] Anlass war die Bemerkung der Mitglieder des südkoreanischen Generalstabs – die, wie Kim Yo Jong sich ausdrückte, »den Hals recken, um mitzubekommen, was im Norden passiert« –, dass es nach dem Abschluss des einwöchigen achten Parteitags Anzeichen dafür gebe, dass Nordkorea eine große Militärparade vorbereite. Kim Yo Jongs eigentliches Ziel jedoch war Moon, der am 11. Januar in seiner Neujahrsansprache erklärt hatte, er werde »eine letzte Anstrengung unternehmen, um einen großen Durchbruch in den festgefahrenen Verhandlungen zwischen Nordkorea und den USA sowie im innerkoreanischen Dialog zu erzielen«.[5]

Doch so schnell wollte Moon nicht aufgeben. Am 18. Januar erklärte er auf einer seiner seltenen Pressekonferenzen – die in seiner Regierungszeit nur etwa einmal jährlich stattfanden – voller Bedauern, dass Kim Jong Un zwar zugesagt habe, ihn in Seoul zu besuchen, dies aber nicht geschehen sei, und es auch keinerlei Anzeichen für eine Reise in den Süden oder ein Treffen gebe. Moon äußerte aber die Hoffnung, dass es »irgendwann noch dazu kommen« würde, bevor er im Mai 2022 aus dem Amt scheide.[6] »Der Vorsitzende Kim«, so behauptete er, als hätte dessen Schwester nie ein böses Wort gesagt, »ist fest entschlossen, Frieden, Dialog und Denuklearisierung anzustreben.« Und das, nachdem Kim Jong Un am 8. Januar in einer achtstündigen Geburtstagsrede auf dem Parteikongress dazu aufgerufen hatte, »verbesserte Fähigkeiten für einen nuklearen Präventiv- und Vergeltungsschlag zu entwickeln, indem der Genauigkeitsgrad so weit erhöht wird, dass man in die Lage versetzt wird, sämtliche strategischen Ziele in einem Umkreis von 15 000 Kilometern punktgenau zu treffen und zu vernichten«. Zudem hatte er angemahnt, eine »offensive Diplomatie« zu führen, »um die Versuche feindlicher Kräfte, die unsere Souveränität verletzen wollen, zu zerschlagen«; und, einmal mehr, »die USA, das grundlegende Hindernis für die Entwicklung unserer Revolution und unseren Hauptfeind, zu besiegen und zu unterwerfen«.[7]

Dass Moon so drastisch formulierte Aussagen von niemand Geringerem als dem Obersten Führer höchstpersönlich ignorierte, muss für die Geschwister Kim zumindest ein gelindes Ärgernis gewesen sein. Ende Januar jedoch meldete sich Moons Stellvertreter, Premierminister Chung Sye Kyun, mit der Hoffnung auf ein weiteres innerkoreanisches Gipfeltreffen zu Wort, und Seoul drängte die neue Regierung unter Joe Biden, der Donald Trump bei den US-Wahlen im November geschlagen hatte, dazu, den Gesprächsfaden mit Nordkorea wieder aufzunehmen.[8]

Mitte März hatte Kim Yo Jong endgültig die Nase voll. Sie ätzte, der südkoreanische Führer sei »mit Dummheit geboren«, »taubstumm« und habe »sein Urteilsvermögen eingebüßt«. Was auch immer Moon und seine Leute »in Zukunft auf Anweisung ihres Herrn [den USA] auch tun mögen«, warnte sie, »die warmen Frühlingstage vor drei Jahren, nach denen sie sich so sehr sehnen, werden nicht so einfach wiederkehren«.[9] Später dann im selben Monat, diesmal unter ihrem offiziellen Titel als »Vizedirektorin der Abteilung für Öffentlichkeitsarbeit und Information« (auch bekannt als Abteilung für Propaganda und Agitation), brandmarkte sie Moons Ausdruck der »Besorgnis« über Nordkoreas jüngste Tests taktischer Lenkraketen als »Gipfel der Unverfrorenheit«. Und nachdem sie ihn als »von Amerika aufgezogenen Papagei« beschimpft hatte, riet sie Moon, er solle »sich überlegen, wie er von der Welt gesehen werden möchte«.[10]

Bei den Festlichkeiten zum Geburtstag Kim Il Sungs am 15. April, dem wichtigsten nationalen Feiertag, gab sich Kim Yo Jong wieder komplett anders, strahlte Feierlichkeit und Entschlossenheit aus. Im Kumsusan-Palast der Sonne, wo ihr Vater und Großvater einbalsamiert aufgebahrt waren, spielte sich eine ungewöhnliche Szene ab. Während Kim Jong Un in den vergangenen Jahren reihenweise Funktionäre zum großen Mausoleum geleitet hatte, um seinen Vorgängern die letzte Ehre zu erweisen, kam der Oberste Führer 2021 nur mit dem kleinsten Aufgebot. Im April des Vorjahres war er gar nicht zu diesem symbolträchtigsten aller Nationalfeiertage erschienen, vermutlich aus Sorge, sich mit Covid-19 anzustecken. Zwei Jahre hintereinander nicht zu kommen, wäre allerdings unmöglich gewesen. Neben den Soldaten, die ein überdimensionales Blumengebinde in einem silbernen Gefäß trugen, und den Offizieren der verschiedenen Teilstreitkräfte, die an der Mauer Wache hielten, standen nur sechs Personen in einer Reihe vor den gigantischen Abbildern Kim Il Sungs und Kim Jong Ils, der innerste Führungszirkel des Landes. Zu Kim Jong Uns Linken stand Marschall Pak Jong Chon. Zu Kims Rechten standen in dieser Reihenfolge seine Frau Ri Sol Ju, der stellvertretende Parteichef Jo Yong Won, Kim Yo Jong und Hyon Song Wol, die am Vorabend der Olympischen Winterspiele 2018 die Delegationsleitung in Südkorea innehatte und einst auch eine Geliebte Kim Jong Uns gewesen war.[11]

Die sechs entboten eine traditionelle tiefe asiatische Verbeugung – je tiefer, desto besser. Kim Jong Un, seine Ehefrau und Jo Yong Won neigten den Oberkörper in einem Winkel von rund fünfundvierzig Grad. Kim Yo Jong dagegen verbeugte sich mit solch übertriebener Ehrfurcht, dass sich ihr Rücken um den gesamten rechten Winkel vorneigte, wobei sie die Arme mit geballten und kampfbereiten Fäusten nach hinten streckte und der Kopf so tief herabsank, dass ihr Haar bis auf den Boden fiel. Drei Monate später, beim 27. Todestag ihres Großvaters, würde sie diese theatralische Verbeugung am selben Ort noch einmal wiederholen.

Kim Yo Jongs Geste beruhte weder auf mangelndem Selbstvertrauen noch auf fehlender sozialer Kompetenz. Vielmehr zeigte sie damit ihre Entschlossenheit, ihre schwerwiegenden Pflichten im Dienste ihrer Dynastie gewissenhaft zu erfüllen, einschließlich der damit einhergehenden schwerwiegenden, systematischen und weit verbreiteten Menschenrechtsverletzungen. Bei ihrer Arbeit als Stabschefin, Nationalen Sicherheitsberaterin, Chefpropagandistin und auf absehbare Zeit auch Thronfolgerin ihres Bruders muss sie sich von kalkulierter Skrupellosigkeit leiten lassen. Gelegentlich wird sie auch Dreistigkeit und Kühnheit an den Tag legen müssen, allerdings mit Bedacht. Die geballten Fäuste verrieten die Hingabe, mit der sie sich ihrer Aufgabe verschrieben hatte; die Zaghaftigkeit und Unbekümmertheit waren passé, mit der sie 2012 bei einer Rede ihres Bruders zur Eröffnung des Rungna-Vergnügungsparks über die Blumenbeete gehüpft oder am Vorabend ihres historischen Seoul-Besuchs im Februar 2018 bei der Parade zum Gründungstag der Armee verstohlen hinter einer Säule hervorgelugt hatte. In den wenigen Sekunden dieser zeremoniellen Verbeugung vor dem nordkoreanischen Staatsgründer und seinem Sohn – ihrem Vater – rief Kim Yo Jong, die einzig mögliche Erbin der *Juche*-Revolution, die Geister ihrer Ahnen darum an, dass sie sie leiten mögen. Es war ein Treueschwur auf ihre Vorfahren, der Ursprung ihrer Macht und, wer weiß, eines Tages auch ihrer eigenen Legitimität als Oberste Führerin.

Selbst als die neue US-Regierung unter Joe Biden Nordkorea das ganze Jahr über zu Gesprächen ohne Vorbedingungen aufrief, zeigte die nordkoreanische Führung kaum Interesse. Am 22. Juni 2021 verhöhnte Kim Yo Jong Bidens nationalen Sicherheitsberater Jake Sullivan als ahnungslos. In Anlehnung an ein koreanisches Sprichwort nannte sie ihn im Grunde einen Tagträumer. Doch wie war es dazu gekommen? Am 18. Juni hatte ihr Bruder seine erste Erklärung zur neuen US-Regierung abgegeben, in der er sein Land aufforderte, sich »sowohl auf Dialog als auch auf Konfrontation einzustellen, vor allem auf die Konfrontation, die nötig ist, um die Würde unseres Staates und seiner Interessen für eine unabhängige Entwicklung zu wahren«. Zwei Tage später bezeichnete Sullivan dies auf die Frage eines Journalisten hin als »interessantes Signal«.[12] Wiederum zwei Tage später gab Kim Yo Jong ein kurzes Statement ab, in dem sie sich über Sullivans eher schlichten Kommentar mokierte. Die »Erwartungen« der Amerikaner an Gespräche mit ihrem Land, so die hochmütige Prinzessin, »würden diese in eine noch größere Enttäuschung stürzen«. Ihre barsche Botschaft lautete also: »Träumt weiter.« Sie hätte sich damit ebenso gut an die Führungen der USA und Südkoreas gemeinsam wenden können. Auf absehbare Zeit war Nordkorea entschlossen, sowohl Washington als auch Seoul den Rücken zu kehren und das eigene Atomwaffenarsenal auszubauen.

Am 1. August 2021 gab Yo Jong eine weitere Erklärung ab, in der sie den Süden aufforderte, die jährlichen gemeinsamen Militärübungen mit den USA im Sommer abzusagen. Seit dem ersten Gipfeltreffen zwischen Kim Jong Un und Donald Trump hatte Südkorea darauf bestanden, die Übungen, die Präsident Trump – in Anlehnung an Kim Jong Un – als »Kriegsspiele« bezeichnet hatte, massiv zu verringern. 2021 waren sie kaum noch wiederzuerkennen und fast vollständig auf Computersimulationen reduziert. Kim Yo Jong ließ sich dennoch nicht besänftigen. »Wir haben nie über den Umfang oder die Form der gemeinsamen Militärübungen gesprochen«, schimpfte sie. »Entscheidet euch«, warnte sie den Süden, zwischen »Hoffnung und Verzweiflung«.[13]

Und das taten sie dann auch. Binnen 72 Stunden unterzeichneten 58 Abgeordnete von Moons Partei eine Petition, in der die Absage der Militärübungen gefordert wurde. Während das Blaue Haus – wohl wissend, wie skeptisch die Biden-Regierung Nordkorea gegenüberstand – noch zögerte, wuchs die Zahl der Unterzeichner über Nacht auf über siebzig an. Die Regierungspartei begründete dies damit, dass die beiden Koreas kurz vor einer neuerlichen Annäherung stünden, da Nordkorea just in der Vorwoche, am 27. Juli, dem von der Kim-Dynastie ausgerufenen »Tag des Sieges« im Koreakrieg, die militärischen und zivilen Kommunikationskanäle zwischen beiden Seiten wiederhergestellt habe, die Kim Yo Jong im Juni 2020 einseitig gekappt hatte. Wieso sollte man Pjöngjang gerade jetzt verärgern?

Auf Druck Washingtons begann die Moon-Regierung am 10. August widerwillig die Verteidigungsübungen. Wenngleich diese nur simuliert waren, zeigte Kim Yo Jong sich tief enttäuscht und erhöhte prompt den Einsatz: »Damit auf der Halbinsel Frieden einkehren kann«, erklärte sie, »müssen die USA ihre Aggressionstruppen und ihr Kriegsgerät, das im südlichen Korea stationiert ist, abziehen.« Solange die US-Streitkräfte in Südkorea blieben, warnte sie im Ton einer strengen Mutter, die ein bockiges Kind ermahnt, »wird die eigentliche Ursache für die regelmäßige Verschärfung der Lage auf der koreanischen Halbinsel nie verschwinden«.[14] Um dem nordkoreanischen Volk noch einmal zu verdeutlichen, wer die Politik Nordkoreas gegenüber Südkorea und den USA bestimmt, veröffentlichte die Parteizeitung ihre Erklärung im vollen Wortlaut.

Am 11. September, dem zwanzigsten Jahrestag der Terroranschläge auf die USA, nahm ihr Land die Raketentests wieder auf, die ersten seit den Starts jener zwei ballistischen Raketen, die am 25. März in Richtung des Japanischen Meeres abgefeuert wurden. Am nächsten Tag ließ Pjöngjang noch einen Marschflugkörper aufsteigen. Weitere sollten folgen.

Am 15. September feuerte Nordkorea gegen Mittag zwei ballistische Raketen ab. Nur wenige Stunden später wohnte der südkoreanische Präsident Moon einem planmäßigen Testflug U-Boot-gestützter ballistischer Raketen bei. »Unser heutiger Raketentest«, erklärte er anschließend, »war bereits zuvor geplant … und nicht als Reaktion auf die nordkoreanische Provokation gedacht. Doch die Verstärkung unserer Raketenstreitkräfte«, so Moon weiter, »wird uns als solide Abschreckung gegen nordkoreanische Provokationen dienen.«[15] Bei dieser Gelegenheit beging Präsident Moon offenbar den »Fehler«, das Wort »Provokation« nicht nur einmal, sondern gleich zweimal zu verwenden.

Schon am Abend folgte die unvermeidliche Rüge aus Pjöngjang. Kim Yo Jong äußerte »sehr großes Bedauern über [Moons] gedankenlose Verwendung des Wortes ›Provokation‹, das für Gossenjournalisten passend sein könnte«, und beklagte: »Wir können nicht umhin, unser großes Bedauern über Südkoreas unlogische und dumme Angewohnheit zu äußern, seine Handlung als gerecht und friedensfördernd zu bezeichnen und unsere ganz ähnliche Handlung als diejenige, die den Frieden bedroht. Dies gibt uns Anlass zur Besorgnis über die künftige Entwicklung der Nord-Süd-Beziehungen.«[16]

Am 25. September, dem Vorabend ihres vierunddreißigsten Geburtstags, gab sie ein weiteres Statement heraus, in dem sie Südkorea bat, so nett zu sein und die Raketen des Nordens nicht als »Provokationen« zu bezeichnen, wenn es sich in Wahrheit doch um »Aktionen von selbstverteidigender Art handelt, um mit den militärischen Umständen und möglichen militärischen Bedrohungen auf der koreanischen Halbinsel umzugehen«. Südkoreas Militärübungen hingegen seien »eine unverhohlene Missachtung und Bedrohung der Souveränität der DVRK«.[17] Kein Wort darüber, dass ihrem Land durch neun Resolutionen des UN-Sicherheitsrats – allesamt von China wie von Russland unterstützt – untersagt worden war, ballistische Raketen zu entwickeln oder zu testen, während für Südkorea und die USA keine derartigen Einschränkungen galten.

Danach und in der gesamten restlichen Amtszeit Moons, die am 9. Mai 2022 endete, vermieden sämtliche Abteilungen der südkoreanischen Regierung im Zusammenhang mit nordkoreanischen Raketentests das Wort »Provokation«.

Am 28. September führte Nordkorea den ersten Test einer Hyperschallrakete durch. Hyperschallraketen fliegen in geringerer Höhe als ballistische Raketen und sind manövrierfähiger als diese, sodass sie schwerer zu verfolgen und abzufangen sind, was eine neuartige Bedrohung für Südkorea darstellte. Bereits auf dem Parteikongress im Januar hatte Kim Jong Un bekannt gegeben, dass sein Land solche Raketen entwickeln werde. Am 19. Oktober feuerte Nordkorea eine U-Boot-gestützte ballistische Rakete ab. Im darauffolgenden Jahr führte Nordkorea allein im Januar sieben verschiedene Raketentests durch, darunter den einer Mittelstreckenrakete (IRBM) vom Typ Hwasong-14, die 2017 bereits dreimal getestet worden war. Als Präsident Moon aus dem Amt schied, hatte Nordkorea an fünfzehn verschiedenen Tagen Raketen getestet, darunter vier Tests von ballistischen Interkontinentalraketen (ICBM) oder ICBM-Komponenten. Doch niemand in der südkoreanischen Regierung durfte auch nur einen dieser Tests als »Provokation« bezeichnen. Die offizielle Reaktion variierte zwischen »Besorgnis« und »tiefem Bedauern«.

Wieder hatte Kim Yo Jong eine Schlacht gewonnen, ohne sich übermäßig anzustrengen, abgesehen von einigen unbeholfenen Verlautbarungen. Nachdem sie die Regierung Moon genötigt hatte, die freie Meinungsäußerung und den grenzübergreifenden Informationsaustausch zu kriminalisieren, hatte sie Seoul nun auch noch dazu gebracht, in Bezug auf die tödlichen Raketen Selbstzensur zu üben, die in erster Linie auf Südkorea gerichtet waren. Präsident Moons Tage waren zwar gezählt, und mit Yoon Suk Yeol, einem ehemaligen Staatsanwalt und politischen Neuling, sollte am 10. Mai ein neuer, durchsetzungsfähigerer Staatschef sein Amt antreten, doch ganz gleich, wer in Seoul am Ruder war, hatte Kim Yo Jong bereits viele Südkoreaner darauf konditioniert, auf ihre manipulativen Tricks hereinzufallen.

Im April 2022 drohte Kim Yo Jong dem Süden erstmals mit einem Atomschlag. Zwar richtete sich die Drohung vordergründig an die scheidende Regierung Moon, doch war sie in Wahrheit für die neue Yoon-Regierung bestimmt. Im Wahlkampf hatte Yoon offen über die Möglichkeit eines präventiven Raketenangriffs auf den Norden gesprochen – für den Fall, dass es eindeutige Anzeichen einer bevorstehenden Attacke mit Atomraketen auf den Süden gäbe.[18] Dabei nannte sie den südkoreanischen Verteidigungsminister einen »unvernünftigen und abscheulichen Kerl«, weil er zwei Tage zuvor einen möglichen »Präventivschlag« auf die nordkoreanische Raketenabschussbasis ins Spiel gebracht hatte, falls man von einem bevorstehenden Angriff auf den Süden erfahren würde, und sprach, wie sie sagte, »kraft ihrer Befugnisse« eine »ernste Warnung« an Südkorea aus. Wie könne der »Konfrontationsfanatiker« es nur wagen, »gegenüber einem Atomwaffenstaat« einen Präventivschlag auch nur zu erwähnen, wütete sie.[19]

Damit sie ja nicht in Vergessenheit geriet, bekräftigte sie ihre Drohung achtundvierzig Stunden später erneut: »Vor zwei Tagen haben wir inständig gewarnt, dass die südkoreanische Armee, wenn sie auch nur einen Zentimeter unseres Staatsgebietes verletzt, eine unvorstellbar furchtbare Katastrophe ereilen wird, die schlimmste, die sie je erlebt hat.« Und wieder drohte sie mit einem atomaren Präventivschlag gegen Südkorea: »Unsere Nuklearstreitkräfte werden unweigerlich ihre Pflicht tun müssen«, erklärte sie, was für die Feinde wiederum ein »elendes Schicksal, nicht weniger als die vollständige Zerstörung und den totalen Untergang« zur Folge haben würde. Nie um eine höhnische Spitze verlegen, schloss sie mit einer ihrer typischen spöttischen Bemerkungen. Sie nannte die Südkoreaner »verängstigt« und bemerkte: »Ich bete, dass ein so krankhaftes Symptom wie das Gefühl, sich grundlos bedroht zu fühlen, so rasch wie möglich geheilt werden kann.«[20] Beide Erklärungen wurden in der *Rodong Sinmun* veröffentlicht, was einmal mehr deutlich machte, dass sie in Sachen Atomdrohungen die oberste Instanz ihres Landes war, auch wenn das letzte Wort stets bei ihrem Bruder lag.

Tatsächlich machte ihr Bruder diese Botschaft wenige Wochen später abermals unmissverständlich klar. Bei einer großen abendlichen Militärparade anlässlich des neunzigsten Jahrestages der Gründung der Koreanischen Revolutionären Volksarmee verkündete Kim Jong Un: »Sollten irgendwelche Kräfte versuchen, die grundlegenden Interessen unseres Staates zu verletzen, werden unsere Nuklearstreitkräfte ihre unerwartete zweite Mission entschlossen ausführen müssen.«[21] Bei der zweiten Mission der nordkoreanischen Nuklearstreitkräfte handelt es sich um jenes Szenario, das Kim Yo Jong bereits skizziert hatte: Wenn Südkorea »auch nur einen Zentimeter« des nordkoreanischen Territoriums verletzen sollte, und sei es auch nur mit konventionellen Waffen (Südkorea verfügt über keine Atomwaffen), würden Atombomben zum Einsatz kommen.

Mitte Mai 2022 räumte kein Geringerer als Kim Jong Un persönlich erstmals die Ausbreitung von Covid-19 in seinem Land ein, einschließlich der Hauptstadt. Erneut bezeichnete er die Situation als »große Umwälzung«, die über Nordkorea hereinbrechen werde, und erklärte dem Virus den Krieg. Zum ersten Mal zeigte sich Kim Jong Un auf Fotos mit einer Maske, manchmal sogar einer mit zwei Schichten. Womöglich schwante ihm, dass selbst seine Herrlichkeit dem unsichtbaren Feind nicht gewachsen war.[22] Doch in nur drei Monaten obsiegte seine großartige Führungsstärke, und er zwang das Virus in die Knie.

Auf einer politischen Versammlung im August 2022, auf der Kim Jong Un triumphierend den »glänzenden Sieg« über Covid-19 verkündete,[23] hielt seine Schwester eine glühende Rede, die phasenweise rührselig, angriffslustig und vulgär war. Es war das allererste Mal, dass das nordkoreanische Staatsfernsehen ihre Stimme übertrug. Voller Liebe und Verehrung für ihren Bruder sagte sie,

Kim Yo Jongs erste vom nordkoreanischen Fernsehen ausgestrahlte Rede; bei dieser Parteiversammlung verriet sie, dass ihr Bruder kürzlich sehr hohes Fieber gehabt habe, und drohte überdies den »südkoreanischen Autoritätsbastarden« damit, sie »auszurotten«.

ihr Land und Volk hätten »ein epochales Wunder vollbracht, indem sie die beispiellose Gesundheitskrise innerhalb kürzester Zeit gemeistert« hätten – natürlich dank der »kraftvollen und akribischen«, ja sogar »herausragenden« Führung ihres Bruders.[24] Mit vor Ergriffenheit bebender Stimme erklärte sie, dass ihr nimmermüder Bruder bei dieser beschwerlichen Aufgabe selbst erkrankt sei und an »hohem Fieber« gelitten habe. Dennoch habe der Große Führer tapfer weitergearbeitet und sich geweigert, »auch nur eine Sekunde lang« das Bett zu hüten, so sehr habe er sich »bis zum Ende« für sein Volk eingesetzt.

Nach dieser so rührenden wie beunruhigenden Enthüllung der Verletzlichkeit des Großen Führers brach das Publikum – Männer und Frauen aller Altersgruppen – vor Erschütterung zusammen, manche schluchzten gar vor Schreck und Schmerz, während sie sich die Tränen aus dem Gesicht wischten. Der Schock, der sich durch den riesigen höhlenartigen Saal ausbreitete, war echt, galt die Gesundheit der königlichen Familie, und insbesondere des vergötterten Obersten Führers, doch als streng gehütetes Geheimnis, das nur mit äußerster Diskretion preisgegeben werden durfte. Keiner der Anwesenden hätte sich erlauben können, sie anzusprechen, weder ehrfürchtig noch in anderer Weise. Allein Kim Yo Jong, als Oberste Stellvertreterin des Bruders, hatte dies in einem bewegenden Augenblick der Offenheit fertigbringen können, mit dem sie den treu sorgenden Führer noch menschlicher machte.

Aber Kim Yo Jong hatte noch mehr zu bieten. Das Coronavirus, polterte sie, sei absichtlich von südkoreanischem »menschlichen Abschaum« und »Mistkerlen« (sprich nordkoreanischen Flüchtlingen, die zu Menschenrechtsaktivisten geworden sind), die »schlimmer als Bestien« seien, in ihr Land getragen worden. Die ersten Spuren dieses »bösartigen Virus« in ihrem Königreich seien mit dem Coronavirus kontaminierte »Flugblätter, Geldscheine und schmutzige Broschüren« gewesen, die diese Aktivisten in Ballons gesteckt und über die innerkoreanische Grenze hätten fliegen lassen, das ließ sie ihr Publikum wissen. All jene, die solche »Flugblätter und schmutzigen Scheiß« in ihr Land geschickt hätten, hätten sich eines »Verbrechens gegen die Menschlichkeit« schuldig gemacht, und sie drohte ihnen mit einer »tödlichen Vergeltungsaktion«. Die Zuhörerschaft brach in frenetischen Jubel aus, als sie versprach, dass sie nicht allein das Virus, sondern auch »die südkoreanischen Autoritätsbastarde« »ausrotten« werde, sollten die »Feinde weiterhin gefährlichen Scheiß« machen, durch den das Virus wieder in ihr Land eingeschleppt würde.

Um ihre Haltung gegenüber den »südkoreanischen Autoritätsbastarden« noch deutlicher zu machen, veröffentlichte Kim Yo Jong wenig später ihre erste Hetzrede gegen den neuen südkoreanischen Präsidenten Yoon Suk Yeol, der erst drei Monate zuvor sein Amt angetreten hatte. Wieder druckte die *Rodong Sinmun* ihre vollständige Erklärung ab. Drei Tage zuvor hatte der neue südkoreanische Staatschef in einer großen Rede eine »mutige Initiative« vorgeschlagen, um Nordkorea durch Wirtschaftshilfe zur Denuklearisierung zu bewegen. Wenn Nordkorea seine Atomprogramme einstelle und sich einem »echten und substanziellen Prozess der Denuklearisierung« zuwende, so Yoon, werde Seoul nicht nur »umfangreiche« Nahrungsmittelhilfe leisten, sondern auch die Infrastruktur des Nordens vollständig erneuern – vom Bau von Kraftwerken, Häfen, Krankenhäusern und Flughäfen bis hin zur Erleichterung internationaler Finanzinvestitionen in Nordkorea.[25] Ein »absurder Traum«, lautete Kim Yo Jongs pauschales Urteil. Yoon solle lieber »den Mund halten, anstatt Unsinn zu reden«.[26]

Sie machte keine Gefangenen. Yoons Hilfsangebot im Austausch gegen Schritte hin zur Denuklearisierung sei »höchst abstoßend«, »lächerlich« und »der Gipfel des Absurden« – ungefähr so nützlich wie das Bellen eines Hundes und so machbar wie das Anpflanzen von »Maulbeerfeldern im dunkelblauen Meer«. Jetzt war sie richtig in Fahrt, so wie bei seinem Amtsvorgänger Moon, den sie bei jeder sich bietenden Gelegenheit beleidigt hatte. Moons frühere »Anmaßungen«, die »treibende Kraft« der innerkoreanischen Beziehungen zu sein, seien ja schon lächerlich genug gewesen, wetterte sie, aber dieser neue Präsident sei »über alle Maßen unwissend«, »dumm«, »erbärmlich« und »wirklich einfältig und kindisch«; sie könne ihn als Menschen nicht ausstehen, sagte sie. »Niemand tauscht sein Schicksal gegen einen Maiskuchen«, schalt sie den so unausstehlichen Yoon. Als letzte Spitze machte sie sich über Südkorea und die USA lustig, da diese Zeit und Ort des nordkoreanischen Raketentests vom Vortag falsch angegeben hatten.

Das Gepolter der Kim-Geschwister – sowohl die Raketenstarts

als auch das verbale Sperrfeuer – schwoll im letzten Quartal des Jahres zu einem wütenden Crescendo an. Im September verkündete Kim Jong Un das »Gesetz über die Staatspolitik bezüglich der Atomstreitkräfte«. Die darin formulierten Bedingungen, unter denen Nordkorea auf einen Atomschlag zurückgreifen würde, enthielten so weit gefasste und vage Anlässe wie, »um in einem Krieg die Oberhand zu gewinnen« (Artikel 6 [4]) und »so wir unweigerlich gezwungen sind und keine andere Wahl haben, als Kernwaffen einzusetzen« (Artikel 6 [5]).[27] Indem er seinen Gegner vermittelte, dass er sie mit Atomraketen auslöschen könnte, wann immer er es für nötig hielt, machte er sie ebenso mit der Vorstellung vertraut, dass er diese Waffen auch auf absehbare Zeit – und weit darüber hinaus – behalten wird. Und indem er sich Mitte November nach dem Start der stärksten Interkontinentalrakete seines Landes, der Hwasong-17 mit einer Reichweite von 15000 Kilometern, mit seiner kleinen Tochter ablichten ließ, gab er der Welt zu verstehen, dass die von ihm gebauten Nuklearwaffen bestimmt an die nächste Generation weitergereicht würden.

Die Vorbereitung auf diesen theatralischen Höhepunkt war ebenso dramatisch. Von Ende September bis Anfang Oktober begab sich Kim Jong Un auf einen noch nie da gewesenen fünfzehntägigen Feldbesuch bei der Operationseinheit für taktische Nuklearwaffen, wo er sieben Starts von atomwaffenfähigen Raketen beaufsichtigte, die nach Angaben der staatlichen Nachrichtenagentur imstande wären, »die Gesamtheit der Zielobjekte an jedem Ort und zu jeder Zeit zu treffen und auszulöschen«. Mit mehr als siebzig abgefeuerten Raketen stellte Nordkorea einen Jahresrekord auf.[28] Am 2. November folgte mit fünfundzwanzig Raketenstarts ein bisheriger Tagesrekord; die Höchstzahl an einem einzigen Tag, im Juni desselben Jahres, hatte noch bei acht gelegen (und davor, im Jahr 2006, bei sieben). Nordkorea feierte das Jahresende mit dem Abschuss von drei ballistischen Raketen in der Silvesternacht und läutete 2023 sogleich mit einem Raketenstart am Neujahrstag ein. Anschließend brüstete sich Kim Jong Un damit, dass die drei Raketen vom 31. Dezember Atomsprengköpfe tragen und jede Region Südkoreas treffen könnten. Außerdem schwor er, die Zahl seiner Sprengköpfe »exponentiell« zu erhöhen, einen Militärsatelliten ins All zu schießen und seine Interkontinentalraketen weiter zu verbessern.

Wie so oft stand ihm seine Schwester bei jedem Schritt zur Seite und spielte die Rolle des *Even-Worse-Cop*. Am 21. November 2022 berief der Sicherheitsrat der Vereinten Nationen (UNSC) eine Sitzung ein, um sich mit Nordkoreas ICBM-Test zu befassen, der einen offenen Verstoß gegen mehrere Resolutionen des Sicherheitsrats darstellte. In einer schriftlichen Erklärung am nächsten Tag erklärte Kim Yo Jong:

> Die große Ironie ist, dass, sobald die Eröffnungssitzung des UNSC vorüber war, die USA ihrem Ärger darüber Luft machten, dass sie ihr bösartiges Vorhaben [die Verabschiedung einer Resolution zur Bestrafung Nordkoreas] nicht verwirklichen konnten, während sie zusammen mit Gesindel wie Großbritannien, Frankreich, Australien, Japan und Südkorea eine abscheuliche gemeinsame Erklärung herausgaben, und ihren Missmut nicht verbargen. Es erinnert an einen kläffenden Hund, den die Angst gepackt hat.[29]

Trotz der rekordverdächtigen Verstöße ihres Landes gegen das Testverbot ballistischer Raketen des UN-Sicherheitsrats aus dem Jahr 2022 hatten die USA es nicht geschafft, Russland und China dazu zu bewegen, auch nur eine einzige Resolution zu unterzeichnen. Putins Krieg in der Ukraine und die atavistische Rückkehr der Achsen und Dynamiken des Kalten Krieges (Moskau-Peking-Pjöngjang vs.

Washington-Seoul-Tokio) hatten zur Folge, dass Nordkorea seine Flugkörper weiter ungestraft gen Himmel feuern konnte.

Einige Tage später nahm Kim Yo Jong Anstoß an der Verwendung des Wortes »Provokation« durch das südkoreanische Außenministerium und nannte Präsident Yoon »dumm«. Zudem bezeichnete sie Südkorea als »treuen Hund«, »Handlanger der USA« und riet den »Unverschämten und Dummen« – den USA und Südkorea –, besser still zu sein, da sie sich sonst wundern würden.[30]

Am 19. November meldete die staatliche Nachrichtenagentur, Nordkorea habe am Vortag erstmals erfolgreich einen Spionagesatelliten ins All geschossen. Die Nationale Behörde für Luft- und Raumfahrtentwicklung wertete den Test als »einen wichtigen Erfolg, der die letzte Hürde zum Start eines Aufklärungssatelliten genommen hat«, und die KCNA veröffentlichte aus dem Weltraum aufgenommene Schwarz-Weiß-Fotos von Seoul und Incheon, wenn auch mit geringer Auflösung.[31] Als Analysten in Südkorea und anderswo auf die schlechte Auflösung hinwiesen, war die Schwester wenig angetan. In einer langen Tirade, die tags darauf erschien, griff sie erneut auf den Hunde-Vergleich zurück (»das Bellen der südkoreanischen Marionetten«, »sie können eigentlich keine Hunde sein, aber ... trotzdem bellen sie«), streute eine neue Vogel-Metapher ein (»Wie immer waren sie wie zwitschernde Spatzen«), äußerte ihre Sorge, dass südkoreanische Analysten bald arbeitslos sein könnten, weil sie so schlechte Arbeit leisteten, nannte die südkoreanischen Militärexperten »Militär-Hooligans« und »Gangster« und schloss, um allem noch mehr Biss zu verleihen, mit folgendem Satz, an dessen Übersetzung die staatliche Nachrichtenagentur allerdings kläglich scheiterte. Die korrekte Übertragung [des Autors] lautet: »Noch bevor ihre bösartige Kritik an mein Ohr dringt, rieche ich ihren stinkenden Atem, der ihren plärrenden Mäulern entströmt.«

Sie spottete darüber, dass Südkorea die Raketentypen und Teststandorte ihres Landes nicht ganz korrekt identifiziert hatte und machte sich über die Standardfloskel des südkoreanischen Militärs bezüglich dessen »Präzisions-Tracking« lustig. Besonders verärgert zeigte sie sich über die häufigen Erklärungen der südkoreanischen Behörden, wonach der Wiedereintritt der nordkoreanischen Interkontinentalrakete »nicht erkannt und verifiziert werden konnte«. Dann äußerte sie die Vermutung, dass es sich nur um einen Trick der Südkoreaner handle, »um sich selbst zu beruhigen«. Außerdem hatte der Süden anstatt Abschüssen mit einer regulären Flugbahn »steilwinklige Starts« nordkoreanischer ICBMs festgestellt, und wertete dies als Anzeichen für fehlende »Kompetenz bei der Waffenherstellung«, worauf Kim Yo Jong konterte, Nordkoreas Feinde würden »sofort erkennen«, wozu die Raketen wirklich fähig seien, wenn sie in einem »echten Winkel« abgefeuert würden. Und wie so oft ließ sie, wie um den Schlag abzumildern, auf die ernste Drohung ihren entwaffnenden Spott folgen. So höhnte sie, südkoreanische Raketen besäßen eine Reichweite von gerade einmal »einigen zehn Metern«.

Nachdem Kim Yo Jong zum Jahresanfang gedroht hatte, Südkorea mit Atomwaffen auszulöschen, beendete sie 2022 mit der Drohung eines Interkontinentalraketenstarts über dem Pazifik, also in Richtung der Vereinigten Staaten. Und sie beteuerte, dass sie keinerlei Skrupel habe, Krieg zu führen und Südkoreaner und Amerikaner zu töten, sollte ihr (zumindest offiziell) »zurückhaltenderer« Bruder dies gutheißen.

Im Jahr 2023 gab sie nach den ersten Raketentests ihres Landes am 18. Februar an zwei aufeinanderfolgenden Tagen Erklärungen ab. Darin beschimpfte sie die südkoreanischen Experten als »Idioten«, die in ihr »den Drang wecken, sie zu verhöhnen«, und bezeichnete deren Analysen der Raketentechnologie ihres Landes als

»sehr widerlich« und »wirklich dumm«. Ihre Verlautbarung vom 20. Februar schloss sie mit der Warnung, die »Häufigkeit unserer Nutzung des Pazifiks als Abschussregion« hänge »von der Art des Vorgehens der US-Streitkräfte« ab.[32] Dieser Warnung war am Vortag eine andere vorausgegangen: »Kraft der mir übertragenen Befugnisse gebe ich die folgende Warnung heraus: Wir werden jede Bewegung des Feindes genauestens beobachten und entsprechende, sehr starke und überwältigende Gegenmaßnahmen gegen jede seiner feindlichen Handlungen gegen uns ergreifen« [Übersetzung des Autors].[33] Im nächsten Monat eskalierte sie die Lage noch weiter. In einer Bekanntmachung vom 7. März gemahnte sie ihren »Hauptfeind« daran, dass der »Pazifische Ozean nicht zum Herrschaftsgebiet der USA oder Japans« gehöre, und dass sie jeden Versuch der USA, dortige Interkontinentalraketen ihrer Dynastie abzuschießen, als »eindeutige Kriegserklärung« betrachten werde.[34] Damit kündigte sie implizit weitere Tests noch mächtigerer Waffen an, darunter den einer Interkontinentalrakete über dem Pazifik sowie einen Atombombentest, und schuf in einem für Nordkorea typischen Winkelzug zugleich einen Vorwand dafür.

In den vergangenen drei Jahren war Kim Yo Jong die wichtigste Zensorin, Sprecherin und Spötterin ihres despotischen Landes, diejenige, die andere Staaten mit Häme und Drohungen überzog. All dies macht Kim Yo Jong zu einer der mächtigsten Führungspersönlichkeiten der heutigen Welt, einer Frau, die die Außenpolitik ihres Landes nach Gutdünken beherrscht und uneingeschränkten Zugang zu ihrem Bruder hat, auf dessen Schreibtisch der Atomknopf steht. In ihrer Heimat indes geht das Gerücht um, dass sie es nicht bei Todesdrohungen belässt.

* * *

Im Jahr 2021, so heißt es, soll sie die ultimative Macht einer grausamen Diktatorin erlangt haben: die Macht, Gott zu spielen und darüber zu entscheiden, wer lebt und wer sterben muss. Berichten zufolge ordnete sie mehrere Hinrichtungen hochrangiger Regierungsbeamter an, nur, weil diese ihr »auf die Nerven gingen«.[35] Weniger Unliebsame und ihre unglückseligen Familien ließ sie in Internierungslager und Gulags stecken, wo sie ein Leben unter mörderischer Zwangsarbeit, Schlägen, Folter und bei Hungerrationen erwartete. Gerüchte über ihre Neigung, missliebige Personen abzusetzen und umbringen zu lassen, sind derart weit verbreitet, dass hohe nordkoreanische Beamte in ihrer Gegenwart den Atem anhalten. Wenn sie sich nähert, wenden sie den Blick ab und starren zu Boden. Alle versuchen, tunlichst zu vermeiden, bei ihr in Ungnade zu fallen oder gar von ihr gelobt zu werden, denn allein, ihre Aufmerksamkeit auf sich zu ziehen, kann schließlich dazu führen, irgendwann ihr Missfallen zu erregen und dem Tod geweiht zu sein. Wegen ihrer Grausamkeit nennt man sie hinter ihrem Rücken »blutrünstige Dämonin« und »Teufelsweib«. Auch haben gewöhnliche Nordkoreaner mittlerweile begonnen, sie als »Kaiserinwitwe Cixi« zu bezeichnen, die rücksichtslose De-facto-Herrscherin der letzten Kaiserdynastie Chinas, die sich fast fünfzig Jahre an der Macht hielt.[36]

Und dennoch hat sie weder das Amt eines Staatsoberhauptes inne noch das einer repräsentativen Königin. Sie ist nicht einmal Ministerin im Kabinett. Seit 2020 bekleidet sie das offizielle Regierungsamt einer stellvertretenden Direktorin des Zentralkomitees der Partei der Arbeit Koreas, womit sie innerhalb der Regierungshierarchie irgendwo in den oberen vierzig Rängen liegt. Trotzdem buckeln all ihre nominellen Vorgesetzten vor ihr – alle bis auf einen, ihren Bruder. Sie fürchten sie.

In dieser familiengeführten absolutistischen Monarchie ist es das Vorrecht des Königs, jeden nach Belieben zu befördern, zu degradieren, zu rehabilitieren oder zu verurteilen. Diese unantastbare Macht erstreckt sich auf alle – auch Eltern, Geschwister, Schwager, Vettern, Neffen, Onkel, Tanten und natürlich Schwiegereltern. Grausamkeit dieser Art war schon immer das Markenzeichen der Kim-Dynastie. Ihre drei Herrschergenerationen haben seither vor nichts zurückgeschreckt – dem Mord an Teilen ihres Volkes sowie an Günstlingen, Schwestern, Brüdern, Tanten, Onkeln, Alten, Kindern und gar Neugeborenen.

Allein die Tatsache, dass in einem männlich dominierten Land wie Nordkorea eine weibliche Führungspersönlichkeit mit den Merkmalen eines traditionellen Diktators in Erscheinung tritt, ist bereits eine Kuriosität. Dennoch ist Kim Yo Jong in eine Position aufgestiegen, in der sie die Politik ihrer Regierung gegenüber den Vereinigten Staaten und Südkorea maßgeblich bestimmt, während sie Männer, die doppelt so alt sind wie sie, dazu bringt, vor ihr zu zittern und zu kriechen. Sie ist ohnegleichen in der heutigen Welt. In dem Maße, in dem ihre Macht anwächst und sich Geschichten über ihre Skrupellosigkeit verbreiten, wird man sie zunehmend entsprechend dem Klischee der »bösen Frau« betrachten: als »unweibliche« Figur, die die traditionell männliche Rolle des starken Mannes angenommen hat. Aber wenn sie sich entschließt, ein freundlicheres Gesicht aufzusetzen und der Welt die Hand zu reichen, wie sie und ihr Bruder es 2018 getan haben, werden viele ihr womöglich wieder blauäugig vertrauen – nur, weil sie eine Frau ist, und eine junge obendrein. Alle neuerlichen Friedensgesten nach dem von ihr entfachten Sturm werden noch verlockender sein als die vorherigen. So wie viele Regierungen die bösen Absichten vormals unliebsamer nordkoreanischer Despoten regelmäßig unterschätzt haben, werden sie diesmal dazu neigen, das Wohlwollen der einst so unausstehlichen Despotin vom Berg *Paektu* zu überschätzen.

So ihr Bruder will, wird sie diese einzigartige Macht noch über Jahrzehnte ausüben – entweder als seine Stellvertreterin, oder, so die Geister ihrer gottgleichen Vorgänger dies wollen, womöglich gar als erste Oberste Führerin in der Geschichte ihres Landes.

Danksagung

Ich widme dieses Buch John Curtis Perry, meinem Lehrmeister und Doktorvater an der Fletcher School of Law and Diplomacy der Tufts University und lebenslangen Mentor. Als inspirierender Lehrer, anspruchsvoller Professor und begnadeter Redner hat Professor Perry in seiner fünfunddreißigjährigen Tätigkeit an der Fletcher School das Leben vieler Menschen nachhaltig geprägt. Es war ein großes Privileg, in den letzten drei Jahrzehnten einen solchen Mentor und Freund gehabt zu haben. Ohne dich, John, hätte dieses Buch nie das Licht der Welt erblickt.

Auch danke ich meinen wissenschaftlichen Mitarbeiterinnen und Mitarbeitern für ihre Unterstützung, meinen brillanten ehemaligen Studierenden an der Fletcher School: Donghe Liu, Gina Standard, Evan Tsao, Taehee Lee, Mina Kim, Daniel Choi und Joseph Lim.

Mein besonderer Dank gilt meiner Literaturagentin Barbara J. Zitwer, die so viel für die weltweite Verbreitung koreanischer Literatur getan hat, indem sie südkoreanische Autorinnen und Autoren vertritt, viele davon begabte Erzählerinnen und Erzähler, deren Werke in englischer Übersetzung zu Bestsellern geworden sind, wie etwa Han Kang *(Die Vegetarierin)*. Barbara hat mir eine Chance gegeben, mich zu diesem Buch ermutigt und mich den gesamten Schreibprozess über mit scharfsinnigem Rat und guter Laune begleitet.

Ich kann Ingrid nicht genug für ihre klugen Anregungen und ihre Liebe zum Detail danken. Danke, Ingrid, auch dafür, dass du so freundlich warst, mich mit Graham zusammenzubringen, einem meisterhaften Geschichtenerzähler. Zudem danke ich Rebecca und Fraser, die mein Manuskript so sorgfältig gelesen und mir so großartige Ratschläge gegeben haben.

Solange ich denken kann – schon als kleiner Junge, der gerade nach London gezogen war und mächtig damit kämpfte, Englisch zu lernen –, waren meine Mutter und mein Vater meine Leitsterne. Ohne ihre grenzenlose Liebe und die einfühlsame Unterstützung meiner lieben Schwester hätte dieses Manuskript gewiss einen längeren und weitaus beschwerlicheren Weg zu seinem Ziel genommen.

Zu guter Letzt danke ich meinem Sohn Russell dafür, dass er das lange Schweigen seines Vaters ertragen hat, während dieser reglos auf den Bildschirm stierte, und der mir immer wieder Ehrfurcht abringt und mich oft tief inspiriert. Als er im Alter von sechs Jahren eine Karikatur von Kim Jong Un sah, auf der dieser abgemagert und umgeben von Mauern dasaß, fragte er: »Daddy, ist Kim Jong Un jetzt im Gefängnis? Heißt das, dass wir jetzt nach Nordkorea fahren können und die Menschen dort nicht mehr hungern müssen?« Nein, mein Sohn. Aber ich bete, dass einmal der Tag kommen wird, an dem das nordkoreanische Volk nicht länger hungern muss und, nach langen Jahren, endlich frei ist.

Anmerkungen

Kapitel 1: Die Prinzessin kommt

1 »Treasury Sanctions Additional North Korean Officials and Entities in Response to the North Korean Regime's Serious Human Rights Abuses and Censorship Activities«, United States Department of the Treasury Press Center, 11. Januar 2017. <https://www.treasury.gov/press-center/press-releases/Pages/jl0699.aspx>.

2 Anna Fifield, »›The Ivanka Trump of North Korea‹ Captivates People in the South at the Olympics«, *The Washington Post*, 10. Februar 2018. <https://www.washingtonpost.com/world/the-ivanka-trump-of-north-korea-captivates-people-in-the-south/2018/02/10/d56119fc-0e65-11e8-baf5-e629fc1cd21e_story.html>.

Kapitel 2: Die Paektu-Blutlinie

1 Zhihua Shen und Xia Yafeng, »Contested Border: A Historical Investigation into the Sino–Korean Border Issue, 1950–64«, *Asian Perspective* 37:1 (Januar–März 2013), 21.

2 »Kim Jong Il's Birth (1941. 2. 16)«, *Daily NK*, 16. Februar 2005. <https://www.dailynk.com/%EA%B9%80%EC%A0%95%EC%9D%BC-%EC%B6%9C%EC%83%9D1941216/>.

3 »Kim Jong Il, North Korean Political Leader«, *Encyclopedia Britannica* (letztes Update: 13. Dezember 2021). <https://www.britannica.com/biography/Kim-Jong-Il>.

4 Donald S. Zagoria und Young Kun Kim, »North Korea and the Major Powers«, *Asian Survey* 15:12 (University of California Press, Dezember 1975), 1019.

5 Hannah Fischer, »North Korean Actions, 1950–2007: Controversy and Issues«, *Con-*

gressional Research Service, 20. April 2007. <https://www.everycrsreport.com/reports/RL30004.html>.

6 »Respected Comrade Kim Jong Un Has Photo Session with Contributors to Successful Test-fire of New-type ICBM Hwasongpho–17«, Korean Central News Agency, 27. November 2022. <https://kcnawatch.org/newstream/1669504036-323166561/respected-comrade-kim-jong-un-has-photo-session-with-contributors-to-successful-test-fire-of-new-type-icbm-hwasongpho-17/>.

7 Der Begriff stammt von meinem Kollegen Joshua Stanton, dem maßgeblichen Verfasser der ersten US-Sanktionsgesetzgebung gegen Nordkorea, dem »North Korea Sanctions and Policy Enhancement Act« von 2016 und weiteren darauf folgenden Sanktionsgesetzen gegen das Land.

8 Robert Collins, *North Korea's Organization and Guidance Department: The Control Tower of Human Rights Denial* (Washington D. C.: Committee for Human Rights in North Korea), 2019.

9 »First Vice Department Director of WPK Central Committee Issues Statement«, Korean Central News Agency, 13. Juni 2020.

10 Kim Yo Jong, »Vice-Director of Information and Publicity Department of WPK Central Committee Kim Yo Jong Releases Statement«, Korean Central News Agency, 30. März 2021.

11 Jung Da-Min, »What does Kim Yo-jong's SAC appointment mean?«, *The Korea Times*, 1. Oktober 2021. <https://www.koreatimes.co.kr/www/nation/2021/10/103_316335.html>.

12 Timothy W. Martin, »Kim Jong Un Gets a Promotion, Gives His Sister a Demotion«, *The Wall Street Journal*, 11. Januar 2021. <https://www.wsj.com/articles/kim-jong-un-gets-a-promotion-gives-his-sister-a-demotion-11610360602>.

13 »Press Statement of Vice Department Director of C. C., WPK Kim Yo Jong«, Korean Central News Agency, 5. April 2022.

14 Sung-Yoon Lee, »The Boy Who Would Be King: Can Kim III Last?« *The National Bureau of Asian Research*, 28. Dezember 2011. <https://www.nbr.org/publication/the-boy-who-would-be-king-can-kim-iii-last/>.

15 Kim Yo Jong, »Press Statement of Kim Yo Jong, Vice-Department Director of CC, WPK«, Korean Central News Agency, 27. Januar 2023.

Anmerkungen

Kapitel 3: Vorherrschaft auf der Halbinsel: Pjöngjangs Endziel

1 »Socialist Constitution of the Democratic People's Republic of Korea« (Pyongyang 2014), 2.

2 Judith Munro-Leighton, »The Tokyo Surrender: A Diplomatic Marathon in Washington, August 10–14, 1945«, *Pacific Historical Review*, 65:3 (August 1996), 460 f.

3 Michael Fry, »*National Geographic*, Korea, and the Thirty-Eighth Parallel: How a National Geographic map helped divide Korea«, *National Geographic*, 14. August 2013. <https://www.nationalgeographic.com/science/article/130805-korean-war-dmz-armistice-38-parallel-geography>.

4 Michael Fry, »*National Geographic*, Korea, and the Thirty-Eighth Parallel«. Bei seinen Erinnerungen an die Ereignisse, die zur Teilung Koreas entlang des 38. Breitengrades führten, unterläuft Dean Rusk ein Fehler: Er nennt den »14. August« als Tag, an dem der Plan entworfen wurde.

5 Judith Munro-Leighton, »The Tokyo Surrender«, 462 ff.

6 Wolfgang Saxon, »Brig. Gen. George Lincoln Dies; Top Military Planner was 67«, *The New York Times*, 26. Mai 1975. <https://www.nytimes.com/1975/05/26/archives/brig-gen-george-lincoln-dies-top-military-planner-was-67-strategist.html>.

7 David P. Fields, »How Korea was divided and why the aftershocks still haunt us today«, *The Washington Post*, 31. Mai 2019. <https://www.washingtonpost.com/outlook/2019/05/31/how-korea-was-divided-why-aftershocks-still-haunt-us-today/>

8 Baik Bong, *Kim Il Sung: Biography [I]: From Birth to Triumphant Return to Homeland* (Beirut, Libanon: Dar Al-Talia, 1973), 529.

9 Andrew G. Walder und Yang Su, »The Cultural Revolution in the Countryside: Scope, Timing and Human Impact«, *The China Quarterly* 173 (März 2003), 76 f. <https://wwwjstor-org.ezproxy.library.tufts.edu/stable/pdf/20058959.pdf?refreqid=excelsior%3A73aed758631a62f790381a49ce1c4ba0>.

10 Ein Portrait von Jiang Qing, Maos rachsüchtiger vierter Ehefrau, findet sich bei Ross Terrill, *Madame Mao: The White-Boned Demon* (Stanford: Stanford University Press, 1999).

11 Valerie Strauss und Daniel Southerl, »How Many Died? New Evidence Suggests Far Higher Numbers for the Victims of Mao Zedong's Era«, *The Washington Post*, 17. Juli 1994. <https://www.washingtonpost.com/archive/politics/1994/07/17/how-many-died-new-evidence-suggests-far-higher-numbers-for-the-victims-of-mao-zedongs-era/01044df5-03dd-49f4-a453-a033c5287bce/>.

12 »The DPRK Attitude Toward The So-Called ›Cultural Revolution‹ in China«, Wilson

Center Digital Archive, International History Declassified, 6. März 1967. <https://digitalarchive.wilsoncenter.org/document/114570>. Zitiert nach Harry Kim, »Mythbuster: Beijing's Relationship with Pyongyang«, Blogeintrag im Wilson Center History and Policy Forum, 12. Juli 2017. <https://www.wilsoncenter.org/blog-post/mythbuster-beijings-relationship-pyongyang>.

13 »Quarterly Chronicle and Documentation«, *The China Quarterly* 30 (April–Juni 1967), Cambridge University Press in Zusammenarbeit mit der School of Oriental and African Studies, University of London, 195–249, 247. <http://www.jstor.org/stable/651878>.

14 David Rees, »The New Pressure from North Korea«, *Conflict Studies* (Februar–März 1970). Zitiert nach Donald S. Zagoria und Young Kun Kim, »North Korea and the Major Powers«, *Asian Survey* 15:12 (University of California Press, Dezember 1975), 1031.

15 Baik Bong, *Kim Il Sung: Biography [I]*, 560 f.

16 United Nations Peacemaker, Department of Political and Peacebuilding Affairs, ›Korean War Armistice Agreement Text‹. <https://peacemaker.un.org/sites/peacemaker.un.org/files/KP%2BKR_530727_AgreementConcerningMilitaryArmistice.pdf>.

Kapitel 4: Alles bleibt in der Familie

1 Lee Han-Young, *Kim Jong Il's Royal Family* [auf Koreanisch] (Seoul: Sidae Jeongshin, 2004), 81.

2 Anna Fifield, »The secret life of Kim Jong Un's aunt, who has lived in the U. S. since 1998«, *The Washington Post*, 27. Mai 2016. <https://www.washingtonpost.com/world/asia_pacific/the-secret-life-of-kim-jong-uns-aunt-who-has-lived-in-the-us-since-1998/2016/05/26/522e4ec8-12d7-11e6-a9b5-bf703a5a7191_story.html>.

3 Lee Han-Young, *Kim Jong Il's Royal Family* (Seoul: Sidae Jeongshin, 2004), 37.

4 Oh Dong-Ryong, »Kenji Fujimoto, Kim Jong Il's Chef – An Exclusive Interview: The Kim Jong Un I Know«, *The Monthly Chosun*, November 2010. <http://monthly.chosun.com/client/news/viw.asp?nNewsNumb=201011100010>.

5 Telefoninterview mit Ri Jong Ho, einem ehemaligen nordkoreanischen Spitzenfunktionär, 25. September 2022. In den achtzigerJahren arbeitete Ris Ehefrau auf der *Man Gyong Bong* und hat mehrmals beobachtet, wie die Herrscherfamilie nach Japan und zurück reiste.

6 Kenji Fujimoto, *Why Is It Kim Jong Un, North Korea's Successor?* Aus dem Japanischen ins Koreanische übersetzt von Han Yu-Hee (Seoul: Maksmedia, 2010), 111.

7 Kenji Fujimoto, Why Is It Kim Jong Un, North Korea's Successor?, 135.
8 Lee Young-Jong, *The Women of the House of Kim Jong Il* [auf Koreanisch] (Seoul: Neulpum Plus, 2013), 78 ff.
9 Konstantin Pulikowski, *Orient Express: Across Russia with Kim Jong Il* (Gorodetz, 2002), Üb. Jong-Hwan Sung, *Dongbang Teukgeup Yeolcha* [Orient-Express] (Seoul: Jungsim, 2003), 128 f.
10 Der russische Sondergesandte Pulikowski erinnert sich, dass Kim Jong Il im Jahr 2002 einer russischen Reporterin bei einer Dinnerparty in Pjöngjang erzählt hat, seine beste Freundin im Leben sei seine Mutter gewesen. Konstantin Pulikowski, *Orient Express: Across Russia with Kim Jong Il*, Üb. Jong-Hwan Sung, 224.
11 Lee Han-Young, *Kim Jong Il's Royal Family* (Seoul: Sidae Jeongshin, 2004), 99–104.
12 Joo Sung-Han, »The Death of Kim Il Sung's Bastard Son, Kim Hyon« [auf Koreanisch], *The Donga Ilbo*, 26. Mai 2022. <https://www.donga.com/news/article/all/20220526/113623778/1>.

Kapitel 5: Vater, der narzisstische Psychopath

1 Lee Han-Young, *Kim Jong Il's Royal Family*, 191–197.
2 Bradley K. Martin, *Under the Loving Care of the Fatherly Leader: North Korea and the Kim Dynasty* (New York: Thomas Dunne Books, 2004), 208 f.; 22 f.
3 John M. Glionna und Barbara Demick, »Kim Jong Il visits China with his youngest son, South Korea says«, *Los Angeles Times*, 26. August 2010. <https://www.latimes.com/archives/la-xpm-2010-aug-26-la-fg-0827-north-korea-china-20100827-story.html>.
4 "Kim Jong Il Pays Unofficial Visit to China«, Korean Central News Agency, 30. August 2010. <https://kcnawatch.org/newstream/1451888777-102865159/kim-jong-il-pays-unofficial-visit-to-china/?t=1667595747486>.
5 "Kim Jong Il Pays Unofficial Visit to China«, Korean Central News Agency, 30. August 2010.
6 Kim Chi-Gwan, »Kim Jong Il: ›I Once Lived Here‹.« *Tongil News*, 3. September 2010. <http://www.tongilnews.com/news/articleView.html?idxno=91656>.
7 "Kim Jong Il Pays Unofficial Visit to China«, Korean Central News Agency, 30. August 2010.
8 »Report on Jimmy Carter's Visit to DPRK«, Korean Central News Agency, 27. August 2010. <https://kcnawatch.org/newstream/1451888728-806016173/report-on-jimmy-carters-visit-to-dprk/?t=1667596644182>.

9 Curtis Melvin, »Kim Jong-il's only speech in North Korea«, YouTube, 2. Mai 2011. <https://www.youtube.com/watch?v=v02nlU_ZATk>.

10 Lee Han-Young, *Kim Jong Il's Royal Family*, 198 f.

11 Jang Jin-Sung, *Dear Leader: My Escape from North Korea* (New York: Atria, 2014), 132–141.

12 Lee Han-Young, *Kim Jong Il's Royal Family*, 200 ff.

13 Delroy L. Paulhus und Kevin M. Williams, »The Dark Triad of Personality: Narcissism, Machiavellianism, and psychopathy«, *Journal of Research in Personality* 36:6 (2002), 556–563. <https://doi.org/10.1016/s0092-6566(02)00505-6>. Mein besonderer Dank gilt meinem Studenten Han Sung Joseph Lim für seine Abschlussarbeit zu diesem Thema vom Herbst 2021.

14 »The 50 Countries Where It's Most Dangerous to Follow Jesus in 2021«, *Christianity Today*, 13. Januar 2021. <https://www.christianitytoday.com/news/2021/january/christian-persecution-2021-countries-open-doors-watch-list.html>. Ryan Hamm, »Why is Taliban No. 1 on the 2022 World Watch List?«, *Open Doors*, 26. Januar 2022. <https://www.opendoorsusa.org/christian-persecution/stories/why-is-afghanistan-no-1-on-the-2022-world-watch-list/>.

15 Sandra Fahy, *Dying for Rights: Putting North Korea's Human Rights Abuses on the Record* (New York: Columbia University Press, 2019), 64 f.

16 David Hawk, »Thank You Father Kim Il Sung: Eyewitness Accounts of Severe Violations of Freedom of Thought, Conscience, and Religion in North Korea«, U. S. Commission on International Religious Freedom (November 2005), 44 f. <https://www.uscirf.gov/sites/default/files/Thank%20You%20Father%20Kim%20Il%20Sung%20-%20Nov2005.pdf>.

17 »You Cry at Night but Don't Know Why: Sexual Violence against Women in North Korea«, Human Rights Watch, 1. November 2018. <https://www.hrw.org/report/2018/11/02/you-cry-night-dont-know-why/sexual-violence-against-women-north-korea#>.

18 »Rumors Appear with South Korean Couple«, *The New York Times*, 23. März 1986. <https://www.nytimes.com/1986/03/23/world/rumors-reappear-with-south-korean-couple.html>.

19 Bradley K. Martin, *Under the Loving Care of the Fatherly Leader*, 208 f.; 326–335.

20 »Victims abducted by North Korea throughout the world (2)«, Victims of Japanese nationals abducted by North Korea. <http://www.sukuukai.jp/English/Victims2.html>.

21 Sung-Yoon Lee, *United States v. Christopher P. Ahn*, 14. Mai 2021. Statement Supplemental Exhibit A, Case 2:19-cv-05397-FLA-JPR Document 197-1, eingereicht als

Sachverständigengutachten, 25. Mai 2021. Melanie Kirkpatrick, »Did North Korea Abduct an American? David Sneddon may have been forced to teach Kim Jong Un«, *The Wall Street Journal*, 29. September 2016. <https://www.wsj.com/articles/did-north-korea-kidnap-an-american-1475191557>.

22 »Missiles of North Korea«, Center for Strategic International Studies, 24. März 2022. <https://missilethreat.csis.org/country/dprk/>.

23 Kim Jong Il, *The Complete Collection of Kim Jong Il's Works, Vol.1* (Pyongyang: Workers' Party of Korea Publishing House, 2012). <https://web.archive.org/web/20191124051822/http://www.kcna.co.jp/item/2012/201202/news15/20120215-13ee.html>.

24 »The Time a Fishing Boat Disabled a North Korean Submarine«, *Sandboxx News*, 6. August 2021. <https://www.sandboxx.us/blog/the-a-fishing-boat-helped-capture-a-north-korean-sub/>.

25 Yukyoung Lee, »South Korea's Moon Becomes Kim Jong Un's Top Spokesman at UN«, Bloomberg, 26. September 2018.

Kapitel 6: Staatsgeheimnisse

1 Anna Fifield, »Who is Kim Yo Jong? Here's what we know about the North Korean ›princess‹«, *The Washington Post*, 8. Februar 2018. <https://www.washingtonpost.com/news/worldviews/wp/2018/02/08/who-is-kim-yo-jong-heres-what-we-know-about-the-north-korean-princess/>.

2 Becky Branford, »North Korea and the Brazil passports: Why were they used by the Kims?«, BBC News, 1. März 2018. <https://www.bbc.com/news/world-asia-43242596>.

3 Lee Han-Young, *Kim Jong Il's Royal Family* (Seoul: Sidae Jeongshin, 2004), 180.

4 Gespräch mit Hyunseung Lee, einem ehemaligen Mitglied der Partei der Arbeit Koreas in Cambridge, Massachusetts, 17. November 2022.

5 Robert Collins, *Marked for Life: Songbun, North Korea's Social Classification System* (Washington D. C.: The Committee for Human Rights in North Korea, 2012). <https://www.hrnk.org/uploads/pdfs/HRNK_Songbun_Web.pdf>.

6 Robert Collins, *South Africa's Apartheid & North Korea's Songbun: Parallels in Crimes Against Humanity* (Washington D. C.: The Committee for Human Rights in North Korea, 2021), 15.

7 Anna Fifield, »The secret life of Kim Jong Un's aunt, who has lived in the U. S. since 1998«, *The Washington Post*, 27. Mai 2016. <https://www.washingtonpost.com/world/

asia_pacific/the-secret-life-of-kim-jong-uns-aunt-who-has-lived-in-the-us-since-1998/2016/05/26/522e4ec8-12d7-11e6-a9b5-bf703a5a7191_story.html>.

8 Lee Han-Young, *Kim Jong Il's Royal Family* (Seoul: Sidae Jeongsin, 2004), 105–114.

9 »In search of the grave of Song Hye Rim, mother of North Korean, Kim jong Nam«, *Yonhap News*, 28. Juli 2009. <https://news.naver.com/main/read.naver?mode=LPOD&mid=sec&sid1=001&sid2=140&oid=001&aid=0002786216&isYeonhapFlash=Y>.

Kapitel 7: Lehrjahre: 2007–2009

1 Kim Soe-jung, »Roh comes North bearing gifts for Kim«, *Korea JoongAng Daily*, 3. Oktober 2007. <https://koreajoongangdaily.joins.com/news/article/article.aspx?aid=2881105>. Kim Sue-young, ›Dramas Introduce South's Culture to North‹, *The Korea Times*, 4. Oktober 2007. <https://www.koreatimes.co.kr/www/nation/2021/08/113_11335.html>.

2 Dong-ju Yang, »Yeokdae Jonggweonbyeol Daebuk Jiweongeum Byeoncheonsa« [역대 정권별 대북지원금 변천사]; Geschichte der Finanzhilfen ehemaliger Regierungen an Nordkorea], *Ilyo Sisa*, 22. Februar 2016. <https://www.ilyosisa.co.kr/news/article.html?no=96241>.

3 Madeleine Albright, *Faschismus: Eine Warnung* (Köln: DuMont, 2018), 233.

4 Laura Ling im Gespräch mit dem Autor in der Brewster Public Library, Brewster, Cape Cod, Massachusetts. 18. Oktober 2014.

5 Telefoninterview mit Doug Band, 16. Februar 2021.

6 Persönliches Gespräch mit Stephen Biegun in Seoul am 26. Januar 2023 während meiner Recherchen für eine Publikationsreihe über hochrangige südkoreanische Entscheidungsträger.

7 Eric Gibson, »Why Dictators Love Kitsch Art: Kim Jong Il–Clinton photo op spotlights a style that's long glorified tyrants«, *The Wall Street Journal*, 10. August 2009. <https://www.wsj.com/articles/SB10001424052970204908604574336383324209824>.

Kapitel 8: Tod und Wiedergeburt

1 William Shakespeare, *Julius Cäsar*, 2:2, 30 f., Projekt Gutenberg. https://www.projekt-gutenberg.org/shakespr/caesar/caesar22.html.

2 »Even Nature Seems to Mourn the Demise of Great Man«, Korean Central News

Agency, 22. Dezember 2011. <https://kcnawatch.org/newstream/1451890319-111972249/even-nature-seems-to-mourn-demise-of-great-man/?t=1658235793730>.

3 In Anlehnung an die eleganten letzten Zeilen von »Die Toten«, der letzten Kurzgeschichte in James Joyce' Klassiker *Dubliners* (1914).

4 Elizabeth Shim, »North Korea officially confirms Hyon Yong Chol's execution«, *UPI*, 15. Juni 2015. <https://www.upi.com/Top_News/World-News/2015/06/15/North-Korea-officially-confirms-Hyon-Yong-Chols-execution/3271434354542/?ur3=1>.

5 »Traitor Jang Song Thaek Executed«, Korean Central News Agency, 13. Dezember 2013. <https://kcnawatch.org/newstream/1451900820-902618004/traitor-jang-song-thaek-executed/?t=1658245931014>.

6 »South Korean Media: Kim Jong Un's Younger Sister Replaces Her Aunt as North Korea's No. 2 Figure«, *China Daily*, 14. März 2014.

Kapitel 9: Die böse Bauchrednerin

1 »Demystifying Kim Jong Un's Younger Sister Kim Yo Jong [Jin Yu Zheng]: She Has Entered the Core Leadership Circle in Her Twenties«, *People's Daily Online*, 29. Oktober 2014.

2 Brian Todd, Dugall McConnell und Joshua Berlinger, »North Korean money man reveals smuggling operations«, CNN, 3. August 2017. <https://www.cnn.com/2017/08/03/politics/north-korea-defector-ri-jong-ho/index.html>.

3 Telefoninterviews mit Ri Jong Ho, 28. Juni und 25. September 2022.

4 Adam Taylor, »North Korea slams U. N. human rights report because it was led by gay man«, *The Washington Post*, 22. April 2014. <https://www.washingtonpost.com/news/worldviews/wp/2014/04/22/north-korean-state-media-slams-u-n-human-rights-report-because-it-was-led-by-a-gay-man/>.

5 »Challengers to DPRK Will Never Be Pardoned: CPRK Spokesman«, Korean Central News Agency, 27. April 2014. <https://kcnawatch.org/newstream/1546470894-98310727/challengers-to-dprk-will-never-be-pardoned-cprk-spokesman/?t=1659972950935>.

6 »Park Geun Hye Will Have To Pay Price For Treachery«, *Rodong Sinmun*, 29. April 2014. <https://kcnawatch.org/newstream/1451903843-325704912/park-geun-hye-will-have-to-pay-price-for-treachery-rodong-sinmun/?t=1659973985317>.

7 "Park Geun Hye Censured as Root Cause of Disasters of Nation«, Korean Central News Agency, 2. Mai 2014. <https://kcnawatch.org/newstream/1451896542-349676148/park-geun-hye-censured-as-root-cause-of-disasters-of-nation/?t=1659971899893>.

8 »Park Geun Hye Accused of Plan to Re-postpone Transfer of OPECON [sic]«, Korean Central News Agency, 3. Mai 2014. <https://kcnawatch.org/newstream/1546470586-183586398/park-geun-hye-accused-of-move-to-re-postpone-transfer-of-opecon/?t=1659971899893>.

9 »Judgment of Park Geun Hye Demanded«, Korean Central News Agency, 25. Mai 2014. <https://kcnawatch.org/newstream/1451896533-569827037/judgment-of-park-geun-hye-demanded/?t=1659973782076>.

10 »CPRK Slams Park Geun Hye's Reckless Remarks«, Korean Central News Agency, 26. September 2014. <https://kcnawatch.org/newstream/1451896955-709931410/cprk-slams-park-geun-hyes-reckless-remarks/?t=1659972642046>.

11 »National Reunification Institute White Paper: Reporting Park Geun Hye's Crimes of Inter-Korean Confrontation« (조국통일연구원 백서 박근혜의 동족대결죄악 고발), National Reunification Institute (조국통일연구원), 27. Mai 2015. <https://tinyurl.com/zeh6zfrd>. Übersetzung des Autors.
In ihrer gekürzten Version verzichtet die KCNA auf alle abstoßenden Beleidigungen. »National Reunification Institute Indicts Park Geun Hye for Her Thrice-Cursed Treachery«, Korean Central News Agency, 27. Mai 2015. <https://kcnawatch.org/newstream/1451904001-391538262/national-reunification-institute-indicts-park-geun-hye-for-her-thrice-cursed-treachery/?t=1660171975057>.

12 Lee Young-Jong, »Kim Jong Un's Peculiar Sister Gains Prominence«, *Korea JoongAng Daily*, 13. März 2014. <https://koreajoongangdaily.joins.com/2014/03/13/politics/Kim-Jong-uns-peculiar-sister-gains-prominence/2986358.html>.

13 Jonathan Capehart, »North Korea's racist rant against ›wicked black monkey‹ Obama«, *The Washington Post*, 8. Mai 2014. <https://www.washingtonpost.com/blogs/post-partisan/wp/2014/05/08/north-koreas-racist-rant-against-wicked-black-monkey-obama/>.

14 Leon Watson, »›Wicked black monkey‹: White House furious over North Korea's racist Obama slur, in inexplicable rant from rogue regime's mouthpiece«, *Daily Mail*, 9. Mai 2014. <https://www.dailymail.co.uk/news/article-2624059/Wicked-black-monkey-White-House-furious-North-Koreas-racist-Obama-slur-inexplicable-rant-rogue-states-mouthpiece.html>.

Kapitel 10: Die Pjöngjang-Spiele

1 »Trump to Kim: My nuclear button is ›bigger and more powerful‹«, BBC News, 3. Januar 2018. <https://www.bbc.com/news/world-asia-42549687>.

2 Donald J. Trump, Ansprache an die Nationalversammlung der Republik Korea, 7. November 2017. Vollständige Mitschrift veröffentlicht von CNN. <https://www.cnn.com/2017/11/07/politics/south-korea-trump-speech-full/index.html>.

3 Kim Tong-Hyung, »Not all South Koreans are happy about unified hockey team«, Associated Press, 21. Januar 2018. <https://apnews.com/article/570d50b836754eb9ae408d24c4027941>.

4 Charlie May, »Mike Pence won't allow North Korea to ›hijack‹ messaging at Winter Olympics«, *Salon*, 4. Februar 2018. <https://www.salon.com/2018/02/04/mike-pence-wont-allow-north-korea-to-hijack-messaging-at-winter-olympics/>.

5 Joshua Berlinger, »US to impose ›toughest ever‹ sanctions on North Korea, Pence warns«, CNN, 7. Februar 2018. <https://www.cnn.com/2018/02/07/politics/pence-tokyo-north-korea-intl/index.html>.

6 Joshua Berlinger, »US to impose ›toughest ever‹ sanctions on North Korea, Pence warns«.

7 Jonathan Cheng, »Heading to the 2018 Olympics? Choose your Korea carefully«, *The Wall Street Journal*, 23. April 2015. <https://www.wsj.com/articles/heading-to-the-2018-olympic-games-choose-your-korea-carefully-1429830011>.

8 »Remarks by Vice President Pence in Press Gaggle at Cheonan Memorial«, Botschaft und Konsulat der Vereinigten Staaten in der Republik Korea, 9. Februar 2018. <https://kr.usembassy.gov/020918-remarks-vice-president-pence-press-gaggle-cheonan-memorial/>.

9 Mike Pence, *So Help Me God* (New York: Simon & Schuster, 2022), 282 f.

10 Mike Pence, *So Help Me God*, 282.

11 Soyoung Kim, »At Games reception, a hopeful dessert and a hasty exit«, Reuters, 9. Februar 2018. <https://www.reuters.com/article/us-olympics-2018-opening-reception/at-games-reception-a-hopeful-dessert-and-a-hasty-exit-idUSKBN1FT20M>.

12 Mike Pence, *So Help Me God*, 282.

13 Telefoninterview mit Fred Warmbier, Mitglied der Delegation von Vizepräsident Pence, 26. März 2021.

14 Anna Fifield, »Photo of historic handshake between North and South Korea goes viral«, *The Washington Post*, 9. Februar 2018. <https://www.washingtonpost.com/news/

worldviews/wp/2018/02/09/photo-of-historic-handshake-between-north-and-south-korea-goes-viral/>.

15 Telefoninterview mit Fred Warmbier, Mitglied der Delegation von Vizepräsident Pence, 26. März 2021.

16 Richard Knight, »Are North Koreans really three inches shorter than South Koreans?«, BBC News, 23. April 2012. <https://www.bbc.com/news/magazine-17774210>.

17 Telefoninterview mit Fred Warmbier, Mitglied der Delegation von Vizepräsident Pence, 26. März 2021.

Kapitel 11: Besuch im Blauen Haus

1 Ashley Parker, »Pence was set to meet with North Korean officials during the Olympics before last minute cancellation«, *The Washington Post*, 20. Februar 2018. <https://www.washingtonpost.com/politics/pence-was-set-to-meet-with-north-korean-officials-during-the-olympics-before-last-minute-cancellation/2018/02/20/89392dfe-1684-11e8-942d-16a950029788_story.html>.

2 Jung Woo-sang, »Kim Yo Jong was in her final trimester when she visited Pyeong-chang« (»Kim Yo Jong mansakdde Pyeongchang watda«; »김여정 만삭때 평창 왔다«), *The Chosun Ilbo*, 16. Mai 2018. <https://www.chosun.com/site/data/html_dir/2018/05/16/2018051600300.html>.

3 Michael Bassett, »Kim Jong-un is Liberating North Korea«, Fair Observer, 27. November 2015: »Swiss-educated reformer Kim Jong-un is liberating North Korea by proliferating a capitalist, knowledge-based economy«. <https://www.fairobserver.com/region/asia_pacific/kim-jong-un-liberating-north-korea-32305/>.

4 Dr. Ruta Nonacs, »Alcohol and Pregnancy: Attitudes andPatterns of Drinking Vary Around the Globe«, Massachusetts General Hospital Center for Women's Health, 6. Februar 2020. <https://womensmentalhealth.org/posts/alcohol-pregnancy-attitudes-around-globe/>.

5 »Media Interpretation of the Arrogance Behind Kim Yo Jong's Fake Smile«, TVBS, 23. Februar 2018. <https://tinyurl.com/5ewm2dbb>.

6 "Young Jin Moon, ein neunzehnjähriger südkoreanischer Student, meinte: ›Ich finde sie wunderschön, aber sie sieht nicht freundlich aus. Sie reckt das Kinn oft nach oben, und es wirkt, als würde sie auf andere Leute herabschauen.‹ Auf dem Bild, in dem KYJ auf Moon Jae-in wartet, trug sie den Kopf oft sehr hoch und in ihrem Blick lag sogar

eine Spur Verachtung.« Kao Zhi-En, »What's Left Unsaid in Kim Yo Jong's Set of Facial Expressions?«, HK01, 11. Februar 2018. <https://tinyurl.com/6vfckdcw>.

7 Kao Hua-Yuan, »Kim Yo Jong's Smile Offensive Strategy Exposed by Japan Psychologist«, HK01, 11. Februar 2018. <https://tinyurl.com/4emub58a>.

8 »Moon's visit to spy headquarters brings with it pro-North symbol«, One Korea Network, 5. Juni 2021. <https://onekoreanetwork.com/2021/06/05/moons-visit-to-spyheadquarters-brings-with-it-pro-north-symbol/>.

9 Park Minji, »President Moon, utilizing the ›Shin Young-Bok‹ word and painting, sends message to North Korea« (»문대통령, ›신영복‹ 글화 서화 활용해 대북 메시지 전달«), *Kookmin Ilbo*, 10. Februar 2018. <http://news.kmib.co.kr/article/view.asp?arcid=0012121575&code=61111211&cp=nv>.

10 Kim Sung-Hoon, »Who is Shin Young-Bok, whom President Moon told the North's Kim Young Nam he Admires?« (»문 대통령이 北 김영남 앞에서 존경한다 말한 신영복은 누구?«), *The Monthly Chosun*, 11. Februar 2018. <http://monthly.chosun.com/client/mdaily/daily_view.asp?idx=2860&Newsnumb=2018022860>.

11 Kim Sung-Hoon, »Who is Shin Young-Bok, whom President Moon told the North's Kim Young Nam he admires?«

12 Motoko Rich, »United, They Fall: Korean Hockey Team Loses, 8–0, in Olympic Debut«, *The New York Times*, 10. Februar 2018. <https://www.nytimes.com/2018/02/10/sports/unified-korean-hockey-team-.html>.

13 Sung-Yoon Lee, »Sex and the City: The ›Pyongyang Games‹«, *The Hill*, 13. Januar 2018. In diesem Meinungskommentar prophezeite der Autor bereits Kim Yo Jongs Besuch in Südkorea: »Sollte Kim [Jong Un] das Spiel noch weitertreiben und seine Schwester Kim Yo Jong zu den Olympischen Spielen nach Pyeongchang schicken, werden diese faktisch zu nordkoreanischen Spielen werden, wenn auch vom Süden ausgerichtet und bezahlt.« <https://thehill.com/opinion/international/370140-sex-and-the-city-the-pyongyang-games>.

14 Foster Klug, »AP Explains: What's N. Korea up to with provocative visit?«, Associated Press, 23. Februar 2018. <https://apnews.com/article/donald-trump-asia-pacific-ap-topnews-michael-pence-olympic-games-3d9f796d4b454d1298b64d40ac49cd6a>.

Anmerkungen

Kapitel 12: Eine koreanische *Komödie der Irrungen*

1 *Juche! Towards a united, independent Korea: Fifteen historical and contemporary interviews with Kim Il Sung, President of the Democratic People's Republic of Korea* (Melbourne: New Democratic Publications, 1973).

2 Joshua Berlinger, Nick Thompson und Euan McKirdy, »North and South Korean leaders hold historic summit:
Highlights«, CNN, [aktualisiert] 5. Juni 2018. <https://www.cnn.com/asia/live-news/north-korea-south-korea-summit-intl/h_958d746fd25f03526d81451f7117c764>.

3 Yang Jung A, »Park Wang Ja Shot from Behind«, *Daily NK*, 1.
August 2008. <https://www.dailynk.com/english/park-wang-ja-shot-from-behind/>.

4 »Statement of Kim Yo Jong, Vice Department Director of Workers' Party of Korea Central Committee«, Korea Central News Agency, 2. Mai 2021. <https://kcnawatch.org/newstream/1620270980-652382873/statement-of-kim-yo-jong-vice-department-director-of-wpk-central-committee/?t=1628780928032>.

5 Laura Bicker, »Drugs, arms, and terror: A high-profile defector on Kim's North Korea«, BBC News, 11. Oktober 2021. <https://www.bbc.com/news/world-asia-58838834>.

6 Han Ki-Ho, »The Panmunjom Moon Jae In–Kim Jong Un Summit: Morning and Afternoon« ("판문점에서 문재인 김정은 정상회담«), *Pen and Mike*, 29. April 2018. <http://www.pennmike.com/news/articleView.html?idxno=5001>.

7 Hyonhee Shin, »South Korea says North Korea nuclear plant documents were ›just an idea‹«, Reuters, 31. Januar 2021. <https://www.reuters.com/article/us-south-korea-politics-north-korea/south-korea-says-north-korea-nuclear-plant-documents-were-just-an-idea-idUSKBN2A00CG>.

8 »Call me any time: Trump says he gave North Korea's Kim direct number«, Reuters, 15. Juni 2018. <https://www.reuters.com/article/us-north-korea-usa-trump/call-me-any-time-trump-says-he-gave-north-koreas-kim-direct-number-idUSKBN1JB1R5>.

9 Kim Il Sung, *Juche! Towards a United, Independent Korea: Fifteen historical and contemporary interviews with Kim Il Sung, President of the Democratic People's Republic of Korea* (Melbourne: New Democratic Publications, 1973), 140.

10 Joshua Berlinger, Stella Ko und Jungeun Kim, »North Korea to send special noodle-making machine (and chef) to DMZ for summit«, CNN, 24. April 2018. <https://www.cnn.com/2018/04/24/asia/inter-korea-summit-dinner-menu-intl/>.

Anmerkungen

Kapitel 13: Wer überTRUMPft wen?

1 Bruce Harrison, »Kim Jong Un welcomes South Korean envoys to dinner«, NBC News, 5. März 2018. <https://www.nbcnews.com/news/north-korea/kim-jong-un-welcomes-south-korean-envoys-dinner-n853546>.

2 Lee Yong-Su, »The ›Denuclearization Dying Wish‹ Kim Jong Un Mentioned is Trickery Across Three Generations«, *The Chosun Ilbo*, 8. März 2018. <https://www.chosun.com/site/data/html_dir/2018/03/08/2018030800330.html>.

3 "Trump and North Korea talks: Strange optics of the North Korea announcement«, BBC News, 9. März 2018. <https://www.bbc.com/news/world-asia-43340070>.

4 »Trump-Kim summit: Kim Jong Un's Air China ride is Chinese Premier Li Keqiang's private jet, says Apple Daily«, *The Straits Times*, 11. Juni 2018. <https://www.straitstimes.com/asia/east-asia/trump-kim-summit-kim-jong-uns-air-china-ride-is-chinese-premier-li-keqiangs-private>.

5 Karamjit Kaur und Seow Bei Yi, »North Korea leader Kim Jong Un arrives in Singapore, welcomed by Foreign Minister Vivian Balakrishnan«, *The Straits Times*, 11. Juni 2018. <https://www.straitstimes.com/singapore/3-singapore-bound-aircraft-one-believed-to-be-carrying-kim-jong-un-departed-pyongyang-on>.

6 Huileng Tan, »Singapore shelled out $15 million for the Trump-Kim summit. Some question that expense«, *CNBC*, 13. Juni 2018. <https://www.cnbc.com/2018/06/13/singapore-shelled-out-15-million-for-the-trump-kim-summit.html>.

7 Morgan Gstalter, »Trump on North Korea's human rights violations: ›It's rough in a lot of places, not just there‹«, *The Hill*, 12. Juni 2018. <https://thehill.com/homenews/news/391772-trump-on-north-koreas-human-rights-violations-its-rough-in-a-lot-of-places-not>.

8 Ed Pilkington, »Donald Trump shakes off Kim's human rights record: ›He's a tough guy‹«, *The Guardian*, 14. Juni 2018. <https://www.theguardian.com/world/2018/jun/13/donald-trump-kim-jong-un-fox-news-human-rights>.

9 Veronica Stracqualursi und Stephen Collinson, »Trump declares North Korea ›no longer a nuclear threat‹«, CNN, 13. Juni 2018. <https://www.cnn.com/2018/06/13/politics/trump-north-korea-nuclear-threat/index.html>.

10 »United States-North Korea Singapore Summit Video«, Destiny Pictures Production, 12. Juni 2018. <https://www.youtube.com/watch?v=A838 gS8nwas&t=233s>.

11 Peter Baker, »Coming Attractions: Trump Showed Kim a Faux Movie Trailer About a Transformed North Korea«, *The New York Times*, 12. Juni 2018. <https://www.nytimes.com/2018/06/12/us/politics/trump-kim-jong-un-north-korea-faux-movie-trailer.html>.

12 »Pyongyang Joint Declaration of September 19, 2018«, *The Korea Times*, 19. September 2018. <https://www.koreatimes.co.kr/www/nation/2018/09/103_255848.html>.

Kapitel 14: Der Aufstieg: die Prinzessin vom Berg *Paektu*

1 Hyonhee Shin, »Smoke Signal: Kim Jong Un's sister rushed off her feet on Vietnam trip«, Reuters, 28. Februar 2019. <https://www.reuters.com/article/us-north-korea-usa-kim-sister/smoke-signals-kim-jong-uns-sister-rushed-off-her-feeton-vietnam-trip-idUSKCN1QH11F>.

2 Amos Harel und Aluf Benn, »No Longer a Secret: How Israel Destroyed Syria's Nuclear Reactor«, *Haaretz*, 23. März 2018. <https://www.haaretz.com/world-news/MAGAZINE-no-longer-a-secret-how-israel-destroyed-syria-s-nuclear-reactor-.5914407>.

3 Robert Rampton, »›We fell in love‹: Trump swoons over letters from North Korea's Kim«, Reuters, 20. September 2018. <https://www.reuters.com/article/us-north-korea-usa-trump/we-fell-in-love-trump-swoons-over-letters-from-north-koreas-kim-idUSKCN1MA03Q>.

4 Jung In-Hwan, »Kim Jong-un complained of ›unnecessary‹ interest from Moon in a 2018 letter to Trump«, *The Hankyoreh*, 26. September 2022. <https://english.hani.co.kr/arti/english_edition/e_northkorea/1060192.html>.

5 »KCNA on appointment of new U. S. deputy secretary of state«, Korean Central News Agency, 3. April 2001. <https://kcnawatch.org/newstream/1452002381-408519385/kcna-on-appointment-of-new-u-s-deputy-secretary-of-state/?t=1660914319592>.

6 John Bolton, *Der Raum, in dem alles geschah: Aufzeichnungen des ehemaligen Sicherheitsberaters im Weißen Haus* (Berlin: Das Neue Berlin, 2020), 387.

7 John Bolton, *Der Raum, in dem alles geschah*, 388.

8 David K. Li, »Michael Cohen's testimony: The 10 best lines from his hearing before Congress«, NBC News, 27. Februar 2019. <https://www.nbcnews.com/politics/politics-news/michael-cohen-testimony-10-best-lines-his-hearing-congress-n977116>.

9 John Bolton, *Der Raum, in dem alles geschah*, 393.

10 John Bolton, *Der Raum, in dem alles geschah*, 394.

11 Hyonhee Shin und Joyce Lee, »North Korea execute envoy to failed U. S. summit – media; White House monitoring«, Reuters, 30. März 2019. <https://www.reuters.com/article/us-north-korea-usa-purge/north-korea-executes-envoy-to-failed-u-s-summit-media-white-house-monitoringidUSKCN1T02PD>.

12 »Kim Jong Un Leaves Russia After Summit with Putin«, *Voice of America* (ursprüng-

lich veröffentlicht von Associated Press), 26. April 2019. <https://www.voanews.com/a/kim-jong-un-leaves-russia-after-summit-with-putin/4892424.html>.

13 David Nakamura, »In a tweet, Trump appears to invite Kim Jong Un to meet him at the Korean demilitarized zone«, *The Washington Post*, 29. Juni 2019. <https://www.washingtonpost.com/politics/in-a-tweet-trump-appears-to-invite-kim-jong-unto-meet-him-at-the-korean-demilitarized-zone/2019/06/28/0e9fc900-99f9-11e9-830a-21b9b36b64ad_story.html>.

14 Ins Englische übersetzt vom Autor [und aus dem Englischen ins Deutsche, Anm. d. Üb.]. Siehe Audrey Yoo, »North Korea Rewrites Rules to Legitimize Kim Family Succession«, *South China Morning Post*, 16. Oktober 2013.

15 »Let Us Steadfastly Continue the Bloodline of the Revolution« [auf Koreanisch], Uri Minzokkiri, 10. Juni 2020. <http://www.uriminzokkiri.com/index.php?ptype=cgisas&mtype=view&no=1193416>.

16 Koreanisches Zentralfernsehen (KCTV), 16. Oktober 2019. Uriminzokkiri.com; Fotos Nr. 21 (4:32 min) und 23 (5:09 min). <http://uriminzokkiri.com/index.php?ptype=ccentv&stype=0&mtype=view&no=46261>.

17 Koreanisches Zentralfernsehen (KCTV), 16. Oktober 2019. Uriminzokkiri.com; Foto Nr. 5 (1:13 min). <http://uriminzokkiri.com/index.php?ptype=ccentv&stype=0&mtype=view&no=46261>.

18 Koreanisches Zentralfernsehen (KCTV), 16. Oktober 2019. Uriminzokkiri.com; Foto Nr. 5 (0:34 min). <http://uriminzokkiri.com/index.php?ptype=ccentv&stype=0&mtype=view&no=46261>.

19 Übersetzung des Autors aus dem Koreanischen [und anschließend ins Deutsche, Anm. d. Üb.]: »세계가 괄목하는경이적인 사변들을 펼치며 폭풍쳐 용진하는 우리 조국의 도도한 기상을 안고 장엄히 솟아있는 백두성산에 절세의 위인이 펼치신 전설같은 화폭과 특기할 자욱이 뜻깊게 새겨져 천지를 진감시키였다.« Koreanisches Zentralfernsehen (KCTV), 16. Oktober 2019. Uriminzokkiri.com; Foto Nr. 3 (0:42-1:00 min). <http://uriminzokkiri.com/index.php?ptype=ccentv&stype=0&mtype=view&no=46261>.

20 Übersetzung des Autors aus dem Koreanischen [und anschließend ins Deutsche, Anm. d. Üb.]: »위대한 김정은동지께서 몸소 백마를 타시고 백두산정에 오르시여 새기신 심원한 뜻과 거룩한 자욱은 이 조선을 세계가 부러워하는 최강의 힘을 가진 사회주의강대국으로 더 높이떨쳐가실 원대한 웅지로 빛날것이며 우리 혁명의 완전승리를 앞당기는 력사적인 장거로 불멸할것이다.« Koreanisches Zentralfernsehen (KCTV), 16. Oktober 2019. Uriminzokkiri.com; Foto Nr. 25 (5:43–5:59 min). <http://uriminzokkiri.com/index.php?ptype=ccentv&stype=0&mtype=view&no=46261>.

Anmerkungen

Kapitel 15: Hunger als Waffe: eine Familientradition

1 William Elliot Griffis, *Korea, the Hermit Nation* (New York: Scribner's, 1888).

2 Sandra Fahy, *Marching through Suffering: Loss and Survival in North Korea* (New York: Columbia University Press, 2015).

3 United Nations, General Assembly, Human Rights Council, *Report of the commission of inquiry on human rights in the Democratic People's Republic of Korea* (A / HRC / 25 / 63), 7. Februar 2014, para. 76, S. 14/36. <https://www.ohchr.org/en/hrbodies/hrc/coidprk/pages/commissioninquiryonhrindprk.aspx>.

4 »Kim Jong Il Berates Cadres for Food Anarchy« (auf Koreanisch), *Wolgan Chosun*, 20. März 1997, 306–317; »Kim Jong Il, Speech at Kim Il Sung University, December 1996«, BBC, 21. März 1997, zit. nach United Nations, General Assembly, Human Rights Council, *Report of the commission of inquiry on human rights in the Democratic People's Republic of Korea* (A / HRC / 25 / 63), 7. Februar 2014, para. 598, S. 176/372. <https://www.ohchr.org/en/hrbodies/hrc/coidprk/pages/commissioninquiryonhrindprk.aspx>.

5 United Nations, UN News: Global perspective Human stories, »North Korean families facing deep ›hunger crisis‹ after worst harvest in 10 years, UN food assessment shows«, 3. Mai 2019. <https://news.un.org/en/story/2019/05/1037831>.

6 Choe Sang-Hun, »North Korea Is Facing a ›Tense‹ Food Shortage«, *The New York Times*, 16. Juni 2021. <https://www.nytimes.com/2021/06/16/world/asia/north-korea-food-shortage.html>.

7 United Nations FAO, IFAD, UNICEF, WFP und WHO. 2022. *The State of Food Security and Nutrition in the World 2022.* »Repurposing food and agricultural policies to make healthy diets more affordable«. Rom, FAO (162–173). <https://www.fao.org/documents/card/en/c/cc0639en>.

8 United Nations FAO, IFAD, UNICEF, WFP und WHO. 2019. *The State of Food Security and Nutrition in the World 2019.* »Safeguarding against economic slowdowns and downturns«. Rom, FAO (146–158). Lizenz: CC BY-NC-SA 3.0 IGO. <tinyurl.com/y63skjxd>.

9 Joshua Stanton und Sung-Yoon Lee, »Pyongyang's Hunger Games«, *The New York Times*, 7. März 2014. <https://www.nytimes.com/2014/03/08/opinion/pyongyangs-hunger-games.html>.

10 »Kim Jong Il Berates Cadres for Food Anarchy« (auf Koreanisch), *Wolgan Chosun*, 20. März 1997, 306–317; »Kim Jong Il, Speech at Kim Il Sung University, December 1996«, BBC, 21. März 1997, zit. nach United Nations, General Assembly, Human Rights Council, *Report of the commission of inquiry on human rights in the Democratic People's*

Republic of Korea (A / HRC / 25 / CRP.1), 7. Februar 2014. Siehe Paragraphen 423, 681, 689, 716, 773, 787, 842, 1046, 1078, 1084, 1103, und 1220. <https://www.ohchr.org/en/hrbodies/hrc/coidprk/pages/commissioninquiryonhrindprk.aspx>.

11 United Nations, General Assembly, Human Rights Council, *Report of the commission of inquiry on human rights in the Democratic People's Republic of Korea* (A / HRC / 25 / 63), 7. Februar 2014, para. 78, S. 14/36. <https://www.ohchr.org/en/hrbodies/hrc/coidprk/pages/commissioninquiryonhrindprk.aspx>.

12 »Consultative Meeting of Political Bureau of C. C., WPK Held«, Korean Central News Agency, 14. Mai 2022. <https://kcnawatch.org/newstream/1652508387-842122486/consultative-meeting-of-political-bureau-of-c-c-wpk-held/?t=1676057141116>.

13 Victor Cha und Dana Kim, »A Timeline of South Korea's Response to Covid-19«, Center for Strategic International Studies, 27. März 2020. <https://www.csis.org/analysis/timeline-south-koreas-response-covid-19>.

14 R. Ghosh, »Kim Jong-un Orders Officials to Kill Pigeons and Cats as He Believes They are Carrying COVID from China«, *International Business Times*, 29. Mai 2021. <https://www.ibtimes.sg/kim-jong-un-orders-officials-kill-pigeons-cats-he-believes-they-are-carrying-covid-china-57805>.

15 Josh Smith, »Kim Jong Un suggests North Korea may begin COVID vaccinations«, Reuters, 8. September 2022. <https://www.reuters.com/world/asia-pacific/kim-jong-un-suggests-nkorea-may-begin-covid-vaccinations-2022-09-09/>.

16 Frank Smith, »Reports of people ›starving‹ as N Korea struggles to feed itself«, *Al Jazeera*, 1. Juli 2021. <https://www.aljazeera.com/news/2021/7/1/humanitarian-disaster-looms-in-north-korea>. Siehe auch Kim Chae Hwan, »Around 20 residents of South Hwanghae Province die due to starvation«, *Daily NK*, 3. Juni 2022. <https://www.dailynk.com/english/around-20-residents-south-hwanghae-province-die-due-starvation/>; Jong So Yong, »Hoeryong authorities cremated around 20 bodies in late May«, *Daily NK*, 10. Juni 2022. <https://www.dailynk.com/english/hoeryong-authorities-cremated-around-20-bodies-in-late-may/>.

17 Scott Neuman, »North Korea's Kim Alludes to 1990s Famine, Warns of ›Difficulties Ahead of Us‹«, National Public Radio, 9. April 2021. <https://www.npr.org/2021/04/09/985743058/north-koreas-kim-alludes-to-1990s-famine-warns-of-difficulties-ahead-of-us>.

18 Carl Samson, »North Korea urges citizens to eat less until 2025 – resorting to black swan for meat«, Yahoo, 1. November 2021. <https://www.yahoo.com/now/north-korea-urges-citizens-eat-202541304.html>.

19 Ifang Bremer, »3 years into pandemic, fears mount North Korea is teetering toward

famine«, *NK News*, 15. Februar 2023. <https://www.nknews.org/2023/02/3-years-into-pandemic-fears-mount-that-north-korea-is-teetering-toward-famine/>.

20 Wiedervereinigungsministerium der Republik Korea, »Policy on North Korea Defectors: Number of North Korean Defectors Entering South Korea«. <https://www.unikorea.go.kr/eng_unikorea/relations/statistics/defectors/>.

21 Hyonhee Shin, »North Korea paper calls outside aid ›poisoned candy‹, urges self-reliance«, Reuters, 21. Februar 2023. <https://www.reuters.com/world/asia-pacific/north-korea-paper-calls-outside-aid-poisoned-candy-urges-self-reliance-2023-02-22/>.

Kapitel 16: Die schlimme Schwester

1 »First Vice-department Director of WPK Central Committee Kim Yo Jong Blasts Chongwadae's Foolish Way of Thinking«, Korean Central News Agency, 3. März 2020.

2 »First Vice Department Director of Workers' Party of Korea Central Commission Issues Statement«, Korean Central News Agency, 13. Juni 2020.

3 »Kim Yo Jong Rebukes S. Korean Authorities for Conniving at Anti-DPRK hostile Act of ›Defectors from North‹«, Korean Central News Agency, 4. Juni 2020.

4 William Shakespeare, *Leben und Tod Königs Richard des zweyten*, 3.2., Projekt Gutenberg. <https://www.projekt-gutenberg.org/shakespr/richard2/rich232.html>.

5 »North Korea: Kim Jong-un ›suspends military action‹ against South«, BBC News, 24. Juni 2020. <https://www.bbc.com/news/world-asia-53159577>.

6 Hwang In-Chan und Yoon Sang-Ho, »To the North's ›Block by Law‹ demand, [South Korea] officially pushes ahead with ›North Korea Leaflets Prohibition Law‹«, *The Dong-A Ilbo*, 5. Juni 2020. <https://www.donga.com/news/article/all/20200605/101372136/1>.

7 Hyung-Jin Kim, »S. Korea bans flying of leaflets toward N. Korea by balloon«, Associated Press, 14. Dezember 2020. <https://apnews.com/article/seoul-south-korea-north-korea-legislation-moon-jae-in-23e329d4e25a8711be1a06859613a317>.

8 Josh Rogin, »South Korea's new anti-leaflet law sparks backlash in Washington«, *The Washington Post*, 17. Dezember 2020. <https://www.washingtonpost.com/opinions/2020/12/17/south-koreas-new-anti-leaflet-law-sparks-backlash-washington/>.

9 Lord Alton of Liverpool et al., »Representations Made To the UN Foreign Secretary about the Republic of Korea's ›Gag Law‹«, 20. Dezember 2020. <https://www.

davidalton.net/2020/12/20/representations-made-to-the-uk-foreign-secretary-about-the-republic-of-koreas-gag-law/>.

10 Choe Sang-Hun, »North Korean Accused of Plotting Against Fellow Defector«, *The New York Times*, 16. September 2011. <https://www.nytimes.com/2011/09/17/world/asia/north-korean-arrested-in-alleged-plot-against-fellow-defector.html>.

11 Joshua Stanton, *Arsenal of Terror: North Korea, State Sponsor of Terror* (Washington D. C.: Committee for Human Rights in North Korea, 2015), 65. <https://www.hrnk.org/uploads/pdfs/4_27_15_Stanton_ArsenalofTerror.pdf>.

12 Fabian Kretschmer, »Fighting Kim Jong Un's regime With balloons«, *Deutsche Welle*, 2. Oktober 2017. <https://www.dw.com/en/fighting-kim-jong-uns-regime-with-balloons/a-40779878>.

13 »DPRK: CPUK«, 31. Juli 2012.

14 »Statement of Kim Yo Jong, Vice Department Director of Workers' Party of Korea Central Committee«, Korean Central News Agency, 2. Mai 2021.

15 Hyung-Jin Kim, »S. Korea raids activist's office over anti-North leaflets«, Associated Press, 6. Mai 2021. <https://apnews.com/article/asia-pacific-pyongyang-seoul-south-korea-north-korea-68dd5843d4ec408ba3f2cb76b59500c5>.

16 Choe Sang-Hun, »Fiery North Korean Charged Under New Propaganda Law«, *The New York Times*, 28. Januar 2022. <https://www.nytimes.com/2022/01/28/world/asia/korea-border-leaflets-speech-law.html>.

Kapitel 17: Sie nennen sie »Teufelsweib«

1 Kim Yo Jong, »Press Statement by the First Vice Department Director of the Central Committee of the Workers' Party of Korea«, Korean Central News Agency, 10. Juli 2022.

2 Euan McKirdy, »North Korea state media celebrates ›gift‹ to ›American bastards‹«, CNN, 5. Juli 2017. <https://www.cnn.com/2017/07/05/asia/north-korea-missile-nuclear-gift/index.html>.

3 Choe Sun Hui, »Statement of First Vice-Foreign Minister of DPRK«, Korean Central News Agency, 4. Juli 2020.

4 Kim Yo Jong, »Statement of Vice Department Director of the Workers' Party of Korea Central Commission (12. Januar)«, Korean Central News Agency, 13. Januar 2021.

5 Republik Korea, Cheong Wa Dae, »2020 New Year's Address by President Moon Jae In«, 11. Januar 2021. <https://english1.president.go.kr/briefingspeeches/speeches/931>.

6 Mitch Shin, »President Moon Is Still Hopeful for North Korea Talks«, *The Diplomat*, 19. Januar 2021. <https://thediplomat.com/2021/01/president-moon-is-still-hopeful-for-north-korea-talks/>.

7 »Great Programme for Struggle Leading Korean-style Socialist Construction on Fresh Victory Report Made by Supreme Leader Kim Jong Un at Eight Congress of WPK«, Korean Central News Agency, 10. Januar 2021. <https://tinyurl.com/v73s8ens>.

8 Mitch Shin, »Seeking North Korea Breakthrough, Seoul Looks to Biden Administration«, *The Diplomat*, 3. Februar 2021. <https://thediplomat.com/2021/02/seeking-north-korea-breakthrough-seoul-looks-to-biden-administration/>.

9 Kim Yo Jong, Vice Department Director of the Central Commission of the Workers' Party of Korea, »It Will Be Hard to See Again Those Spring Days Three Years Ago«, Korean Central News Agency, 16. März 2021.

10 »Vice-Director of Information and Publicity Department of WPK Central Committee Kim Yo Jong Releases Statement«, Korean Central News Agency, 30. März 2021.

11 John Haltiwanger, »North Korea's Kim Jong Un Promotes Ex-Girlfriend to Top Government Job«, *Newsweek*, 10. Oktober 2017. <https://www.newsweek.com/north-koreas-kim-jong-un-promotes-ex-girlfriend-top-government-job-681994>. Dass Hyun und Kim Jong Un einmal ein Paar waren, ist von mehreren ehemaligen nordkoreanischen Funktionären, die aus ihrem Heimatland geflohen sind, bestätigt worden.

12 Hung-Jin Kim und Kim Tong-Hyung, »Kim sister derides U.S. official, dismissed chances for talks«, Associated Press, 22. Juni 2021. <https://apnews.com/article/kim-yo-jong-derides-us-official-dismisses-chance-for-talks-cc6b22f5dd72151d8e6761ab24 4570f0>.

13 »Vice Department Director of the Workers' Party of Korea Central Committee Kim Yo Jong Releases Press Statement«, Korean Central News Agency, 1. August 2021.

14 »Vice Department Director of the Workers' Party of Korea Central Committee Kim Yo Jong Releases Press Statement«, Korean Central News Agency, 10. August 2021.

15 Choe Sang-Hun, »North Korea Fires 2 Ballistic Missiles as Rivalry with South Mounts«, *The New York Times*, 15. September 2021. <https://www.nytimes.com/2021/09/15/world/asia/north-korea-ballistic-missiles.html>.

16 »Kim Yo Jong, Vice Department Director of WPK Central Committee, Makes Press Statement«, Korean Central News Agency, 15. September 2021.

17 »Kim Yo Jong, Vice Department Director of C.C., WPK, Issues Press Statement«, Korean Central News Agency, 25. September 2021.

18 Hyung-Jin Kim, »Kim's sister enraged by Seoul's preemptive strike comment«, Associated Press, 3. April 2022. <https://apnews.com/article/business-moon-jae-in-kim-yo-jong-south-korea-north-korea-969792db0f11306ece138e5574058364>.

19 »Press Statement of Kim Yo Jong, Vice Department Director of C. C., WPK«, *Rodong Sinmun*, 3. April 2022. In der offiziellen nordkoreanischen Übersetzung lautet Kim Yo Jongs Phrase »나도 위임에 따라 엄중히 경고하겠다« (»Kraft meiner Befugnisse spreche ich eine ernste Warnung aus«) fälschlich »Wenn ich die Befugnis dazu erhalte, werde ich eine ernste Warnung aussprechen«. <https://kcnawatch.org/newstream/1648959613-495460960/press-statement-of-kim-yo-jong-vice-department-director-of-c-c-pk/>.

20 »Press Statement of Vice Director of C. C. WKP Kim Yo Jong«, *Rodong Sinmun*, 5. April 2022. <https://kcnawatch.org/newstream/1649138673-332467186/press-statement-of-vice-department-director-of-c-c-wpk-kim-yo-jong/>.

21 Yi Wonju und Chae Yun-hwan, »In military parade, North Korean leader vows to strengthen nuclear power«, Yonhap News Agency, 26. April 2022. <https://en.yna.co.kr/view/AEN20220426005352325?section=nk/nk>.

22 Lili Pike, »Why Kim Jong Un is ›freaking out‹: North Korea's covid nightmare«, *The Grid*, 20. Mai 2022.

23 »Brilliant Victory Gained by Great People of DPRK: National Meeting of Reviewing Emergency Anti-epidemic Work Held, Respected Comrade Kim Jong Un Makes Important Speech at Meeting«, Korean Central News Agency, 11. August 2022. <https://kcnawatch.org/newstream/1660395886-735757779/brilliant-victory-gained-by-great-people-of-dprk-national-meeting-of-reviewing-emergency-anti-epidemic-work-held-respected-comrade-kim-jong-un-makes-important-speech-at-meeting/?t=1676054273682>.

24 Jeongmin Kim, »Full Text: Kim Yo Jong's obscenity-laced denunciation of South Korean ›enemies‹« (inoffizielle Übersetzung), *NK News*, 12. August 2022. <https://www.nknews.org/pro/full-text-kim-yo-jongs-obscenity-laced-denunciation-of-south-korean-enemies/?t=1663326578647>.

25 »Full text of Yoon's Liberation Day speech«, Yonhap News Agency, 15. August 2022. <https://en.yna.co.kr/view/AEN20220815001600315>.

26 Kim Yo Jong, »Press Statement of Vice Department Director of C. C., WPK Kim Yo Jong: Don't have an absurd dream«, Korean Central News Agency, 19. August 2022. <https://kcnawatch.org/newstream/1660921729-881735367/press-statement-of-vice-department-director-of-c-c-wpk-kim-yo-jong/>.

27 Jeongmin Kim, »Full text: How North Korea transformed its nuclear doctrine law«,

NK News, 9. September 2022. <https://www.nknews.org/pro/full-text-how-north-korea-transform-edits-nuclear-doctrine-law/>.

28 Hyung-Jin Kim, »N Korea's Kim orders ›exponential‹ expansion of nuke arsenal«, Associated Press, 1. Januar 2023. <https://apnews.com/article/politics-north-korea-south-895fb34033780fdafd5bf925b376a2c6>.

29 »Press Statement of Kim Yo Jong, Deputy Director of WPK C. C.«, Korean Central News Agency, 22. November 2022. <https://kcnawatch.org/newstream/1669129874-63040339/press-statement-of-kim-yo-jong-deputy-department-director-of-wpk-cc/>.

30 »Press Statement of Kim Yo Jong, Deputy Director of WPK C. C.«, Korean Central News Agency, 24. November 2022. <https://kcnawatch.org/newstream/1669259019-497600999/press-statement-of-kim-yo-jong-deputy-department-director-of-wpk-cc/>.

31 Hyung-Jin Kim, »North Korea says latest launches tested 1st spy satellite«, Associated Press, 19. Dezember 2022. <https://apnews.com/article/seoul-south-korea-northc971c80155b62ff11d0fb473cdd7f76f>.

32 »Press Statement of Kim Yo Jong, Vice Department Director of C. C., WPK Issued«, Korean Central News Agency, 20. Februar 2023.

33 »Statement of Kim Yo Jong, Vice-Department Director of C. C., WPK«, Korean Central News Agency, 19. Februar 2023.

34 »Press Statement by Kim Yo Jong, Vice Department Director of C. C., WPK«, Korean Central News Agency, 7. März 2023.

35 Hyemin Son, »Officials Scared After Sister of North Korean Leader Has Their Colleagues Executed«, Üb. Leejin Jun, Radio Free Asia, 18. Mai 2021. <https://www.rfa.org/english/news/korea/kyj-05182021171329.html>.

36 Hyemin Son, »Officials Scared After Sister of North Korean Leader Has Their Colleagues Executed«.

Register

Register

Bildnachweis

S. 35 © Jorge Silva/Pool via Bloomberg
S. 143 © Matthias Hangst via Getty Images
S. 151 © Universal History Archive/Universal Images Group via Getty Images
S. 186 © REUTERS/Jonathan Ernst
S. 197 © Pyeongyang Press Corps/Pool via Getty Images
S. 217 © IMAGO/ZUMA Wire
S. 257 © KIM Jae-Hwan/SOPA Images/LightRocket via Getty Images